Einführung in die Programmierung mit Siemens TIA-Portal V15

Lehrbuch für Prüfungsvorbereitung, Unterricht und Selbststudium

1.Auflage 2018

Bibliografische Informationen der Deutschen Nationalbibliothek

Die Nationalbibliografie wird in der Deutschen Nationalbibliothek verzeichnet. Detailierte daten sind im Internet über http://dnb.d.de abrufbar.

ISBN 978-3-94311-870

Verlag: KAFTAN-MEDIA; IKH-Didactic Systems UG, Weißenburg

Alle Rechte der Übersetzung vorbehalten. Kein Teil des Werkes darf in irgendeiner Form (Druck, Fotokopie, Mikrofilm oder einem anderen Verfahren oder einem anderen Verfahren) ohne schriftliche Genehmigung des Verlages reproduziert oder unter Verwendung elektronischer Systeme verarbeitet, vervielfältigt oder verbreitet werden. Hiervon sind die in §§53, 54 UrhG ausdrücklich genannten Ausnahmefälle nicht berührt.

Printed in Germany

© Kaftan-media 2018-06-20

Umschlaggrafik: Jürgen Kaftan, Weißenburg, Bild von Siemens AG
Redaktion, Layout, Satz: IKH Didactic Systems UG/ Kaftan-media, Weißenburg

Vorwort

Dieses Buch behandelt die Programmierung einer SIMATIC S7-1500 Steuerung mit TIA-Portal (Totally Integrated Automation) sowie die Hardware-Konfiguration und dessen Ein-/Ausgabemodule sowie die Analogwertverarbeitung.
Es wurde bei allen Lösungsvorschlägen mit großer Sorgfalt vorgegangen. Für Fehler, die man nie ganz ausschließen kann, kann der Autor dieses Buches sowie der Verlag keinerlei Haftung oder Juristische Verantwortung übernehmen. Alle hier verwendeten Beispiele / Lösungsvorschläge sind nicht für den Gewerblichen Einsatz bestimmt, weil aus Gründen der Einfachheit Sicherheits- bzw. Abschaltvorrichtung weggelassen wurden. Alle Lösungsvorschläge sind nur für Schulungszwecke geeignet.

Das Buch eignet sich für Berufsschulen, Technikerschulen, Meisterschulen Ausbildungsstätten, Prüfungsvorbereitung Mechatroniker, Industrieelektroniker, Bildungseinrichtungen, Umsteiger von STEP7 Classic auf TIA-Portal u.s.w. als auch zum Selbststudium.

Ich bedanke mich bei der Firma Siemens für die freundliche Unterstützung sowie bei meinen Freunden und bei allen die mir bei der Entstehung dieses Buches gefördert haben.
Resonanz aus dem Benutzerkreis ist mir stets willkommen.

Jürgen Kaftan

E-Mail: Kaftan@ikh-schulung.de
Internet: www.kaftan-media.com

Weißenburg/Heuberg

Die Wiedergabe von Gebrauchsnamen, Handelsnamen, Warenbezeichnungen usw. in diesem Werk berechtigt auch ohne besondere Kennzeichnung nicht zu der Annahme, dass solche Namen im Sinn der Warenzeichen- und Markenschutz-Gesetzgebung als frei zu betrachten wären und daher von jedermann benutzt werden dürfen.

Diejenigen Bezeichnungen von in der Unterlage genannten Erzeugnissen, die zugleich eingetragene Warenzeichen sind, wurden nicht besonders kenntlich gemacht. Es kann also aus dem Fehlen der Markierung ® nicht geschlossen werden, dass die Bezeichnung ein freier Warenname ist. Ebenso wenig ist zu entnehmen, ob Patente oder Gebrauchsmusterschutz vorliegen.

0. Inhaltsverzeichnis

0. Inhaltsverzeichnis	0-3
1. Grundlagen der SPS	1-9
1.1 Einführung	1-9
1.1.1 Was ist Steuern?	1-9
1.2 Was ist eine speicherprogrammierbare Steuerung (SPS)?	1-10
1.3 Aufbau eines AS (Automatisierungssystem)	1-11
1.4 Signalarten die in einer SPS verarbeitet werden können	1-13
1.5 Wirkungsweise einer SPS-Steuerung	1-14
1.6 Aufbau einer Steueranweisung	1-15
1.6.1 Bit, Byte, Wort und Doppelwort	1-16
2. Hardware S7-1500	2-19
2.1 Positionieren der modularen S7-Steuerungen	2-19
2.2 SIMATIC S7-1500	2-20
2.3 SIMATIC S7-1500 Hardware: CPU	2-21
2.3.1 Frontansicht des Moduls	2-22
2.3.2 Frontansicht des Moduls ohne Frontklappe	2-23
2.3.3 Status- und Fehleranzeige der CPU	2-24
2.3.4 Bedeutung der LED-Anzeigen	2-25
2.3.5 Technische Daten (Auszug) S7-1516-3 PN/DP	2-26
2.4 SIMATIC S7-1500 Hardware: Speicherkarte	2-27
2.5 Memory Reset (MRES) der CPU über Betriebsartenschalter	2-28
2.6 Speicherbereiche der CPU	2-29
2.7 SIMATIC S7-1500 Hardware: Display	2-31
2.7.1 Übung: IP-Adresse über das Display überprüfen	2-34
2.8 Digitaleingabemodul: DI 32x24VDC HF (6ES7521-1BL00-0AB0)	2-35
2.8.1 Status- und Fehleranzeigen - LED-Anzeigen	2-36
2.9 Digitalausgabemodul: DI 32x24VDC/0.5A ST (6ES7522-1BL00-0AB0)	2-37
2.9.1 Status- und Fehleranzeigen - LED-Anzeigen	2-38
2.10 Analogeingabemodul: AI 8xU/I/RTD/TC ST (6ES7531-7KF00-0AB0)	2-39
2.10.1 Prinzipschaltbild der Anschlussbelegung für Spannungsmessung	2-40
2.10.2 Messarten und Messbereiche	2-41
2.10.3 Status- und Fehleranzeigen - LED-Anzeigen	2-42
2.11 Analogausgabemodul: AQ 4xU/I ST (6ES7532-5HD00-0AB0)	2-43
2.11.1 Prinzipschaltbild und Anschlussbelegung für Spannungsausgang	2-44
2.11.2 Ausgabebereiche	2-44
2.11.3 Status- und Fehleranzeigen - LED-Anzeigen	2-45
3. Datentypen bei STEP 7	3-47
3.1 Elementare Datentypen	3-49
3.1.1 Bitfolge-Datentypen BOOL, BYTE, WORD, DWORD und LWORD	3-49
3.1.2 BCD-codierte Zahlen BCD16 und BCD32	3-50
3.1.3 Hexadezimalzahlen	3-51
3.1.4 Vorzeichenlose Festpunkt-Datentypen USINT, UINT und UDINT	3-52
3.1.5 Festpunkt-Datentypen mit Vorzeichen SINT, INT und DINT	3-53
3.1.6 Datentypen (64 Bit) LINT und ULINT	3-54
3.1.7 Gleitpunkt-Datentypen REAL und LREAL	3-55
3.1.8 Datentyp CHAR	3-56
3.1.9 Datentyp TIME, DATE, TIME_OF_DAY	3-57
3.1.10 Datentyp S5TIME	3-58
3.1.11 Datentyp LTIME (IEC-Zeit), LTIME_OF_DAY	3-58

0 Inhaltsverzeichnis

- **3.2 Strukturierte Datentypen** 3-59
  - 3.2.1 Datentyp DT (DATE_AND_TIME) 3-59
  - 3.2.2 Datentyp DTL 3-60
  - 3.2.3 Datentyp STRING (Zeichenkette) 3-61
  - 3.2.4 Datentyp ARRAY 3-62
  - 3.2.5 Datentyp STRUCT 3-62
- **3.3 PLC-Datentypen** 3-63
- **3.4 Systemdatentypen** 3-63

4. *Engineering Software TIA Portal* 4-65

- **4.1 Ansichten im TIA-Portal** 4-66
  - 4.1.1 Portalansicht 4-67
  - 4.1.2 Projektansicht 4-68
  - 4.1.3 Projektnavigation 4-69
  - 4.1.4 Arbeitsfenster 4-70
  - 4.1.5 Fensteraufteilung des Arbeitsbereichs 4-71
  - 4.1.6 Inspektorfenster 4-72
  - 4.1.7 Task Cards 4-73
  - 4.1.8 TIA Portal – Projekt speichern 4-74

5. *Kleines Netzwerk - Kompendium* 5-75

- **5.1 IP-Adressen** 5-75
  - 5.1.1 IP-Adresse Ihres Programmiergeräts ermitteln (WIN 10) 5-76
  - 5.1.2 IP-Adresse Ihres Programmiergeräts ermitteln (WIN 7) 5-77
  - 5.1.3 Ping 5-79
  - 5.1.4 Ethernet-Adresse (MAC-Adresse) Hardwareadresse von Ethernetgeräten 5-80
  - 5.1.5 IP-Adresse und Subnetzmaske 5-81
  - 5.1.6 IP-Adressen im abgeschlossenen Firmennetzwerk 5-81

6. *Online Tools – Erreichbare Teilnehmer* 6-83

- **6.1 Online-Zugriff: Erreichbare Teilnehmer in der Portal-Ansicht** 6-83
  - 6.1.1 Ansicht: Erreichbare Teilnehmer – Diagnose & Einstellungen 6-84
  - 6.1.2 Darstellung: CPU mit und ohne vorher vergebener IP-Adresse 6-84
  - 6.1.3 IP-Adresse überprüfen oder zuweisen 6-85
  - 6.1.4 Einstellen der Uhrzeit 6-85
  - 6.1.5 Rücksetzen auf Werkseinstellung 6-86
  - 6.1.6 Memory Card formatieren 6-86
  - 6.1.7 PROFINET-Schnittstelle[X1] 6-87
  - 6.1.8 Funktion und Aufbau der Task Card "Online-Tools" 6-88
  - 6.1.9 SIMATIC Memory Card der CPU formatieren 6-89

7. *Geräte konfigurieren* 7-91

- **7.1 Konfigurieren und Parametrieren von Baugruppen** 7-92
- **7.2 Station konfigurieren** 7-93
  - 7.2.1 Konfigurationsleitfaden 7-94
  - 7.2.2 Eine PLC-Station hinzufügen 7-95
  - 7.2.3 Baugruppen anordnen 7-99
- **7.3 Die CPU-Eigenschaften parametrieren** 7-101
  - 7.3.1 PROFINET-Schnittstelle [X1] 7-102
  - 7.3.2 PROFIBUS-DP Schnittstelle [X3] 7-102
  - 7.3.3 System- und Taktmerkerbyte 7-103
  - 7.3.4 Webserver 7-104
  - 7.3.5 Display 7-106
  - 7.3.6 Uhrzeit 7-106
  - 7.3.7 Schutz & Security 7-107
- **7.4 Baugruppen parametrieren** 7-108
  - 7.4.1 Ein- und Ausgaben adressieren 7-108
  - 7.4.2 Baugruppen tauschen 7-110
- **7.5 Hardware-Konfiguration speichern, übersetzen und laden** 7-112

	7.6	Übersicht STATUS LEDs der CPU und der Baugruppen	7-115
8.		***Programm- und Anwenderstruktur***	***8-117***
	8.1	**Programmiersprachen**	**8-117**
	8.2	**Betriebssystem und Anwenderprogramm**	**8-119**
	8.3	**Bausteinarten**	**8-121**
	8.3.1	OB – Organisationsbausteine	8-122
	8.3.2	FC - Funktion	8-125
	8.3.3	FB – Funktionsbaustein	8-126
	8.3.4	DB – Datenbaustein	8-127
	8.3.5	Systembausteine	8-128
	8.3.6	Standardbausteine	8-128
	8.3.7	Baustein-Mengengerüst	8-129
	8.3.8	Nachladen von Bausteinen	8-129
	8.4	**Programmstruktur**	**8-130**
	8.5	**Schachtelungstiefe**	**8-131**
	8.6	**Programmbearbeitung**	**8-132**
	8.6.1	Prozessabbilder	8-133
	8.6.2	Zykluszeit	8-134
	8.6.3	Reaktionszeit	8-135
	8.7	**S7-1500 Baustein programmieren**	**8-136**
	8.7.1	Arbeitsbereich des Programmeditors für Codebausteine	8-137
	8.7.2	Absolute Adressierung	8-141
	8.7.3	Kommentare	8-144
	8.7.4	Bausteineigenschaften	8-145
	8.8	**Testen mit Programmstatus**	**8-149**
	8.8.1	Diagnosesymbole in der Projektnavigation	8-153
	8.8.2	Aufrufumgebung definieren	8-155
	8.8.3	Umschalten der Darstellungsart	8-156
9.		***PLC-Variablen***	***9-161***
	9.1	**Neue Begriffe im TIA-Portal**	**9-161**
	9.2	**Variablen**	**9-161**
	9.2.1	PLC-Variablentabellen bearbeiten	9-162
	9.2.2	Standard-Variablentabelle	9-163
	9.2.3	PLC-Variablen definieren	9-165
	9.2.4	Arbeiten mit der PLC-Variablentabelle	9-166
	9.2.5	PLC-Variablen beobachten	9-166
	9.2.6	Variablen Namen definieren	9-167
	9.3	**Grundverknüpfungen**	**9-168**
10.		***Speicherfunktionen***	***10-173***
	10.1	**Speicher-Boxen**	**10-173**
	10.2	**Flipflop-Schaltung vorrangig rücksetzen und vorrangig setzen**	**10-174**
	10.2.1	Test RS-Speicherfunktion	10-175
	10.3	**Einzelnes Setzen und Rücksetzen**	**10-176**
	10.4	**Mehrfaches Setzen und Rücksetzen**	**10-177**
	10.5	**Wendeschützschaltung**	**10-179**
	10.6	**Flankenauswertung**	**10-182**
	10.6.1	Funktionsweise einer Flankenauswertung	10-182
	10.6.2	Flankenauswertung des Verknüpfungsergebnisses	10-183
	10.6.3	Flankenauswertung einer Binärvariablen	10-184
	10.6.4	Flankenauswertung mit Impulsausgabe	10-185
	10.6.5	R_TRIG / F_TRIG	10-186
	10.6.6	Test Flankenauswertung	10-187

Einführung in die Programmierung mit Siemens TIA-Portal V15

11. Zeitfunktionen 11-189

11.1 IEC – Zeitfunktionen 11-189

11.2 Impulsbildung TP 11-192

11.3 Einschaltverzögerung TON 11-193

11.4 Speichernde Einschaltverzögerung TONR 11-194

11.5 Ausschaltverzögerung TOF 11-195

11.6 RT-Funktion, Rücksetzen einer Zeitfunktion 11-196
11.7.1 Test IEC-Zeitfunktionen 11-197
11.7.2 Taktgeber 11-200
11.7.3 IEC-Zeiten mit Datenbaustein 11-201

12. Zählfunktionen 12-207

12.1 IEC-Zähler 12-207
12.1.1 Vorwärtszähler CTU 12-209
12.1.2 Rückwärtszähler CTD 12-210
12.1.3 Vorwärts-Rückwärtszähler CTUD 12-211
12.1.4 Test IEC-Zähler 12-213

13. Lade- und Transferoperationen 13-215

13.1 Wert übertragen (MOVE-Box) 13-215

13.2 Testen mit Beobachtungstabellen 13-218
13.2.1 Beobachtungstabelle anlegen 13-218

13.3 Parametrierbare Bausteine 13-224
13.3.1 Bausteinschnittstelle 13-225

13.4 Bausteinauswahl: FB oder FC 13-228
13.4.1 Parametrierbaren Baustein erstellen 13-229

13.5 Parameterinstanzen 13-230
13.5.1 IEC-Timer im FC als Parameterinstanz 13-230

13.6 Funktionsbaustein erstellen 13-234
13.6.1 IEC-Timer im FB als Multiinstanz 13-235

14. Vergleichsfunktionen 14-241

14.1 Vergleich zweier Variablenwerte 14-242
14.1.1 Test Vergleicher 14-243

14.2 Bereichsvergleich 14-244
14.2.1 Test Bereichsvergleich 14-245

15. Miscellaneous .... Fehler! Textmarke nicht definiert.

15.1 Bausteine löschen 15-247

15.2 Projekte archivieren und dearchivieren 15-251
15.2.1 Archivierung und Weitergabe von Projekten 15-251
15.2.2 Projektarchiv erstellen 15-251
15.2.3 Komprimiertes Projekt dearchivieren 15-253

15.3 Dokumentationsfunktion 15-255
15.3.1 Deckblätter und Vorlagen in Bibliotheken 15-256

16. Analogwertverarbeitung 16-261

16.3 Analogwertdarstellung für die Ein- und Ausgabebereiche 16-265

16.4 Anschließen von Messwertgebern an Analogeingänge 16-266

16.5 Anschließen von Lasten an Analogausgänge 16-267

16.6 Anschlussbelegung der Analogmodule 16-268

16.7 Messarten und Messbereiche der Analogmodule 16-269

16.8 Normieren mit NORM_X und Scalieren mit SCALE_X 16-270

17. Visualisierung (HMI-Panel) 17-273
17.1 Visualisierung Pufferspeicher 17-274
17.1.1 Ein Projekt mit einer HMI-Station anlegen 17-276
17.1.2 Bediengeräte-Assistent verwenden 17-280
17.1.3 Bedienoberfläche von WinCC Professional 17-289
17.1.4 Projektnavigation 17-289
17.1.5 Menüleiste und Schaltflächen 17-290
17.1.6 Arbeitsbereich 17-290
17.1.7 Werkzeuge 17-291
17.1.8 Eigenschaftsfenster 17-291

17.2 Prozessbilder projektieren 17-292
17.2.1 Projektierung des Grundbildes 17-293
17.2.2 Bedien- und Beobachtungsfunktionen 17-295
17.2.3 Ein, Aus und Korrektur Schaltflächen projektieren 17-296
17.2.4 HMI-Variablen 17-298
17.2.5 Bildobjekte zur Laufzeit verändern 17-303
17.2.6 E/A-Feld zur Anzeige des Pufferspeicherinhalts projektieren 17-307
17.2.7 Balkenanzeige projektieren 17-309

17.3 Projektierung ins Panel laden und testen 17-311
17.3.1 Betriebssystem beim Laden aktualisieren 17-311
17.3.2 HMI-Station starten 17-311

18. Lösungsvorschläge 18-315
18.1 Bit, Byte, Wort und Doppelwort 18-315
18.2 Grundverknüpfungen 18-316
18.3 Speicherfunktionen 18-318
18.4 Wendeschützschaltung 18-319
18.5 Programmergänzung: Wendeschützschaltung 18-320
18.6 Zeitfunktionen 18-320

Liebe Lernende!
In den folgenden Teilen sind die Funktionspläne sowie die Programme in SCL überwiegend durch Sie zu erstellen Um dieses Buch im Umfang (und damit im Preis) zu begrenzen, bitten wir Sie, den hier abgebildeten Vordruck in der benötigten Anzahl zu kopieren. Bitte schreiben Sie auf jedes Lösungsblatt, zu welcher Aufgabe es gehört, Ihren Namen und das Datum, an dem es erstellt wurde.

1. Grundlagen der SPS

1.1 Einführung

Durch die zunehmende Automatisierung wird der Anteil der elektrischen bzw. elektronischen Steuerungstechnik immer umfangreicher.

In den letzten Jahren haben sich in zunehmendem Maße speicherprogrammierbare Steuerungen neben den Relais bzw. Schützsteuerungen, den elektronischen Schaltkreissystemen und den Prozessrechnern durchgesetzt.

In vielen Bereichen werden herkömmliche Steuerungen von speicherprogrammierbaren Steuerungen abgelöst.

Der wesentliche Unterschied einer speicherprogrammierbaren Steuerung zur verbindungsprogrammierten Steuerung besteht darin:

Nicht mehr die Verdrahtung bestimmt den Funktionsablauf, sondern das Programm.

Die schnelle Einführung von SPS geht zu einem Teil auf die leicht zu erlernende Programmiersprache zurück. Sie ist besonders für den Anwender geschaffen, der mit schwierigen Programmiersprachen nicht vertraut ist, sich aber auf die logischen Grundverknüpfungen stützen kann.

1.1.1 Was ist Steuern?

In jeder beliebigen Anlage muss der Betriebsablauf *eingeleitet, beeinflusst, überwacht* sowie *beendet* werden. Die elektrische Steuerung hat die Aufgabe, Einzelfunktionen einer Anlage nach einer vorgegebenen Problemstellung, in Abhängigkeit vom Maschinenzustand und von den Signalgebern zu beeinflussen.

Die notwendigen Glieder werden bei einer Steuerung in einer Kette zusammengeschaltet. Da die Kette keine Rückwirkung besitzt, spricht man von einer offenen Steuerkette.

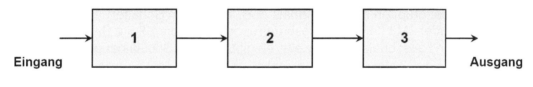

Offene Steuerkette

Steuern ist ein Vorgang in einem System, bei dem eine oder mehrere Eingangsgrößen die Ausgangsgrößen aufgabenmäßig beeinflussen. Typisch für eine Steuerung ist der offene Wirkungsablauf (DIN 19226).

1 Grundlagen der SPS

1.2 Was ist eine speicherprogrammierbare Steuerung (SPS)?

Um eine SPS zu erklären, ist es zunächst einfacher, Beispiele für deren Verwendung aufzuzählen:

- Automatisierung eines Wohnhauses:
  Garagentürsteuerung
  Ein- und Ausschalten der Beleuchtung
  Aufbau einer Alarmanlage
  Fenster-Rollladen-Steuerung
  usw.

- Steuerung eines Fahrstuhles:
  Steuerung der Fahrbewegung mit Beschleunigen und Abbremsen
  Öffnen und Schließen der Fahrstuhltür

- Abfüllen von Getränken:
  Selektierung der „Guten" und „Schlechten"
  Säuberung der Glasflaschen
  Einfüllen des Getränkes
  Verschließen der Flasche Aufkleben der Etiketten

- Steuerung einer Stanzvorrichtung;
  Material festklemmen
  Material stanzen
  Material freigeben

Eine SPS ist ein Computer, der speziell für Steuerungsaufgaben entwickelt wurde.
Das Verhalten der SPS kann man über das SPS-Programm festlegen. Es wird auf einem PC erstellt und dann in die SPS übertragen. Dieses Programm kann immer wieder geändert werden, um so neuen Anforderungen gerecht zu werden. Um mit der Umwelt Kontakt aufzunehmen, besitzt eine SPS Eingangs- und Ausgangsbaugruppen.

Eine Baugruppe ist, einfach ausgedrückt, eine weitere Einheit der SPS, mit der man die Leistungsfähigkeit erweitern kann.

Mit den Eingangsbaugruppen können Signale (z.B. von einem Schalter) an die SPS weitergegeben werden. Mit den Ausgangsbaugruppen kann die SPS z.B. eine Lampe oder einen Motor ein- und ausschalten. Des weiteren gibt es noch Spezialbaugruppen.

Früher baute man die Steuerungslogik (das Programm) mit Hilfe der Schütztechnik auf.
Ein Schütz ist, einfach ausgedrückt, ein Schalter, welchen man durch Anlegen einer elektrischen Spannung ein- und ausschalten kann. Meistens besteht ein Schütz aus mehreren dieser Schalter (Öffner und Schließer), welche durch Anlegen einer Spannung gleichzeitig geschlossen bzw. geöffnet werden können. Durch Reihen- und Parallelschaltung dieser Kontakte kann man eine beliebige Verknüpfung aufbauen.
Bei der SPS wird die Steuerungslogik mit Hilfe eines Softwareprogramms aufgebaut.

1.3 Aufbau eines AS (Automatisierungssystem)

Grundsätzlich ist zu sagen, dass ein AS einer speicherprogrammierbaren Steuerung ebenfalls eine Anlage zur digitalen Datenverarbeitung darstellt.
Jedoch ist das AS, also die Hardware, für spezielle Aufgaben konzipiert.

Struktur einer Informationsverarbeitung (Steuerung)

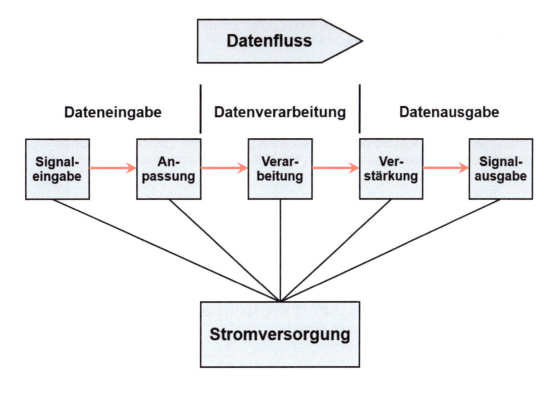

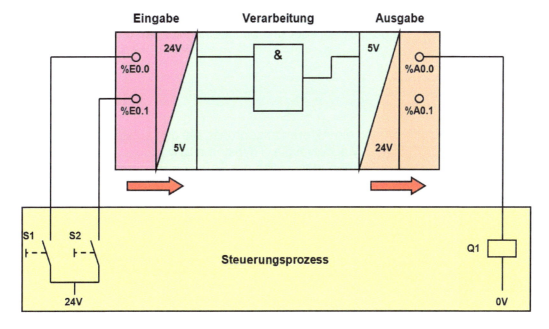

1 Grundlagen der SPS

Signaleingabe

Darunter versteht man jede Art von Signalgeber (Sensoren) wie Taster, Endschalter, induktive Geber, kapazitive Geber, Thermoelemente, usw.
Die Signale können, je nach Steuerungsart, als binäre, digitale oder analoge Signale eingegeben werden Jede Informationsverarbeitung (Steuerung) lässt sich in die Bereiche *Dateneingabe* (Signaleingabe), *Datenverarbeitung* (Signalverarbeitung bzw. Verknüpfung) und *Datenausgabe* (Signalausgabe) aufteilen.
Der Datenfluss einer Informationsverarbeitung erfolgt von der Dateneingabe über die Datenverarbeitung zur Datenausgabe.

Anpassung

Dieser Teil der Steuerung wird benötigt, wenn systemfremde Signale auf das Niveau des Verarbeitungsteiles gebracht werden müssen. Eine galvanische Trennung zwischen Signaleingabe und Signalverarbeitung kann ebenfalls in der Anpassung erfolgen.

Verarbeitung

In diesem Teil werden die ganzen Verriegelungen bzw. Verknüpfungen, Zeitabläufe, Speicherfunktionen, Zählfunktionen usw. realisiert.
Der Verarbeitungsteil ist das Kernstück aller Informationssysteme. Hier kommen in der kontaktgebenden Technik Hilfskontakte, Hilfsschütze und Zeitrelais, in der elektronischen Steuerungstechnik Schaltkreise (wie UND, ODER, NICHT usw.), speicherprogrammierbare Steuerungen oder Prozessrechner zum Einsatz.

Verstärkung

Hier werden Signale aus dem Verarbeitungsteil mit einem kleinen Leistungsniveau so verstärkt, dass Schütze, Magnetventile oder Stellglieder und Meldeeinrichtungen (Aktoren) angesteuert werden können.

Ausgabe

Im Ausgabeteil der Steuerung sind die Aktoren angeordnet, die den zu steuernden Prozeß direkt beeinflussen (z.B. Schütze, Magnetventile, Thyristoren usw.).
Wir werden im weiteren Verlauf sehen, dass auch die Software für diese Aufgaben angepasst wurde.
Diese Aufgaben umfassen das Steuern, Regeln und Automatisieren von Anlagen.

1.4 Signalarten die in einer SPS verarbeitet werden können

In den technischen Prozessen von Anlagen treten physikalische Größen wie Temperaturen, Drucke, elektrische Spannungen etc. auf. Automatisierungsgeräte können in der Regel nur elektrische Signale erkennen und ausgeben. Wo erforderlich, muss also eine Signalumwandlung erfolgen. Man unterscheidet verschiedene Signalarten:

Binäre Signale

Ein binäres Signal ist ein 1-Bit-Signal, das nur einen von zwei möglichen Signalzuständen annehmen kann. Ein typischer Binärsignal-Geber ist ein Schalter.
Die SPS-Hersteller haben für ihre Steuerungskomponenten ein Toleranzschema festgelegt, das den Wertebereich konkreter Spannungen den binären Signalzuständen zuordnet, die von den Geräten verarbeitet werden.

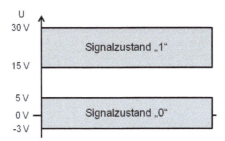

Digitale Signale

Ein digitales Signal ist eine mehrstellige Bitkette, die durch Codierung eine festgelegte Bedeutung erhält, z.B. als Zahlenwert.

Dezimal-zahl	Dualzahl			
	8	4	2	1
0	0	0	0	0
1	0	0	0	1
2	0	0	1	0
3	0	0	1	1
4	0	1	0	0
5	0	1	0	1
6	0	1	1	0
7	0	1	1	1
8	1	0	0	0
9	1	0	0	1

Analoge Signale

Automatisierungsgeräte können intern keine analogen Signale verarbeiten. So genannte Analogbaugruppen nehmen eine Signalumsetzung vor und wandeln ein analoges Signal in ein digitales Signal um bzw. auch umgekehrt.

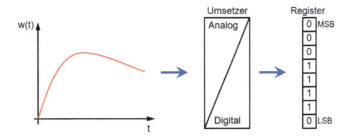

Einführung in die Programmierung mit Siemens TIA-Portal V15

1 Grundlagen der SPS

1.5 Wirkungsweise einer SPS-Steuerung

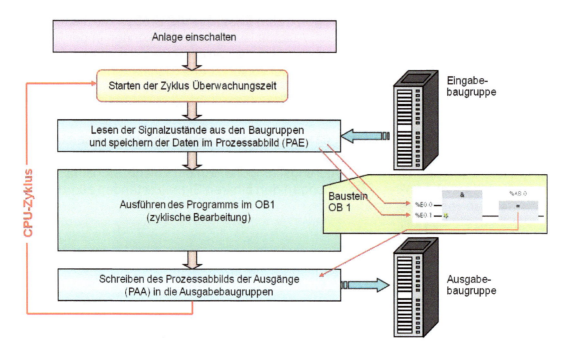

Laden des Prozeßabbildes der Eingänge (PAE)

Es werden die Signalzustände der Eingangsbaugruppen in den Speicher der CPU geladen. Für die nachfolgende Programmbearbeitung hat dies den Vorteil, dass die CPU sehr schnell auf diese Daten zugreifen kann. Weitaus wichtiger jedoch ist, dass sich diese Daten während der Programmabarbeitung nicht ändern.

Bearbeitung der einzelnen Anweisungen

Unser Programm besteht aus einzelnen, aneinandergereihten Anweisungen, die dem Prozeßabbild der Ausgänge bestimmte Werte zuweisen.

Ausgabe des Prozeßabbildes an die Ausgänge (PAA)

Nach der letzten Programmanweisung wird unmittelbar das PAA an die Ausgangsbaugruppen weitergeleitet.

Bearbeitung vom nächsten Zyklus

Damit wird eine zyklische Programmbearbeitung erreicht.
Die Zeit, die zwischen Anfang und Ende der Programmbearbeitung liegt, wird Zykluszeit genannt.

Grundlagen der SPS 1

1.6 Aufbau einer Steueranweisung

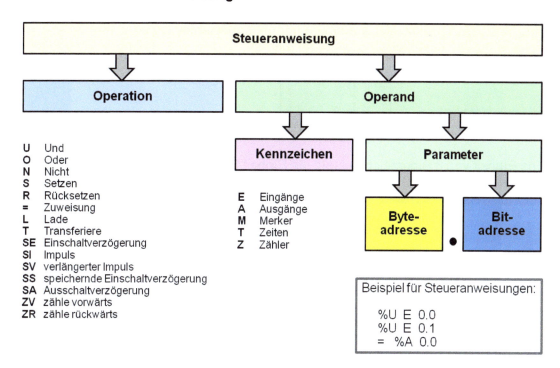

Die Abbildung zeigt den Aufbau der kleinsten Einheit eines Programms, der **Steueranweisung**.
Sie besteht aus einem **Operationsteil** und einem **Operandenteil**.

Im **Operationsteil** wird festgelegt, **was zu tun ist**.
Im **Operandenteil** wird festgelegt, **mit wem etwas zu tun ist**.

Was wir weiter aus der Abbildung ersehen, ist das der Operandenteil wieder aus zwei Teilen besteht, nämlich aus **Kennzeichen** und **Parameter**.

Mit dem **Kennzeichen** wird der **Speicherbereich** festgelegt.
Der **Parameter** enthält die exakte **Adresse** der angesprochenen Speicherzelle.

> Eine Absolutadresse wird mit einem vorangestellten %-Zeichen angezeigt.

1. Zeichen: %
2. Zeichen: E, A, M
3. Zeichen: X, B, W, DW

Operanden-bereich	Operandenkennzeichen	Bit (1 Bit)	Byte (8 Bit)	Wort (16 Bit)	Doppelwort (32 Bit)
Eingang	E	%Ey.x	%EBy	%EWy	%EDy
Peripherie-Eingang	E:P	-	%EBy:P	%EWy:P	%EDy:P
Ausgang	A	%Ay.x	%ABy	%AWy	%ADy
Peripherie-Ausgang	A:P	-	%ABy:P	%AWy:P	%ADy:P
Merker	M	%My.x	%MBy	%MWy	%MDy
Daten	DB	%DBz.DBXy.x	%DBz.DBBy	%DBz.DBWy	%DBz.DBDy
temporäre Lokaldaten	L	%Ly.x	%LBy	%LWy	%LDy

z = Datenbausteinnummer; y = Byteadresse; x = Bitadresse

Einführung in die Programmierung mit Siemens TIA-Portal V15

1 Grundlagen der SPS

1.6.1 Bit, Byte, Wort und Doppelwort

Das **Bit** (**bi**nary dig**it**) ist die kleinste binäre Informationseinheit.
Ein Bit kann nur die Zustände ‚1' oder ‚0' annehmen.

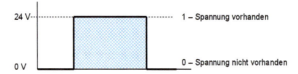

Für eine Einheit von 8 Binärzeichen steht die Einheit **Byte**.
Ein **Wort** setzt sich aus 2 Byte oder 16 Binärzeichen zusammen.
Zwei Wörter werden als **Doppelworte** bezeichnet.

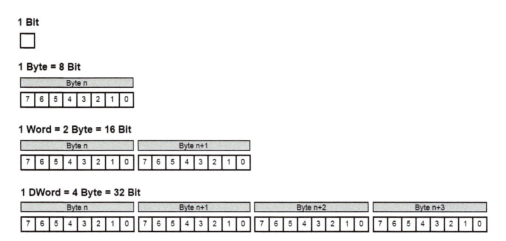

Neben dem Bit als kleinste Informationseinheit mit den beiden Zuständen „1" und „0" werden in den SIMATIC-S7-Geräten für die Darstellung aller vorkommenden Informationen das Byte, das Wort und das Doppelwort verwendet.

Digitaleingabemodul: DI 32x24VDC HF (6ES7521-1BL00-0AB0)

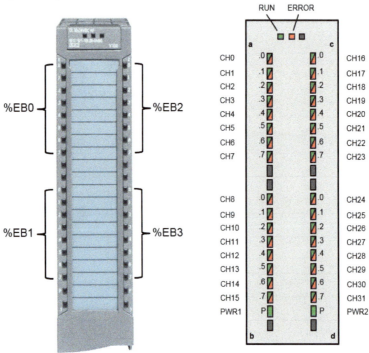

© Siemens AG 2018, Alle Rechte vorbehalten

1-16 Einführung in die Programmierung mit Siemens TIA-Portal V15

Jedem Ein - bzw. Ausgang ist eine eindeutige Adresse zugeordnet.
Beschriften Sie die Eingangskontakte mit den Adressen.

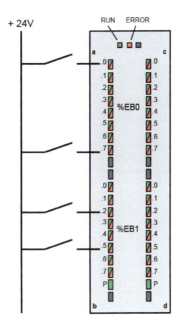

Übung: Vervollständigen Sie die Adressen!

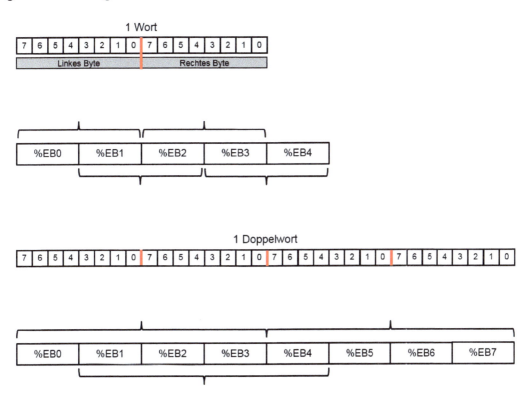

Ein Wort hat immer die Länge von 16 Bit. Das linke Byte hat immer die niedrigere Byteadresse, die bei Zusammenfassung von 2 Byte zu einem Wort mit der Wortadresse identisch ist.

Vier Byte oder zwei Worte können zu einem Doppelwort zusammengefasst werden. Auch bei einem Doppelwort bestimmt das links stehende Byte mit seiner Adresse die Adresse des entsprechenden Doppelwortes.

Einführung in die Programmierung mit Siemens TIA-Portal V15

1 Grundlagen der SPS

Notizen

2. Hardware S7-1500

2.1 Positionieren der modularen S7-Steuerungen

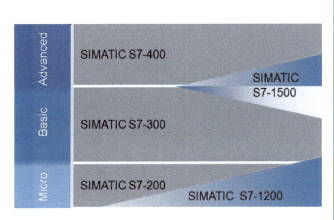 

© Siemens AG 2018, Alle Rechte vorbehalten

Die speicherprogrammierbaren Steuerungen lassen sich in die Leistungsbereiche Mikro-SPS (S7-1200) und den mittleren/oberen Leistungsbereich (S7-1500) einteilen.
Der bisherige untere/mittlere Leistungsbereich (S7-300) und der mittlere/obere Leistungsbereich (S7-400) wird künftig von einem System S7-1500 abgedeckt.

Zielsetzung für die Entwicklung der neuen SIMATIC Steuerungsgeneration

- Ein Engineering-Framework für alle Automatisierungskomponenten
  (Steuerung, HMI, Antriebe, usw.)
- Einheitliche Programmierung
- Performancesteigerung
- Vollwertiger Befehlssatz für jede Sprache
- Vollständige symbolische Programmerstellung
- Datenhandling auch ohne Zeiger
- Wiederverwendbarkeit von erstellten Bausteinen

Die neue Steuerungsgeneration SIMATIC S7-1200 und S7-1500 weist eine zeitgemäße Systemarchitektur auf, und bietet zusammen mit dem TIA Portal neue und effiziente Möglichkeiten der Programmierung und Projektierung. Dabei stehen nicht mehr die Ressourcen der Steuerung (z.B. Datenablage im Speicher) im Vordergrund, sondern die Automatisierungslösung selbst.

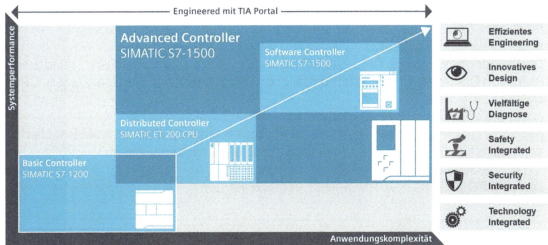

© Siemens AG 2018, Alle Rechte vorbehalten

Einführung in die Programmierung mit Siemens TIA-Portal V15

2 Hardware S7-1500

2.2 SIMATIC S7-1500

Der neue Controller SIMATIC S7-1500 setzt mit vielfältigen Innovationen neue Maßstäbe für höchste Produktivität. Davon profitieren kleine Serienmaschinen ebenso wie komplexe Anlagen mit hohen Anforderungen an Geschwindigkeit und Deterministik. Für maximale Engineering-Effizienz ist die SIMATIC S7-1500 perfekt in das **T**otally **I**ntegrated **A**utomation Portal (TIA Portal) integriert.

© Siemens AG 2018, Alle Rechte vorbehalten

SIMATIC S7-1500 Controller – Typen-Übersicht

	Kompakt		Standard						Technologie				MFP
CPU-Typen	1511C-1 PN	1512C-1 PN	1511F-1 PN	1513F-1 PN	1515F-2 PN	1516F-3 PN/DP	1517F-3 PN/DP	1518F-4 PN/DP	1511TF-1 PN	1515TF-2 PN	1516TF-3 PN/DP	1517TF-3 PN/DP	1518F-4 PN/DP MFP
Schnittstellen	1 / 1	1 / 1	1 / 1	1 / 1	1,2 / 1	1,2 / 1,3	1,2,3 / 1,3	1,2,3 / 1,3	1 / 1	1,2 / 1	1,2,3 / 1	1,2,3 / 1	1,2,4 / 1,3
Programm/	175 KB	250 KB	150/225 KB	300/450 KB	500/750 KB	1/1,5 MB	2/3 MB	4/6 MB	225/225 KB	750/750 KB	1,5/1,5 MB	3/3 MB	4/6 MB
Datenspeicher	1 MB	1 MB	1 MB	1,5 MB	3 MB	5 MB	8 MB	20 MB	1 MB	3 MB	5 MB	8 MB	20 MB
													50/500 MB[1]
Bit-Performance	60 ns	48 ns	60 ns	40 ns	30 ns	10 ns	2 ns	1 ns	60 ns	30 ns	10 ns	2 ns	1 ns
Verbindungen max.	96	128	96	128	192	256	320	384	96	192	256	320	384
Positionierachsen													
- typisch[2]	5	5	5	5	7	7	70	128	5	7	55	70	128
- maximal[3]	10	10	10	10	30	30	128	128	10	30	80	128	128
Breite	85 mm	110 mm	35 mm	35 mm	70 mm	70 mm	175 mm	175 mm	35 mm	70 mm	175 mm	175 mm	175 mm

© Siemens AG 2018, Alle Rechte vorbehalten

Daten:

- modulares Steuerungssystem für den mittleren bis oberen Leistungsbereich
- abgestuftes CPU-Spektrum
- Display für grundlegende CPU-Einstellungen (Systemzeit, Schnittstellen…) und zum Abruf von Diagnose- und Statusinformationen (Diagnosepuffer, Meldeanzeigen, CPU-Zustand…)
- umfangreiches Baugruppenspektrum
- performanter Peripheriebus für effiziente Prozessanbindung über zentrale Peripherie
- kann auf bis zu 32 Baugruppen in einer Aufbauzeile erweitert werden.
    - derzeit nur einzeiliger Aufbau möglich.
- kann mit PROFIBUS bzw. PROFINET vernetzt werden

2.3 SIMATIC S7-1500 Hardware: CPU

Die CPU führt das Anwenderprogramm aus und versorgt mit der integrierten Systemstromversorgung die Elektronik der eingesetzten Module über den Rückwandbus.

Weitere Eigenschaften und Funktionen der CPU:

- Kommunikation über Ethernet
- Kommunikation über PROFIBUS/PROFINET
- HMI-Kommunikation
- Integrierter Webserver
- Integrierte Technologie
- Integrierte Systemdiagnose
- Integrierte Sicherheit

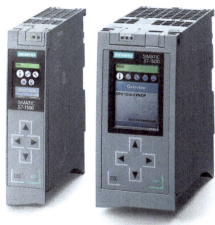

CPU-1511 / 1513   CPU-1515 / 1516   CPU-1518
© Siemens AG 2018, Alle Rechte vorbehalten

S7-1500 CPU 1516-3 PN/DP (6ES7516-3AN01-0AB0)

Das Modul hat folgende technische Eigenschaften:

Kommunikation:

– Schnittstellen

Die CPU 1516-3 PN/DP hat drei Schnittstellen. Zwei Schnittstellen für PROFINET und eine für PROFIBUS.

Die 1. PROFINET-Schnittstelle hat zwei Ports. Die zwei Ports haben die gleiche IP-Adresse und bilden die Schnittstelle zur Feldbusebene (Switch-Funktionalität).

Die 2. PROFINET-Schnittstelle besitzt einen Port mit einer eigenen IP-Adresse für die Integration in Ihr Firmennetzwerk.

Die 3. Schnittstelle dient zum Anschluss an ein PROFIBUS-Netzwerk.

– Integrierter Webserver

Die Abfrage des CPU-Status ist unabhängig von einer Softwareinstallation. Grafisch dargestellte Prozessgrößen und benutzerdefinierte Webseiten erleichtern die Informationserfassung.

© Siemens AG 2018, Alle Rechte vorbehalten

2 Hardware S7-1500

2.3.1 Frontansicht des Moduls

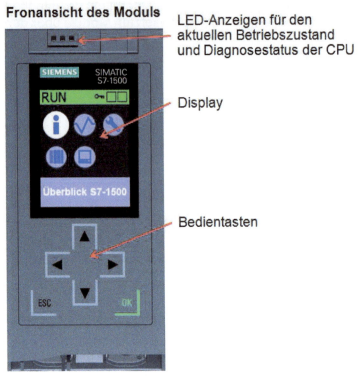

Fronansicht des Moduls
- LED-Anzeigen für den aktuellen Betriebszustand und Diagnosestatus der CPU
- Display
- Bedientasten

© Siemens AG 2018, Alle Rechte vorbehalten

Hinweis

Ziehen und Stecken der Frontklappe

Die Frontklappe kann im laufenden Betrieb rückwirkungsfrei gezogen und gesteckt werden.

Verriegeln der Frontklappe

Um Ihre CPU vor unberechtigtem Zugriff zu schützen, können Sie die Frontklappe verriegeln.

Sie haben die Möglichkeit an der Frontklappe eine Plombe anzubringen oder ein Vorhängeschloss mit einem Bügeldurchmesser von 3 mm einzuhängen.

Verplombung von CPU und Display möglich, einfacher Schutz gegen unbefugte Bedienung.

© Siemens AG 2018, Alle Rechte vorbehalten

2.3.2 Frontansicht des Moduls ohne Frontklappe

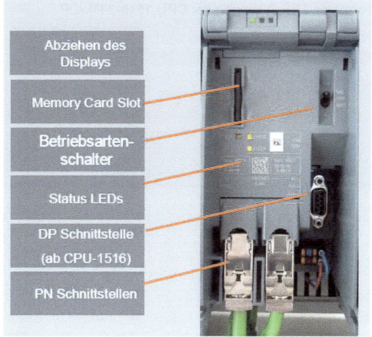

PROFINET-Schnittstelle X1 mit 2-Port-Switch (X1 P1 und X1 P2)
PROFINET-Schnittstelle X2 mit 1 Port (X2 P1)

Die Belegung entspricht dem Ethernet-Standard für einen RJ45-Stecker.

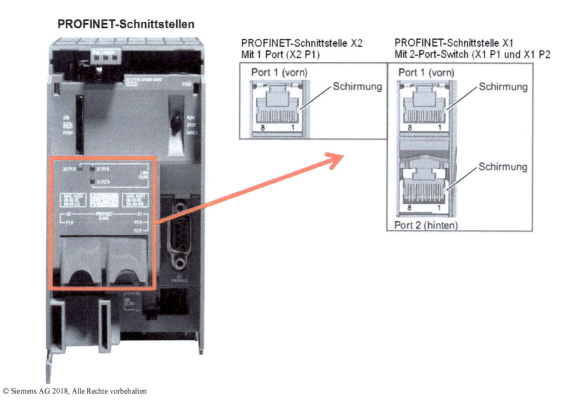

2 Hardware S7-1500

2.3.3 Status- und Fehleranzeige der CPU

Das folgende Bild zeigt die LED-Anzeigen der CPU 1516-3 PN/DP.

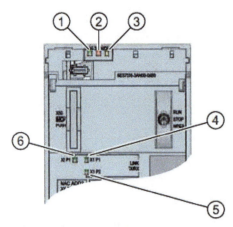

① RUN/STOP-LED (gelb/grüne LED)
② ERROR-LED (rote LED)
③ MAINT-LED (gelbe LED)
④ LINK RX/TX-LED für Port X1 P1 (gelb/grüne LED)
⑤ LINK RX/TX-LED für Port X1 P2 (gelb/grüne LED)
⑥ LINK RX/TX-LED für Port X2 P1 (gelb/grüne LED)

© Siemens AG 2018, Alle Rechte vorbehalten

Notizen

2.3.4 Bedeutung der LED-Anzeigen

Die CPU 1516-3 PN/DP besitzt zur Anzeige des aktuellen Betriebszustandes und des Diagnosezustandes drei LEDs. Die folgende Tabelle zeigt die Bedeutung der verschiedenen Kombinationen der Farben der RUN/STOP-, ERROR- und MAINT-LED.

RUN/STOP-LED	ERROR-LED	MAINT-LED	Bedeutung
LED aus	LED aus	LED aus	Keine oder zu geringe Versorgungsspannung an der CPU.
LED aus	LED blinkt rot	LED aus	Ein Fehler ist aufgetreten.
LED leuchtet grün	LED aus	LED aus	CPU befindet sich im Betriebszustand RUN.
LED leuchtet grün	LED blinkt rot	LED aus	Ein Diagnoseereignis liegt vor.
LED leuchtet grün	LED aus	LED leuchtet gelb	Eine Wartungsanforderung der Anlage liegt vor. Innerhalb eines kurzen Zeitraums muss ein Austausch der betroffenen Hardware ausgeführt werden.
LED leuchtet grün	LED aus	LED blinkt gelb	Ein Wartungsbedarf der Anlage liegt vor. Innerhalb eines absehbaren Zeitraums muss ein Austausch der betroffenen Hardware ausgeführt werden.
			Firmware-Update erfolgreich abgeschlossen.
LED leuchtet gelb	LED aus	LED aus	CPU ist im Betriebszustand STOP.
LED leuchtet gelb	LED blinkt rot	LED blinkt gelb	Das Programm auf der SIMATIC Memory Card verursacht einen Fehler.
			CPU defekt
LED blinkt gelb	LED aus	LED aus	CPU führt interne Aktivitäten während STOP aus, z. B. Hochlauf nach STOP.
			Laden des Anwenderprogramms
LED blinkt gelb/grün	LED aus	LED aus	Startup (Übergang von RUN → STOP)
LED blinkt gelb/grün	LED blinkt rot	LED blinkt gelb	Anlauf (Booten der CPU)
			Test der LEDs beim Anlauf, Stecken eines Moduls.
			LED-Blinktest

2 Hardware S7-1500

2.3.5 Technische Daten (Auszug) S7-1516-3 PN/DP

Versorgungsspannung	DC 19,2 V ... 26,8 V (Verpolschutz)
Arbeitsspeicher für Programm	1 Mbyte
Anzahl Schnittstellen PROFINET	3
Anzahl Schnittstellen PROFIBUS	1
Arbeitsspeicher für Daten	5 Mbyte
Ladespeicher steckbar MMC	max. 2 Gbyte
CPU Bearbeitungszeiten	
für Bitoperationen	10 ns
für Wortoperationen	12 ns
für Festpunktarithmetik	16 ns
für Gleitpunktarithmetik	64 ns
Anzahl der Bausteine (gesamt)	6000
DB	
Anzahl, max.	6000; Nummernband: 1 bis 65535
Größe, max.	5 Mbyte
FB	
Anzahl, max.	5998; Nummernband: 1 bis 65535
Größe, max.	512 kbyte
FB	
Anzahl, max.	5999; Nummernband: 1 bis 65535
Größe, max.	512 kbyte
OB	
Größe max.	512 kbyte
Anzahl Freie-Zyklus-OBs	100
Anzahl Anlauf-OBs	100
Anzahl Weckalarm-OBs	20
Anzahl Asynchron-Fehler-OBs	4
Anzahl Synchron-Fehler-OBs	2
Zeiten, Zähler	
S7-Zähler	
Anzahl	2048
IEC-Counter	
Anzahl	beliebig (begrenzt durch Arbeitsspeicher)
S7-Zeiten	
Anzahl	2048
IEC-Zeiten	
Anzahl	beliebig (begrenzt durch Arbeitsspeicher)
Datenbereiche	
Merker	
Anzahl	16 kbyte
Anzahl Taktmerker	8
Lokaldaten	
je Prioritätsklasse, max.	64 kbyte; max 16 kbyte pro Baustein
Adressbereich	
Anzahl IO-Module	8192

2.4 SIMATIC S7-1500 Hardware: Speicherkarte

Speicherkarte mit Standard-Filesystem

- Erhöhte Lebensdauer
  500 000 Schreibzugriffe auf die Speicherkarte möglich

- Das Projekt kann als E-Mail versendet werden und mit einem Standard-PC auf die Speicherkarte geschrieben werden

- Kein spezieller Kartenleser erforderlich
  (SD-Karte mit FAT 32 Filesystem)

- Trotz Offenheit gehen beim Ausschalten der CPU keine Daten verloren

- Höherer Kopierschutz – Programme können an die Seriennummer der Speicherkarte gebunden werden.

© Siemens AG 2018, Alle Rechte vorbehalten

Beschriftung der SIMATIC Memory Card

© Siemens AG 2018, Alle Rechte vorbehalten

Ordner und Dateien auf der SIMATIC Memory Card

Ordner	Beschreibung
FWUPDATE.S7S	Firmware-Update-Dateien für CPU und Peripheriemodule
SIMATIC.S7S	Anwenderprogramm, d.h. alle Bausteine (OBs, FCs, FBs, DBs) und Systembausteine, Projektdaten der CPU
SIMATIC.HMI	HMI relevante Daten
DataLogs	DataLog-Dateien
Rezepte	Rezeptdateien

Seriennummer zum Kopierschutz nutzen

Sie können für CPUs einen Kopierschutz einrichten, mit dem das Ausführen des Bausteins an eine bestimmte SIMATIC Memory Card gebunden wird. Die Einstellung erfolgt in STEP 7 in den Eigenschaften des Bausteins, "An Seriennummer der SIMATIC Memory Card binden". Nur wenn der Baustein sich auf der SIMATIC Memory Card mit der festgelegten Seriennummer befindet, kann er ausgeführt werden.

SIMATIC Memory Card entfernen

Entfernen Sie die SIMATIC Memory Card nur im NETZ-AUS oder im Zustand STOP der CPU. Stellen Sie sicher, dass im Zustand STOP keine schreibenden Funktionen (z.B. Baustein laden/löschen) aktiv sind bzw. beim NETZ-AUS aktiv waren. Beenden Sie dazu vorher die Kommunikationsverbindungen.

2 Hardware S7-1500

2.5 Memory Reset (MRES) der CPU über Betriebsartenschalter

1. Betriebsartenschalter auf STOP stellen.

2. Betriebsartenschalter in MRES gedrückt halten bis RUN/STOP-LED 2x langsam blinkt.

   dann wieder loslassen

   ↓ innerhalb 1 sec

3. Betriebsartenschalter in MRES gedrückt halten bis RUN/STOP-LED anfängt schnell zu blinken.

   dann wieder loslassen

4. Betriebsartenschalter in RUN stellen
   Neustart der CPU wird durchgeführt

Ergebnis:

mit gesteckter PROGRAMM-Karte
→ Urlöschen

ohne gesteckte PROGRAMM-Karte
→ Rücksetzen auf Werkseinstellung

© Siemens AG 2018, Alle Rechte vorbehalten

Besonderheiten bei Memory Reset (MRES) der CPU über den Betriebsartenschalter:

- **wenn Memory Card (MC) gesteckt = Urlöschen**

  - löschen aller Anwenderdaten (Arbeits-, Remanenz-Speicher)
    (Prozessabbild, Merker, Zähler, Zeiten, alle Programm/Datenbausteine).
  - Erhalten bleiben: Parametrierung der X1-Schnittstelle, remanenter Teil des Diagnosepuffers.
  - Die CPU kopiert alle ablaufrelevanten Daten des Ladespeichers (Speicherkarte) in den internen RAM-Arbeitsspeicher (ablaufrelevante Daten: Gerätekonfiguration, Programmbausteine, Datenbausteine).

- **wenn keine Memory Card (MC) gesteckt = Rücksetzen auf Werkseinstellung**

  - löschen aller Speicherbereiche der CPU (Arbeits-Remanenz-Speicher, Diagnosepuffer, Uhrzeit) und IP-Adresse.
  - Nach Stecken der MC werden die ablaufrelevanten Daten des Ladespeichers von der Speicherkarte wieder in den internen RAM-Arbeitsspeicher geladen:
    Gerätekonfiguration (mit IP-Adresse), Programmbausteine, Datenbausteine.

2.6 Speicherbereiche der CPU

Das Bild zeigt die Speicherbereiche der CPU und den Ladespeicher auf der SIMATIC Memory Card. Neben dem Ladespeicher können sich weitere Daten auf der SIMATIC Memory Card befinden, z.B. Rezepturen, Data Logs, HMI-Backups.

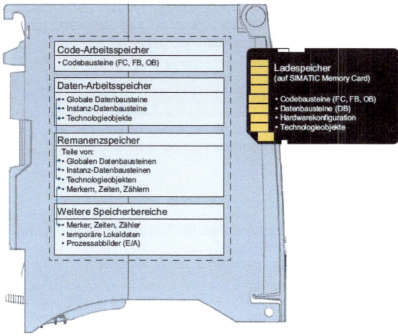

© Siemens AG 2018, Alle Rechte vorbehalten

Ladespeicher

Der Ladespeicher ist ein nichtflüchtiger Speicher für Codebausteine, Datenbausteine, Technologieobjekte und Hardware-Konfiguration. Beim Laden dieser Objekte in die CPU werden sie zunächst im Ladespeicher abgelegt. Dieser Speicher befindet sich auf der SIMATIC Memory Card.

Für den Betrieb der CPU ist eine gesteckte SIMATIC Memory Card zwingend erforderlich.

Arbeitsspeicher

Der Arbeitsspeicher ist ein flüchtiger Speicher, der die Code- und Datenbausteine enthält. Der Arbeitsspeicher ist in die CPU integriert und nicht erweiterbar. Der Arbeitsspeicher ist bei den S7-1500 CPUs in zwei Bereiche aufgeteilt:

- Code-Arbeitsspeicher: Der Code-Arbeitsspeicher enthält ablaufrelevante Teile des Programmcodes.
- Daten-Arbeitsspeicher: Der Daten-Arbeitsspeicher enthält die ablaufrelevanten Teile der Datenbausteine und Technologieobjekte. Bei den Betriebszustandsübergängen NETZ-EIN nach Anlauf und bei STOP nach Anlauf werden Variablen von globalen Datenbausteinen, Instanz-Datenbausteinen und Technologieobjekten mit ihren Startwerten initialisiert, remanente Variablen erhalten ihre im Remanenzspeicher gesicherten Aktualwerte.

2 Hardware S7-1500

Remanenzspeicher

Der Remanenzspeicher ist ein nichtflüchtiger Speicher zur Sicherung einer begrenzten Menge an Daten bei Spannungsausfall. Im Remanenzspeicher werden die als remanent definierten Variablen und Operandenbereiche gesichert. Diese Daten bleiben über eine Abschaltung oder einen Spannungsausfall hinweg erhalten. Alle anderen Programmvariablen gehen dabei verloren und werden bei den Betriebszustandsübergängen NETZ-EIN nach Anlauf und bei STOP nach Anlauf auf ihre Startwerte gesetzt. Der Inhalt des Remanenzspeichers wird durch folgende Aktionen gelöscht:

- Urlöschen
- Rücksetzen auf Werkseinstellungen

Im Remanenzspeicher werden auch bestimmte Variablen von Technologieobjekten gespeichert. Diese werden beim Urlöschen nicht gelöscht.

Weitere Speicherbereiche

Neben den beschriebenen Speicherbereichen für Anwenderprogramm und Daten verfügt die CPU über weitere Speicherbereiche.
Zu den weiteren Speicherbereichen gehören u. a. die folgenden:

- Merker, Zeiten, Zähler
- Temporäre Lokaldaten
- Prozessabbilder

Die CPU-spezifischen Größen finden Sie in den Technischen Daten der jeweiligen CPU.

Notizen

2.7 SIMATIC S7-1500 Hardware: Display

Die S7-1500 CPU hat eine Frontklappe mit einem Display und Bedientasten. Auf dem Display können in verschiedenen Menüs Kontroll- oder Statusinformationen angezeigt und zahlreiche Einstellungen vorgenommen werden. Mit den Bedientasten navigieren Sie durch die Menüs.

Display auf jeder CPU

- Zugriff auf MLFB, FW-Stand und Seriennummer für zentral und dezentral
- Zur Inbetriebnahme (z.B. setzen der IP-Adresse, Stationsname)
- Zur Diagnose:
  - Alle Fehlermeldungen werden als Text angezeigt (Systemdiagnose und Anwenderalarme)
  - Baugruppenstati für zentrale und dezentrale Baugruppen
- Ersatz für Schlüsselschalter (RUN / RUN-P mode bei der S7-400)
- 2-sprachige Anzeige (Menü und Fehler-/Meldetexte); Sprache umschalten im laufenden Betrieb.
- Ziehen und Stecken des Displays im laufenden Betrieb möglich, die CPU bleibt in RUN.
- Passwortvergabe für Display-Bedienung

© Siemens AG 2018, Alle Rechte vorbehalten

Die Frontklappe ist steckbar und kann im laufenden Betrieb (RUN) abgenommen bzw. ausgetauscht werden. Entfernen bzw. Tauschen des Displays hat keinen Einfluss auf die laufende CPU.

Im Folgenden ist beschrieben, wie die Frontklappe von der CPU abgenommen wird:

1. Klappen Sie die Frontklappe nach oben, bis die Frontklappe 90° zum Modul nach vorne steht.
2. Drücken Sie im oberen Bereich der Frontklappe gleichzeitig auf die Verankerung(en) und ziehen Sie die Frontklappe nach vorne weg.

Jede S7-1500 CPU wird mit Display ausgeliefert. Die CPU kann auch ohne Display betrieben werden. Ziehen und Stecken ist im laufenden Betrieb möglich (CPU bleibt im RUN).

   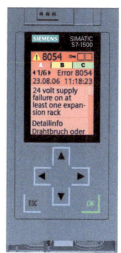

Startbild — Status — Erreichbare Teilnehmer — Diagnose

© Siemens AG 2018, Alle Rechte vorbehalten

2 Hardware S7-1500

Das folgende Bild zeigt eine beispielhafte Ansicht des Displays einer CPU 1516-3 PN/DP.

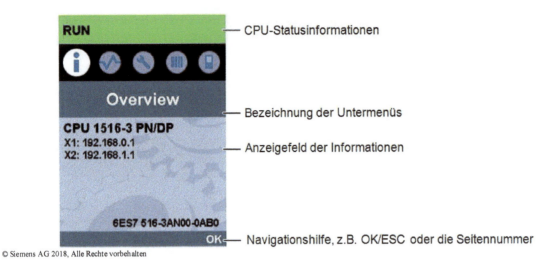

© Siemens AG 2018, Alle Rechte vorbehalten

CPU-Statusinformationen

Farbe und Symbol der Statusinformation	Bedeutung
grün	RUN RUN und Alarm
gelb	STOP
rot	ERROR
weiß	Verbindungsaufbau zwischen CPU und Display Firmware-Update des Displays
🔒	Schutzstufe konfiguriert
⚠	Alarm (mindestens ein Alarm ist in der CPU aktiv)
❗	Fehler (mindestens ein Fehler ist in der CPU aktiv)
F	Forcetabelle in der CPU aktiv

Hardware S7-1500 2

Bezeichnung der Untermenüs

Hauptmenüpunkte	Bedeutung	Erklärung
🛈	Übersicht	Das Menü "Übersicht" beinhaltet Angaben über die Eigenschaften der CPU.
⚡	Diagnose	Das Menü "Diagnose" beinhaltet Angaben über Diagnosemeldungen, die Diagnosebeschreibung und die Anzeige der Alarme. Des Weiteren gibt es Auskunft über die Netzwerkeigenschaften jeder Schnittstelle der CPU.
🔧	Einstellungen	Im Menü "Einstellungen" werden IP-Adressen der CPU vergeben, Datum, Uhrzeit, Zeitzonen, Betriebszustände (RUN/STOP) und Schutzstufen eingestellt, die CPU urgelöscht und auf Werkseinstellungen zurückgesetzt und der Status der Firmware-Updates angezeigt.
▥	Module	Das Menü "Module" beinhaltet Angaben über die in Ihrem Aufbau verwendeten Module. Die Module können zentral und/oder dezentral eingesetzt sein. Dezentrale Module sind über PROFINET und/oder PROFIBUS an die CPU angebunden. Sie haben hier die Möglichkeit, die IP-Adressen für einen CP einzustellen.
▯	Display	Im Menü "Display" werden Einstellungen rund um das Display vorgenommen, z.B. Einstellen der Sprache, der Helligkeit und des Energiespar-Modus (Der Energiespar-Modus schaltet das Display dunkel. Der Standby-Modus schaltet das Display ab).

Menüsymbole

Symbol	Bedeutung
✏	Editierbarer Menüpunkt
🌐	Wählen Sie hier die gewünschte Sprache aus.
⚠	In der nächsten Unterstufe liegt eine Meldung vor.
⛔	In der nächsten Unterstufe liegt ein Fehler vor.
▶	Navigieren zur nächsten Unterstufe, alternativ: navigieren mit "OK" und "ESC"
⇅	Im Editiermodus treffen Sie die Auswahl über zwei Pfeiltasten: nach unten/nach oben: springt zur Auswahl oder dient zu Anwahl der gewünschten Ziffern/Optionen
⇕⇔	Im Editiermodus treffen Sie die Auswahl über vier Pfeiltasten: nach unten/nach oben: springt zur Auswahl oder dient zu Anwahl der gewünschten Ziffern nach links/nach rechts: springt eine Stelle weiter oder zurück

2 Hardware S7-1500

Bedienung

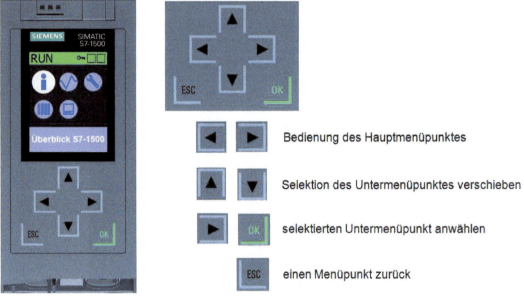

© Siemens AG 2018, Alle Rechte vorbehalten

2.7.1 Übung: IP-Adresse über das Display überprüfen

In diesem Schritt überprüfen Sie die IP-Adresse und die Subnetzmaske der CPU.

Vorgehensweise

1. Navigieren Sie zum Menüpunkt "Einstellungen".
2. Wählen Sie den Menüpunkt "Adressen".
3. Wählen Sie die Schnittstelle "X1 (IE/PN)".
4. Wählen Sie den Menüpunkt "IP-Adresse".
5. Überprüfen Sie die eingestellte IP-Adresse.
6. Betätigen Sie die Taste "nach rechts".
7. Überprüfen Sie die eingestellte Subnetmaske.
8. Beenden Sie mit "ESC".

2.8 Digitaleingabemodul: DI 32x24VDC HF (6ES7521-1BL00-0AB0)

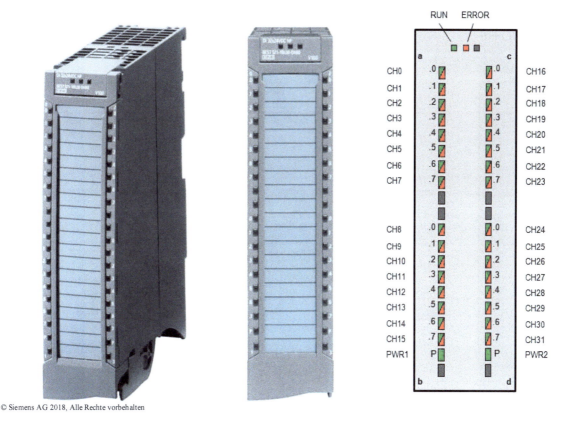

© Siemens AG 2018, Alle Rechte vorbehalten

Das Modul hat folgende Eigenschaften:

- Technische Eigenschaften

– 32 Digitaleingänge, potenzialgetrennt in Gruppen zu 16
– Eingangsnennspannung DC 24 V
– Kanalweise parametrierbare Eingangsverzögerung: 0,05 ms ... 20 ms
– Kanalweise parametrierbare Diagnose
– Kanalweise parametrierbarer Prozessalarm
– Geeignet für Schalter und 2-/3-/4-Draht-Näherungsschalter
– Hardwarekompatibel zum Digitaleingabemodul DI 16x24VDC HF (6ES7521-1BH00-0AB0)

- Unterstützte Funktionen

– Firmware-Update
– Identifikationsdaten I&M0 bis I&M3
– Umparametrieren im RUN (kanalweise)
– Taktsynchroner Betrieb

Verwendete Abkürzungen:

xL+ Anschluss für Versorgungsspannung
xM Anschluss für Masse
CHx Kanal bzw. Anzeige für Kanalstatus
PWRx Anzeige für Versorgungsspannung (POWER)

2 Hardware S7-1500

2.8.1 Status- und Fehleranzeigen - LED-Anzeigen

Im folgenden Bild sehen Sie die LED-Anzeigen (Status- und Fehleranzeigen) des DI 32x24VDC HF.

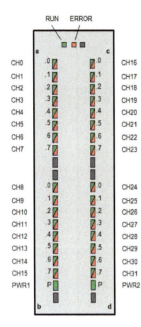

LED		Bedeutung	Abhilfe
RUN	ERROR		
aus	aus	Keine oder zu geringe Spannung am Rückwandbus	• Schalten Sie die CPU und/oder die Systemstromversorgungsmodule ein. • Überprüfen Sie, ob die U-Verbinder gesteckt sind. • Überpüfen Sie, ob zu viele Module gesteckt sind.
blinkt	aus	Modul läuft an und blinkt bis zur gültigen Parametrierung.	---
ein	aus	Modul ist parametriert	
ein	blinkt	Zeigt Modulfehler an (mindestens an einem Kanal liegt ein Fehler vor, z. B. Drahtbruch).	Werten Sie die Diagnose aus und beseitigen Sie den Fehler (z. B. Drahtbruch).
blinkt	blinkt	Hardware defekt	Tauschen Sie das Modul aus.

LED PWR1 / PWR2	Bedeutung	Abhilfe
aus	Versorgungsspannung L+ zu niedrig oder fehlt	Versorgungsspannung L+ prüfen.
ein	Versorgungsspannung L+ liegt an und ist OK	---

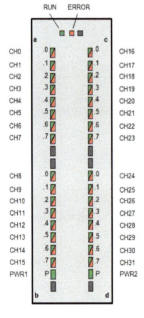

LED CHx	Bedeutung	Abhilfe
aus	0 = Status des Eingangssignals	---
ein	1 = Status des Eingangssignals	---
ein	Diagnose: Drahtbruch	Verdrahtung prüfen. Bei einfachen Schaltern Diagnose deaktivieren oder Geberkontakte mit einem Widerstand (25 kΩ ... 45 kΩ) beschalten.
	Versorgungsspannung L+ zu niedrig oder fehlt	Versorgungsspannung L+ prüfen

2.9 Digitalausgabemodul: DI 32x24VDC/0.5A ST (6ES7522-1BL00-0AB0)

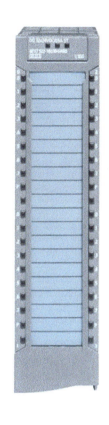
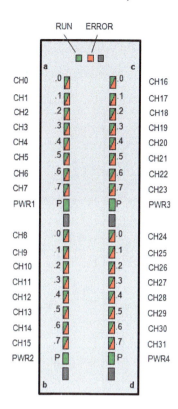

© Siemens AG 2018, Alle Rechte vorbehalten

Das Digitalmodul hat folgende Eigenschaften:

- Technische Eigenschaften

  – 32 Digitalausgänge, potenzialgetrennt in Gruppen zu 8
  – Ausgangsnennspannung DC 24 V
  – Ausgangsnennstrom 0,5 A je Kanal
  – Kanalweise parametrierbare Ersatzwerte
  – Kanalweise parametrierbare Diagnose
  – Geeignet für Magnetventile, Gleichstromschütze und Meldeleuchten
  – Hardwarekompatibel zum Digitalausgabemodul DQ 16x24VDC/0.5A ST (6ES7522-1BH00-0AB0)

- Unterstützte Funktionen

  – Firmware-Update
  – Identifikationsdaten I&M0 bis I&M3
  – Umparametrieren im RUN (kanalweise)
  – Taktsynchroner Betrieb

Verwendete Abkürzungen:

xL+ Anschluss für Versorgungsspannung
xM Anschluss für Masse
CHx Kanal bzw. Anzeige für Kanalstatus
PWRx Anzeige für Versorgungsspannung (POWER)

2 Hardware S7-1500

2.9.1 Status- und Fehleranzeigen - LED-Anzeigen

Im folgenden Bild sehen Sie die LED-Anzeigen (Status- und Fehleranzeigen) des DQ 32x24VDC/0.5A ST.

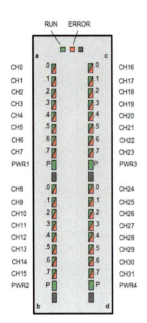

Notizen

2.10 Analogeingabemodul: AI 8xU/I/RTD/TC ST (6ES7531-7KF00-0AB0)

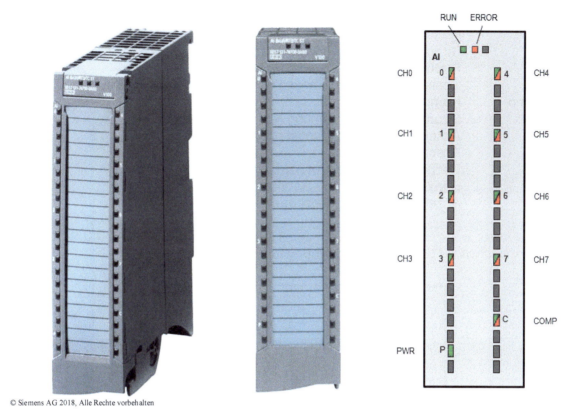

© Siemens AG 2018, Alle Rechte vorbehalten

Das Modul hat folgende Eigenschaften:

- Technische Eigenschaften

– 8 Analogeingänge
– Messart Spannung einstellbar pro Kanal
– Messart Strom einstellbar pro Kanal
– Messart Widerstand einstellbar einstellbar für Kanal 0, 2, 4 und 6
– Messart Widerstandsthermometer (RTD) einstellbar für Kanal 0, 2, 4 und 6
– Messart Thermoelement (TC) einstellbar pro Kanal
– Auflösung 16 bit inkl. Vorzeichen
– Kanalweise parametrierbare Diagnose
– Kanalweise einstellbarer Prozessalarm bei Grenzwertüberschreitung (je zwei obere und untere Grenzwerte)

- Unterstützte Funktionen

– Firmware-Update
– Kalibrierung zur Laufzeit
– Identifikationsdaten I&M0 bis I&M3
– Umparametrieren im RUN (kanalweise)

2 Hardware S7-1500

Verwendete Abkürzungen

U_n+/U_n-	Spannungseingang Kanal n (nur Spannung)
M_n+/M_n-	Messeingang Kanal n
I_n+/I_n-	Stromeingang Kanal n (nur Strom)
$I_{c\,n}+/I_{c\,n}-$	Stromausgang Bestromung RTD Kanal n
UV_n	Speisespannung am Kanal n für 2-Draht-Messumformer (2DMU)
Comp+/Comp-	Kompensationseingang
$I_{Comp}+/I_{Comp}-$	Stromausgang Bestromung Kompensation
L+	Anschluss für Versorgungsspannung
M	Anschluss für Masse
M_{ANA}	Bezugspotenzial des Analogkreises
CHx	Kanal bzw. Anzeige für Kanalstatus
PWR	Anzeige für Versorgungsspannung

2.10.1 Prinzipschaltbild der Anschlussbelegung für Spannungsmessung

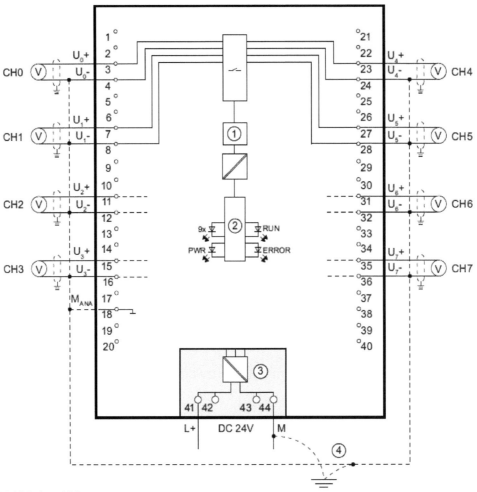

© Siemens AG 2018, Alle Rechte vorbehalten

2.10.2 Messarten und Messbereiche

Das Modul hat als Voreinstellung die Messart Spannung und den Messbereich ±10 V.
Wenn Sie eine andere Messart bzw. Messbereich verwenden wollen, müssen Sie das Modul mit STEP 7 umparametrieren.

Wenn Sie einen Eingang nicht verwenden, dann deaktivieren Sie den Eingang.
Die Zykluszeit des Moduls wird dadurch verkürzt.

Messart	Messbereich
Spannung	±50 mV
	±80 mV
	±250 mV
	±500 mV
	±1 V
	±2,5 V
	1 bis 5 V
	±5 V
	±10 V
Strom 2DMU (2-Draht-Messumformer)	4 bis 20 mA
Strom 4DMU (4-Draht-Messumformer)	0 bis 20 mA
	4 bis 20 mA
	±20 mA
Widerstand (2-Leiter-Anschluss)	150 Ω
	300 Ω
	600 Ω
	6000 Ω
Widerstand (3-Leiter-Anschluss) (4-Leiter-Anschluss)	PTC
Thermowiderstand RTD (3-Leiter-Anschluss) (4-Leiter-Anschluss)	PT100 Standard/Klima
	PT200 Standard/Klima
	PT500 Standard/Klima
	PT1000 Standard/Klima
	NI100 Standard/Klima
	NI1000 Standard/Klima
	LG-NI1000 Standard/Klima
Thermoelement TC	Typ B
	Typ E
	Typ J
	Typ K
	Typ N
	Typ R
	Typ S
	Typ T
deaktiviert	-

2 Hardware S7-1500

2.10.3 Status- und Fehleranzeigen - LED-Anzeigen

Im folgenden Bild sehen Sie die LED-Anzeigen (Status- und Fehleranzeigen) des AI 8xU/I/RTD/TC ST.

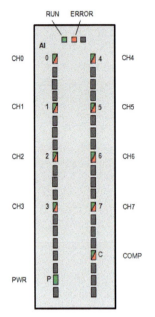

LEDs		Bedeutung	Abhilfe
RUN	ERROR		
aus	aus	Keine oder zu geringe Spannung am Rückwandbus.	• Schalten Sie die CPU und/oder die Systemstromversorgungsmodule ein. • Überprüfen Sie, ob die U-Verbinder gesteckt sind. • Überprüfen Sie, ob zu viele Module gesteckt sind.
blinkt	aus	Modul läuft an und blinkt bis zur gültigen Parametrierung.	---
ein	aus	Modul ist parametriert.	
ein	blinkt	Zeigt Modulfehler an (mindestens an einem Kanal liegt ein Fehler vor, z. B. Drahtbruch).	Werten Sie die Diagnose aus und beseitigen Sie den Fehler (z. B. Drahtbruch).
blinkt	blinkt	Hardware defekt.	Tauschen Sie das Modul aus.

LED PWR	Bedeutung	Abhilfe
aus	Versorgungsspannung L+ zu niedrig oder fehlt.	Versorgungsspannung L+ prüfen.
ein	Versorgungsspannung L+ liegt an und ist OK.	---

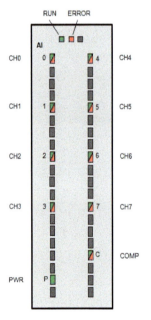

LED CHx/COMP	Bedeutung	Abhilfe
aus	Kanal deaktiviert.	---
ein	Kanal parametriert und OK.	---
ein	Kanal parametriert (Kanalfehler liegt an). Diagnosemeldung: z. B. Drahtbruch	Verdrahtung überprüfen. Diagnose deaktivieren.

2.11 Analogausgabemodul: AQ 4xU/I ST (6ES7532-5HD00-0AB0)

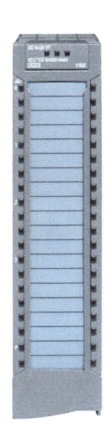
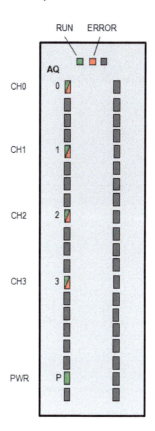

Das Modul hat folgende Eigenschaften:

- Technische Eigenschaften

  – 4 Analogausgänge
  – Spannungsausgang kanalweise wählbar
  – Stromausgang kanalweise wählbar
  – Auflösung: 16 bit inkl. Vorzeichen
  – Kanalweise parametrierbare Diagnose

- Unterstützte Funktionen

  – Firmware-Update
  – Kalibrierung zur Laufzeit
  – Identifikationsdaten I&M0 bis I&M3
  – Umparametrieren im RUN (kanalweise)

Verwendete Abkürzungen

QV_n	Spannungsausgang Kanal
QI_n	Stromausgang Kanal
S_n+/S_n-	Senseleitung Kanal
L+	Anschluss für Versorgungsspannung
M	Anschluss für Masse
M_{ANA}	Bezugspotenzial des Analogkreises
CHx	Kanal bzw. Anzeige für Kanalstatus
PWR	Anzeige für Versorgungsspannung

2 Hardware S7-1500

2.11.1 Prinzipschaltbild und Anschlussbelegung für Spannungsausgang

Das folgende Bild zeigt beispielhaft folgende Anschlussmöglichkeiten:

- 2-Leiter-Anschluss ohne Kompensation der Leitungswiderstände.
- 4-Leiter-Anschluss mit Kompensation der Leitungswiderstände.

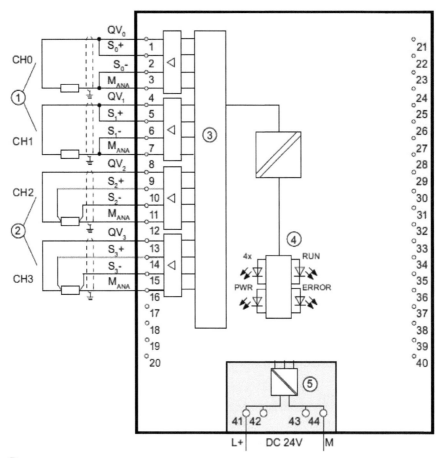

① 2-Leiter-Anschluss (Brücke am Frontstecker)
② 4-Leiter-Anschluss
③ Digital-Analog-Umsetzer (DAU)
④ Rückwandbusanschaltung
⑤ Versorgungsspannung über Einspeisemodul

© Siemens AG 2018, Alle Rechte vorbehalten

2.11.2 Ausgabebereiche

Das Modul hat als Voreinstellung die Ausgabeart Spannung und den Ausgabebereich ±10 V. Wenn Sie einen anderen Ausgabebereich bzw. eine andere Ausgabeart verwenden wollen, müssen Sie das Modul mit STEP 7 umparametrieren.

Ausgabeart	Ausgabebereich
Spannung	1 bis 5 V 0 bis 10 V ±10 V
Strom	0 bis 20 mA 4 bis 20 mA ±20 mA
deaktiviert	-

2.11.3 Status- und Fehleranzeigen - LED-Anzeigen

Im folgenden Bild sehen Sie die LED-Anzeigen (Status- und Fehleranzeigen) des AQ 4xU/I ST.

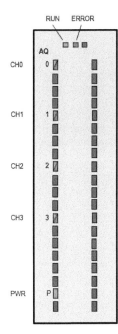

LED		Bedeutung	Abhilfe
RUN	ERROR		
aus	aus	Keine oder zu geringe Spannung am Rückwandbus	• Schalten Sie die CPU und/oder die Systemstromversorgungsmodule ein. • Überprüfen Sie, ob die U-Verbinder gesteckt sind. • Überpüfen Sie, ob zu viele Module gesteckt sind.
blinkt	aus	Modul läuft an und blinkt bis zur gültigen Parametrierung.	---
ein	aus	Modul ist parametriert	
ein	blinkt	Zeigt Modulfehler an (mindestens an einem Kanal liegt ein Fehler vor, z. B. Drahtbruch).	Werten Sie die Diagnose aus und beseitigen Sie den Fehler (z. B. Drahtbruch).
blinkt	blinkt	Hardware defekt	Tauschen Sie das Modul aus.

LED PWR	Bedeutung	Abhilfe
aus	Versorgungsspannung L+ zu niedrig oder fehlt	Versorgungsspannung prüfen.
ein	Versorgungsspannung L+ liegt an und ist OK	---

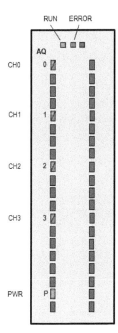

LED CHx	Bedeutung	Abhilfe
aus	Kanal deaktiviert	---
ein	Kanal parametriert und OK	---
ein	Diagnosemeldung: z. B. Drahtbruch, Überlauf, Unterlauf	Verdrahtung prüfen. Diagnose deaktivieren.

Einführung in die Programmierung mit Siemens TIA-Portal V15

Notizen

3. Datentypen bei STEP 7

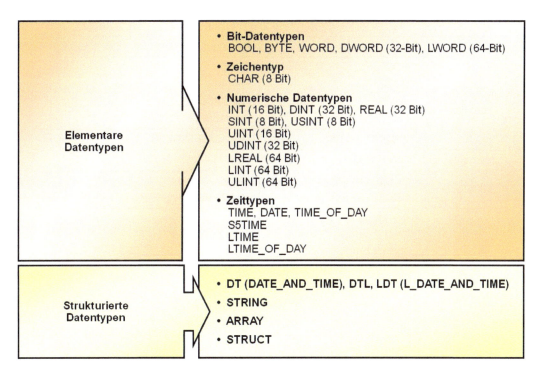

Die Datentypen legen die Eigenschaften der Daten fest, z.B. die Darstellung des Inhalts und die zulässigen Speicherbereiche. Im Anwenderprogramm können Sie vordefinierte Datentypen verwenden oder auch eigene definieren.

Die Wahl der Darstellung der Daten ist oft ziemlich schwierig und wird oftmals durch die vorhandenen Möglichkeiten eingeschränkt. Einerseits müssen die Eigenschaften durch die Daten beschriebenen Objekte korrekt widergespiegelt werden, andererseits müssen mit den Daten auch die für die Prozessführung benötigten Operationen durchgeführt werden können.

Welche Werte von Daten angenommen und welche Operationen mit ihnen durchgeführt werden können, wird durch den Datentyp festgelegt. Er definiert eindeutig:
- den möglichen Wertebereich
- die zulässigen Operanden

Elementare Datentypen sind vordefinierte Datentypen, die nicht weiter unterteilt werden können. Die Datentypen BCD16 und BCD32 sind keine Datentypen im engeren Sinn – man kann sie nicht einer Variablen zuweisen; sie sind nur für die Datentypkonvertierung relevant. Die elementaren Datentypen können in Verbindung mit Variablen aus allen Operandenbereichen angewendet werden.
Sie haben eine Breite von 1, 8, 16, 32, bei S7-1500 sind 64 Bits möglich.

Strukturierte Datentypen bestehen aus einer Zusammenfassung von elementaren Datentypen unter einer Bezeichnung. Diese Datentypen können nur bausteinlokal in der Schnittstelle von Codebausteinen und in Datenbausteinen angewendet werden – für die Operandenbereiche Eingänge (E), Ausgänge (A) und Merker (M) in der PLC-Variablentabelle sind sie nicht zuglassen.

Ein **PLC Datentyp** ist ein Datentyp mit eigenem Namen. Er ist wie der Datentyp STRUCT aufgebaut, d.h. er besteht aus einzelnen Komponenten, die unterschiedliche Datentypen aufweisen können. Sie können einen PLC-Datentyp einsetzen, wenn Sie einer Datenstruktur einen Namen geben wollen, beispielsweise weil Sie die Datenstruktur häufig in Ihrem Programm verwenden. Ein PLC-Datentyp ist CPU-weit (global) gültig.

3 Datentypen bei STEP 7

Übersicht Datentypen

Elementare Datentypen

	Beschreibung	Beispiel
Bit-Datentypen	BOOL BYTE WORD DWORD (32 Bit)	TRUE B#16#7F W#16#F0F0 DW#16#F0F0C7CA
	LWORD (64 Bit)	LW#16#5F52DE3B
Zeichentypen	CHAR (8 Bit)	'S'
BCD-Zahlen	BCD16 (16 Bit) BCD32 (32 Bit)	+999 +9 999 999
Numerische Datentypen	INT (16 Bit) DINT (32 Bit) REAL (32 Bit)	55 L#2435678964 2.0
	SINT (8 Bit), USINT (8 Bit) UINT (16 Bit) UDINT (32 Bit) LREAL (64 Bit)	60 2 UDINT#435676 LREAL#2.0e-6
	LINT (64 Bit) ULINT (64 Bit)	LINT#+2345632476 ULINT#178764398
Zeittypen	TIME DATE TIME_OF_DAY	T#2h#46m#30s#630ms D#1999-02-22 TOD#19:16:20:955
	S5TIME	S5T#15s
	LTIME LTIME_OF_DAY	T#1350d20h25m14s560ms655µs220ns LTOD#10:20:30:400_365_215

Strukturierte Datentypen

Zeittypen	DT (DATE_AND_TIME)	DT#1985-02-22-14-46-567-3
	DTL	DTL#1985-01-01-18:00:40:250
	LDT (DATE_AND_LTIME)	LDT#2009-02-02-18:00:35:25
Zeichentyp	STRING	SCL
FELD	ARRAY	ARRAY[1..30] of INT
STRUKTUR	STRUCT	

3.1 Elementare Datentypen

3.1.1 Bitfolge-Datentypen BOOL, BYTE, WORD, DWORD und LWORD

Datentyp BOOL

Werte: TRUE (1), FALSE (0)

Datentyp BYTE   Beispiel: 16#7F

```
      Byte m
| 7 6 5 4 3 2 1 0 |  Bit-Nummer
```

Datentyp WORD   Beispiel: 16#7F2B

```
   Byte m          Byte m+1
| 15        8 | | 7         0 |
```

Datentyp DWORD   Beispiel: 16#FFFF_FFFF

```
   Byte m         Byte m+1        Byte m+2        Byte m+3
| 31      24 | | 23      16 | | 15       8 | | 7        0 |
```

Datentyp LWORD   Ein Operand vom Datentyp LWORD ist eine Bitfolge aus 64 Bit.

```
| 63                                                    0 |
```

Eine Variable mit dem Datentyp **BOOL** stellt einen Bitwert dar (z.B. Eingang %E1.0). Die Variable kann den Wert "0" oder "1" bzw. FALSE oder TRUE annehmen.

Eine Variable mit dem Datentyp **BYTE** belegt 8 Bits. Die einzelnen Bits haben keine Wertigkeit. Die Konstantenschreibweise lautet 16#00 bis 16#FF.

Eine Variable mit dem Datentyp **WORD** (Wort) belegt 16 Bits. Die einzelnen Bits haben keine Wertigkeit. Die Konstantenschreibweise lautet 16#0000 bis 16#FFFF. Eine wortbreite Konstante kann auch als 16-Bit-Binärzahl (2#0000_..._0000 bis 2#1111_.._1111) oder als 2x8-Bit-Dezimalzahl ohne Vorzeichen B#(0,0) bis B#(255,255) geschrieben werden.

Eine Variable mit dem Datentyp **DWORD** (Doppelwort) belegt 32 Bits. Die einzelnen Bits haben keine Wertigkeit. Die Konstantenschreibweise lautet 16#0000_0000 bis 16#FFFF_FFFF.
Eine doppelwortbreite Konstante kann auch als 32-Bit-Binärzahl (2#0000_..._0000 bis 2#1111_..._1111) oder als 4x8-Bit-Dezimalzahl ohne Vorzeichen B#(0,0,0,0) bis B#(255,255,255,255) geschrieben werden.

Eine Variable mit dem Datentyp **LWORD** belegt 64 Bits. Die einzelnen Bits haben keine Wertigkeit. Die hexadezimale Konstantenschreibweise lautet LW#16#0000_0000_0000_0000 bis LW#16#FFFF_FFFF_FFFF_FFFF.
Eine langwortbreite Konstante kann auch als 64-Bit-Binärzahl (2#0000_..._0000 bis 2#1111_..._1111) geschrieben werden.

3.1.2 BCD-codierte Zahlen BCD16 und BCD32

BCD-Zahl, 3 Dekaden

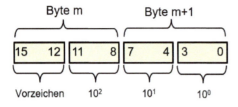

Beispiel: Anzeige BCD-codiert

BCD-Zahl, 7 Dekaden

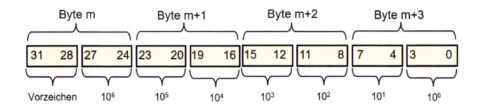

BCD-codierte Zahlen haben keinen eigenen Datentyp. Für eine BCD-Zahl verwenden Sie den Datentyp WORD bzw. DWORD und geben hexadezimal (16#xxxx bzw. 16#xxxx xxxx) nur die Ziffern 0 bis 9 bzw. 0 und F für das Vorzeichen ein.

BCD-codierte Zahlen werden beispielsweise in Verbindung mit den Konvertierungsfunktionen verwendet. Das Vorzeichen einer BCD-codierten Zahl ist in der links außen liegenden (höchsten) Dekade untergebracht. Dadurch geht im Zahlenbereich eine Dekade verloren.

Bei einer in einem 16-Bit-Wort untergebrachten BCD-codierten Zahl steht das Vorzeichen in der obersten Dekade, wobei nur die Bitstelle 15 relevant ist. Signalzustand "0" bedeutet, dass die Zahl positiv ist. Signalzustand "1" steht für eine negative Zahl. Das Vorzeichen beeinflusst nicht die Belegung der einzelnen Dekaden. Für ein 32-Bit-Wort gilt eine äquivalente Belegung.

Der zur Verfügung stehende Zahlenbereich beträgt bei 16-Bit-BCD-Zahlen 0 bis ±999 und bei 32-Bit-BCD-Zahlen 0 bis ±9 999 999.

Dezimalzahlen	BCD-8421-Zahlen			
0	0	0	0	0
1	0	0	0	1
2	0	0	1	0
3	0	0	1	1
4	0	1	0	0
5	0	1	0	1
6	0	1	1	0
7	0	1	1	1
8	1	0	0	0
9	1	0	0	1
Nicht verwendete Kombinationen (so genannte Pseudotetraden)	1	0	1	0
	1	0	1	1
	1	1	0	0
	1	1	0	1
	1	1	1	0
	1	1	1	1

3.1.3 Hexadezimalzahlen

Beim hexadezimalen Zahlensystem stehen 16 verschiedene Ziffern (0 ... 9 und A ... F) zur Verfügung, woraus die Basis 16 dieses Zahlensystems resultiert. Dementsprechend ergibt sich die Wertigkeit jeder Stelle einer hexadezimalen Zahl aus einer Potenz zur Basis 16.

Hexadezimale Zahlen werden mit den Formatangaben **W#** für die Dimension (W = Wort = 16 Bit) bzw. **DW#** (DW = Doppelwort = 32 Bit) und **16#** zur Kennzeichnung des zugrundeliegenden Zahlensystems vorgegeben.

Die Ziffern A ... F entsprechen dezimal den Werten 10 ... 15. Der Wert 15 ist gerade der Wert, der dual - ohne Vorzeichen - mit 4 Bit codiert werden kann. Aus diesem Zusammenhang ergibt sich die einfache Umrechnung einer Dualzahl in eine hexadezimale Zahl und umgekehrt.
So lassen sich bequem jeweils 4 Bit einer Dualzahl zusammenfassen zu einer Stelle der hexadezimalen Zahl.

Die Bedeutung der hexadezimalen Darstellung von Zahlen in der Steuerungstechnik besteht darin, dass sie eine weitverbreitete Kurzschreibweise für Dualzahlen der Wortlänge 4, 8, 16 und 32 Bit sind. Das ist möglich bei Kenntnis der 1-stelligen Hexadezimalzahlen, wie sie in der nachfolgenden Tabelle gezeigt werden:

Dezimalzahl	Dualzahl				Hexadezimalzahl
0	0	0	0	0	0
1	0	0	0	1	1
2	0	0	1	0	2
3	0	0	1	1	3
4	0	1	0	0	4
5	0	1	0	1	5
6	0	1	1	0	6
7	0	1	1	1	7
8	1	0	0	0	8
9	1	0	0	1	9
10	1	0	1	0	A
11	1	0	1	1	B
12	1	1	0	0	C
13	1	1	0	1	D
14	1	1	1	0	E
15	1	1	1	1	F

Hexadezimalzahlen in der S7-SPS

Das Hexadezimal-Zahlenformat tritt im technischen Prozessbereich bei Zahleneinstellern und Ziffernanzeigen auf und kommt programmintern z.B. bei so genannten Maskierungen in Verbindung mit UND- bzw. ODER-Wortbefehlen zum Aus- bzw. Einblenden von Binärstellen in Wort-Operanden vor.

3 Datentypen bei STEP 7

3.1.4 Vorzeichenlose Festpunkt-Datentypen USINT, UINT und UDINT

Der Datentyp USINT (**U**nsigned **S**hort **Int**eger, vorzeichenlose kurze Festpunktzahl) belegt ein Byte. Der Zahlenbereich geht von 2^0 bis 2^8-1, d.h. von 0 bis 255 oder in hexadezimaler Schreibweise von 00_{hex} bis FF_{hex}.

Der Datentyp UINT (**U**nsigned **Int**eger, vorzeichenlose Festpunktzahl) belegt ein Wort. Der Zahlenbereich geht von 2^0 bis $2^{16}-1$, d.h. von 0 bis 65535 oder in hexadezimaler Schreibweise von 0000_{hex} bis $FFFF_{hex}$.

Der Datentyp UDINT (**U**nsigned **D**ouble **Int**eger, vorzeichenlose doppelte Festpunktzahl) belegt ein Doppelwort. Der Zahlenbereich geht von 2^0 bis $2^{32}-1$, d.h. von 0 bis 4294967295 oder in hexadezimaler Schreibweise von $0000\ 0000_{hex}$ bis $FFFF\ FFFF_{hex}$.

Notizen

3.1.5 Festpunkt-Datentypen mit Vorzeichen SINT, INT und DINT

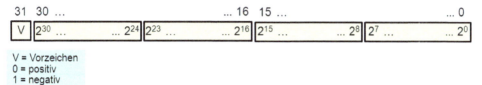

V = Vorzeichen
0 = positiv
1 = negativ

Bei den Festpunkt-Datentypen mit Vorzeichen stellt der Signalzustand des höchsten Bits das Vorzeichen (V) dar. Signalzustand "0" heißt, die Zahl ist positiv. Signalzustand "1" steht für eine negative Zahl. Die Darstellung einer negativen Zahl erfolgt im Zweierkomplement.

Der Datentyp SINT (**S**hort **Int**eger, kurze Festpunktzahl) belegt ein Byte.
Der Zahlenbereich geht von -2^7 bis $+2^7-1$, d.h. von -128 bis +127 oder in hexadezimaler Schreibweise von 80_{hex} bis $7F_{hex}$.

Der Datentyp INT (**Int**eger, Festpunktzahl) belegt ein Wort. Der Zahlenbereich geht -2^{15} bis $+2^{15}-1$, d.h. von -32768 bis +32767 oder in hexadezimaler Schreibweise von 8000_{hex} bis $7FFF_{hex}$.

Der Datentyp DINT (**D**ouble **Int**eger, doppelte Festpunktzahl) belegt ein Doppelwort.
Der Zahlenbereich geht von -2^{31} bis $+2^{31}-1$, d.h. von -2147483648 bis +2147483647 oder in hexadezimaler Schreibweise von $8000\ 0000_{hex}$ bis $7FFF\ FFFF_{hex}$.

3.1.6 Datentypen (64 Bit) LINT und ULINT

Datentyp LINT (Long Integer – lange Festpunktzahl)

Vorzeichen

Ein Operand vom Datentyp LINT (**L**ong **INT**) hat eine Länge von 64 Bit und besteht aus zwei Komponenten: einem Vorzeichen und einem Zahlenwert im Zweierkomplement.
Die Signalzustände der Bits 0 bis 62 stehen für die Größe der Zahl. Der Signalzustand von Bit 63 stellt das Vorzeichen dar. Das Vorzeichen kann den Signalzustand "0" für positiv oder "1" für negativ annehmen.
Ein Operand vom Datentyp LINT belegt im Speicher acht BYTE.

Datentyp ULINT (Unsigned Long Integer – vorzeichenlose lange Festpunktzahl)

Ein Operand vom Datentyp ULINT (**U**nsigned **L**ong **INT**) hat eine Länge von 64 Bit und enthält Zahlenwerte ohne Vorzeichen.

Ein Operand vom Datentyp ULINT belegt im Speicher acht BYTE.

Notizen

3.1.7 Gleitpunkt-Datentypen REAL und LREAL

Datentyp REAL (normalisierte 32-Bit-Gleitpunktzahl)

Datentyp LREAL (normalisierte 64-Bit-Gleitpunktzahl)

Eine Variable mit Datentyp **REAL** oder **LREAL** stellt eine gebrochene Zahl dar, die als Gleitpunktzahl abgelegt wird. Eine gebrochene Zahl wird entweder als Dezimalbruch (z.B. 123.45 oder 600.0; der Punkt steht anstelle des Kommas) oder in Exponentialdarstellung (z.B. 12.34e12 entsprechend $12{,}34^{12}$) eingegeben. Die Darstellung umfasst 7 bzw. 17 relevante Stellen (Ziffern), die in der Exponentialdarstellung vor dem "e" oder "E" stehen. Die Angabe nach "e" oder "E" ist der Exponent zur Basis 10. Die Umrechnung der REAL- bzw. LREAL-Variablen in die interne Darstellung einer Gleitpunktzahl übernimmt der Programmeditor.
Die CPUs rechnen mit der vollen Genauigkeit der Gleitpunktzahlen.
Die Anzeige am Programmiergerät kann, bedingt durch Rundungsfehler beim Wandeln, von der theoretisch genauen Darstellung abweichen.

Datentyp REAL

Der gültige Wertebereich einer REAL-Variablen (normalisierte 32-Bit-Gleitpunktzahl) liegt zwischen den Grenzen:

$-3{,}402\ 823 \times 10^{+38}$ bis $-1{,}175\ 494 \times 10^{-38}$
± 0
$+1{,}175\ 494 \times 10^{-38}$ bis $+3{,}402\ 823 \times 10^{+38}$

Eine Variable mit Datentyp REAL besteht intern aus drei Komponenten: dem Vorzeichen, dem 8-Bit-Exponenten zur Basis 2 und der 23-Bit-Mantisse. Das Vorzeichen kann die Werte "0" (positiv) oder "1" (negativ) annehmen. Der Exponent wird um eine Konstante (Bias, +127) erhöht abgelegt, so dass er einen Wertebereich von 0 bis 255 aufweist. Die Mantisse stellt den gebrochenen Anteil dar. Der ganzzahlige Anteil der Mantisse wird nicht abgelegt, da er innerhalb des gültigen Wertebereichs immer 1 ist.

3 Datentypen bei STEP 7

Datentyp LREAL

Der Datentyp **LREAL** ist in einem Baustein nur dann verfügbar, wenn im Baustein das Attribut „*Nur symbolisch adressierbar*" aktiviert ist. Der Datentyp LREAL kann nicht in der PLC-Variablentabelle verwendet werden und damit nicht in Verbindung mit globalen Variablen in den Operandenbereichen Eingänge (E), Ausgänge (A) und Merker (M).

Der gültige Wertebereich einer LREAL-Variablen (normalisierte 64-Bit-Gleitpunktzahl) liegt zwischen den Grenzen:

$-1,797\ 693\ 134\ 862\ 3158 \times 10^{+308}$ bis $-2,225\ 073\ 858\ 507\ 2014 \times 10^{-308}$
± 0
$+2,225\ 073\ 858\ 507\ 2014 \times 10^{-308}$ bis $+1,797\ 693\ 134\ 862\ 3158 \times 10^{+308}$

Eine Variable mit Datentyp LREAL besteht intern aus drei Komponenten: dem Vorzeichen, dem 11-Bit-Exponenten zur Basis 2 und der 52-Bit-Mantisse. Das Vorzeichen kann die Werte "0" (positiv) oder "1" (negativ) annehmen.

Der Exponent wird um eine Konstante (Bias, +1023) erhöht abgelegt, so dass er einen Wertebereich von 0 bis 2047 aufweist. Die Mantisse stellt den gebrochenen Anteil dar. Der ganzzahlige Anteil der Mantisse wird nicht abgelegt, da er innerhalb des gültigen Wertebereichs immer 1 ist.

Vorz.	Exponent bei REAL	Exponent bei LREAL	Mantisse	Bedeutung
0	255	2047	ungleich 0	keine gültige Gleitpunktzahl (+NaN, not a number)
0	255	2047	0	+ undendlich (+Inf, Infinity)
0	1 ... 254	1 ... 2046	beliebig	positive normalisierte Gleitpunktzahl
0	0	0	ungleich 0	positive denormalisierte Gleitpunktzahl
0	0	0	0	+ Null
1	0	0	0	- Null
1	0	0	ungleich 0	negative denormalisierte Gleitpunktzahl
1	1 ... 254	1 ... 2046	beliebig	negative normalisierte Gleitpunktzahl
1	255	2047	0	- unendlich (-Inf, Infinity)
1	255	2047	ungleich 0	keine gültige Gleitpunktzahl (-NaN, not a number)

3.1.8 Datentyp CHAR

Datentyp CHAR

Byte m
| 7 | 6 | 5 | 4 | 3 | 2 | 1 | 0 |

ASCII - Code

Eine Variable mit Datentyp CHAR (Character, Zeichen) belegt ein Byte. Der Datentyp CHAR stellt ein einziges Zeichen dar, das im ASCII-Format abgelegt ist. Beispiel: 'A'. Ein einzelnes Zeichen einer Variablen mit dem Datentyp STRING hat den Datentyp CHAR und kann auch entsprechend verwendet werden. Beispiel: Wenn Autor der Name der Zeichenkette mit dem Inhalt 'Mueller' ist, dann hat die Variable *Autor[1]* den Wert 'M' und den Datentyp CHAR.

3.1.9 Datentyp TIME, DATE, TIME_OF_DAY

Datentyp TIME

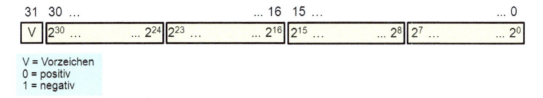

V = Vorzeichen
0 = positiv
1 = negativ

Datentyp DATE

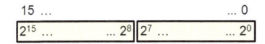

Datentyp TIME_OF_DAY

Eine Variable mit Datentyp **TIME** belegt ein Doppelwort. Die Darstellung enthält die Angaben für Tage (d); Stunden (h), Minuten (m), Sekunden (s) und Millisekunden (ms), wobei einzelne Zeiteinheiten weggelassen werden können. Wird mehr als eine Zeiteinheit angegeben, sind die Werte für die Zeiteinheiten begrenzt:
Stunden von 0 bis 23, Minuten und Sekunden von 0 bis 59 und Millisekunden von 0 bis 999.
Der Inhalt der Variablen wird als Millisekunden (ms) interpretiert und als 32-Bit-Festpunktzahl mit Vorzeichen abgelegt.
Der Wertebereich geht von TIME#-24d20h31m23s648ms (T#-24d20h31m23s648ms) bis TIME#24d20h31m23s647ms (T#24d20h31m23s647ms).
Auch die Angabe in Stunden ("Dezimaldarstellung") ist möglich im Bereich von TIME#-24.855134d (T#-24.855134d) bis TIME#24.855134d (T#24.855134d).

Eine Variable mit Datentyp **DATE** (Datum) wird in einem Wort als vorzeichenlose Festpunktzahl abgelegt. Der Inhalt der Variablen entspricht der Anzahl der Tage seit 01.01.1990.
Die Darstellung enthält das Jahr, den Monat und den Tag, jeweils getrennt durch einen Bindestrich.

  DATE#1990-01-01 (= W#16#0000)
  D#2168-12-31 (= W16#FF62)

Eine Variable mit Datentyp **TIME_OF_DAY** (Tageszeit) belegt ein Doppelwort. Es enthält die Anzahl der Millisekunden seit Tagesbeginn (0:00 Uhr) als vorzeichenlose Festpunktzahl. Die Darstellung enthält die Angaben für Stunden, Minuten und Sekunden. jeweils getrennt durch einen Doppelpunkt. Die Angaben der Millisekunden, im Anschluss an die Sekunden durch einen Punkt getrennt, kann entfallen.

  TIME_OF_DAY#00:00:00 (= DW#16#0000_0000)

  TOD#23:59:59.999 (= DW#16#0526_5BFF)

3 Datentypen bei STEP 7

3.1.10 Datentyp S5TIME

Eine Variable mit Datentyp **S5TIME** wird zur Versorgung der Zeitfunktionen verwendet. Sie belegt ein 16-bit-Wort mit 1 + 3 Dekaden.
Die Zeitdauer wird in Stunden, Minuten, Sekunden und Millisekunden angegeben.
Die Wandlung in die interne Darstellung übernimmt STEP 7. Die interne Darstellung erfolgt als BCD-Zahl von 000 bis 999.
Das Zeitraster kann folgende Werte annehmen: 10 ms (0000), 100 ms (0001), 1 s (0010) und 10 s (0011). Die Zeitdauer ist das Produkt aus Zeitraster und Zeitwert.

S5TIME#50ms   (= W#16#0050)
S5T#2h46m30s   (= W#16#3999)

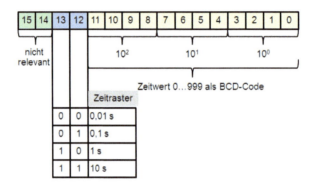

Datentyp S5TIME

3.1.11 Datentyp LTIME (IEC-Zeit), LTIME_OF_DAY

Der Inhalt eines Operanden vom Datentyp **LTIME** (64 Bit) wird als Nanosekunden interpretiert.
Die Darstellung enthält Angaben für Tage (d), Stunden (h), Minuten (m), Sekunden (s), Millisekunden (ms), Mikrosekunden (µs) und Nanosekunden (ns).
Wertebereich:
LT#-106751d23h47m16s854ms775 µs808ns bis LT#+106751d23h47m16s854ms775µs8 07ns
Beispiel für Werteingabe:
LT#11350d20h25m14s830ms652µs315ns,
LTIME#11350d20h25m14s830ms652µs315ns

Es ist nicht erforderlich, alle Zeiteinheiten anzugeben. So ist z.B. LT#5h10s gültig.
Wenn nur eine Einheit angegeben wird, darf der absolute Wert an Tagen, Stunden und Minuten die oberen oder unteren Grenzwerte nicht überschreiten. Wenn mehr als eine Zeiteinheit angegeben wird, darf der Wert die Einheit 106751 Tage, 23 Stunden, 59 Minuten, 59 Sekunden, 999 Millisekunden, 999 Mikrosekunden oder 999 Nanosekunden nicht überschreiten.

Der Datentyp LTOD (**LTIME_OF_DAY**) belegt zwei Doppelworte (8 Byte) und speichert die Anzahl der Nanosekunden seit Tagesbeginn (0:00 Uhr) als vorzeichenlose Ganzzahl.
Wertebereich:
LTOD#00:00:00.000000000 bis LTOD#23:59:59.999999999
Beispiel für Werteingabe:
LTOD#10:20:30.400_365_215,
LTIME_OF_DAY#10:20:30.400_365_215

Die Angabe von Stunden, Minuten und Sekunden ist erforderlich.
Die Angabe der Millisekunden, Mikrosekunden und Nanosekunden ist optional.

3.2 Strukturierte Datentypen

Strukturierte Datentypen bestehen aus einer Zusammenfassung von elementaren Datentypen unter einer Bezeichnung. Diese Datentypen können nur bausteinlokal in den temporären und statischen Lokaldaten und in Datenbausteinen angewendet werden.
Für die Operandenbereiche Eingänge (E), Ausgänge (A) und Merker (M) in der PLC-Variablentabelle sind sie nicht zugelassen.

3.2.1 Datentyp DT (DATE_AND_TIME)

Der Datentyp DATE_AND_TIME (DT, Datum und Uhrzeit) repräsentiert einen Zeitpunkt, bestehend aus dem Tagesdatum und der Tageszeit, mit der Genauigkeit von einer Millisekunde. Die Darstellung enthält das Jahr, den Monat und den Tag, jeweils getrennt durch einen Bindestrich. Nach einem weiteren Bindestrich folgen die Stunden, Minuten und Sekunden, jeweils getrennt durch einen Doppelpunkt. Die Angabe der Millisekunden, nach den Sekunden durch einen Punkt getrennt, kann entfallen.
Eine Variable mit dem Datentyp DATE_AND_TIME belegt 8 Bytes. Die Ablage im Speicher beginnt an einem Byte mit gerader Adresse. Alle Werte liegen im BCD-Format vor.

Notizen

3.2.2 Datentyp DTL

Der Datentype DATE_AND_LTIME (DTL, Datum und Uhrzeit) repräsentiert einen Zeitpunkt, bestehend aus dem Tagesdatum und der Tageszeit, mit der Genauigkeit von einer Nanosekunde. Die Darstellung enthält das Jahr, den Monat und den Tag, jeweils getrennt durch einen Bindestrich. Nach einem weiteren Bindestrich folgen die Stunden, Minuten und Sekunden, jeweils getrennt durch einen Doppelpunkt. Die Angabe der Nanosekunden, nach den Sekunden durch einen Punkt getrennt, kann entfallen.

Eine Variable mit dem Datentyp DTL belegt 12 Bytes. Die Ablage im Speicher beginnt an einem Byte mit gerader Adresse. Die Werte liegen als vorzeichenlose Festpunktzahl vor.

Jede Komponente einer Variablen im DTL-Format kann auch einzeln adressiert werden. Wen eine DTL-Variable den Namen #Zeit hat, können die Stunde mit #Zeit.HOUR und die Minuten mit #Zeit.MINUTE adressiert werden. Beide Komponenten haben den Datentyp USINT.

Notizen

3.2.3 Datentyp STRING (Zeichenkette)

Beispiel:
- **Deklaration mit Initialisierung**
  - Vorname: STRING[8]: 'OTTO'
- **Ablage der STRING-Variablen "Vorname"**

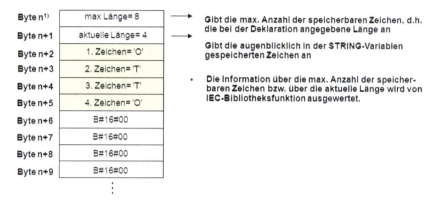

[1] n = gerade

Der Datentyp STRING repräsentiert eine Zeichenkette, bestehend aus bis zu 254 Zeichen im ASCII-Code. Die Ablage im Speicher beginnt an einer Wortgrenze (an einem Byte mit gerader Adresse). Der Programmeditor reserviert eine gerade Anzahl Bytes für eine Zeichenkette.
Beim Anlegen einer STRING-Variable wird deren maximale Länge in eckigen Klammern festgelegt. Bei der Vorbelegung bzw. beim Bearbeiten der Zeichenkette wird die aktuelle Länge (die tatsächlich benutzte Länge der Zeichenkette = Anzahl der gültigen Zeichen) eingetragen. Im ersten Byte der Zeichenkette steht die maximale Länge, im zweiten Byte die aktuelle Länge; danach folgen die Zeichen im ASCII-Format.

Eine Konstante mit dem Datentyp STRING wird mit einfachen Anführungszeichen geschrieben, beispielsweise 'Bernd'. Soll das einfache Anführungszeichen ein Zeichen der Variablen sein, setzt man das Dollarzeichen davor ($).

Die Zeichen in einer STRING-Variablen lassen sich auch einzeln adressieren.
Das erste Zeichen (das dritte Byte) erreicht man mit *Variablenname[1]*, das n. Zeichen mit *Variablenname[n]*. Die einzelnen Komponenten haben den Datentyp CHAR. Im obigen Beispiel enthält die Variable *Maschine[3]* das Zeichen 'T'.

3 Datentypen bei STEP 7

3.2.4 Datentyp ARRAY

ARRAY (Feld):
- Gruppierung aus Komponenten des gleichen Datentyps
- Deklaration:
  - eindimensional:
    Feldname: ARRAY[*minIndex..maxindex*] OF *datentyp*;
  - mehrdimensional:
    Feldname: ARRAY[*mindex1..maxindex1,mindex2..maxindex2,...*] OF *datentyp*;
    Index: Datentyp INT (-32768...32767)

Beispiele:
- Deklaration einer Variablen:
  - eindimensional: *Messwert*: ARRAY[*1..10*] OF *REAL*;
  - mehrdimensional: *Position*: ARRAY[*1..5,2..8,...*] OF *INT*;

- Zugriff auf eine Variablen:
  - L #Messwert[5]   // Lade das 5. Element des ARRAYs Messwert in AKKU1
  - T #Position[1,8]

Der Datentyp Array repräsentiert eine Datenstruktur, die aus einer festen Anzahl von Komponenten des gleichen Datentyps besteht. Es sind mit der Ausnahme von Array alle Datentypen zugelassen.
Eine Variable mit dem Datentyp Array beginnt immer an einer WORD-Grenze.
Die Adressierung der Feldkomponenten erfolgt über einen Index. Die Indexgrenzen werden bei der Deklaration des Feldes nach dem Schlüsselwort Array in eckigen Klammern definiert. Der untere Grenzwert muss kleiner oder gleich dem oberen Grenzwert sein. Ein Feld kann bis zu sechs Dimensionen enthalten, deren Grenzen durch je ein Komma getrennt angegeben werden.

3.2.5 Datentyp STRUCT

STRUCT (Struktur):
- Gruppierung aus Komponenten unterschiedlichen Datentyps
- Deklaration:
  StructName: STRUCT
    Komp1Name: *datentyp*;
    Komp2Name: *datentyp*;
    ...
  END_STRUCT

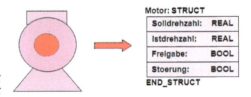

Beispiel:
- Deklaration einer Variablen:
  - MotorSteuerung: STRUCT
    EIN   : BOOL;
    AUS   : BOOL;
    SollDrehzahl : INT;
    IstDrehzahl   : INT;
    END_STRUCT;

Zugriff auf die Variable
S #MotorSteuerung.EIN
L #MotorSteuerung.IstDrehzahl
T #MotorSteuerung.SollDrehzahl
...

Der Datentyp STRUCT repräsentiert eine Datenstruktur, die sich aus einer festen Anzahl von Komponenten unterschiedlicher Datentypen zusammensetzt. Auch Komponenten vom Datentyp STRUCT oder ARRAY können in einer Struktur geschachtelt werden.
Die Schachtelungstiefe ist dabei auf acht Ebenen beschränkt. Mithilfe von Strukturen können Daten entsprechend der Prozesssteuerung gruppiert und Parameter als eine Dateneinheit übergeben werden.
Eine Komponente vom Datentyp ARRAY beginnt immer an einer WORD-Grenze.

3.3 PLC-Datentypen

Alle PLC-Datentypen sind in der Projektnavigation im Ordner *PLC-Datentypen* unter einer PLC-Station zusammengefasst. Zum Erstellen eines PLC-Datentyps doppelklicken Sie auf *Neuen Datentyp hinzufügen* im Ordner *PLC-Datentypen*. In der Deklarationstabelle geben Sie die einzelnen Komponenten des PLC-Datentyps der Reihe mit Namen, Datentyp, Defaultwert und Kommentar ein.

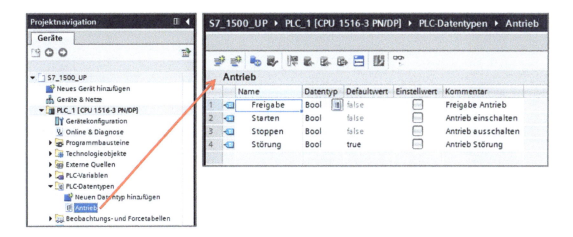

Ein PLC-Datentyp kann jeder Variablen zugewiesen werden, die in einem Globaldatenbaustein oder in der Schnittstelle eines Codebausteins liegt. Die dem PLC-Datentyp mitgegebene Vorbelegung kann geändert werden. Die einzelnen Komponenten der Variablen adressieren Sie dann mit #*var_name.komp_name*.

3.4 Systemdatentypen

Systemdatentypen (SDT) sind vordefinierte Datentypen, die – wie der Datentype STRUCT – aus einer festen Anzahl von Komponenten besteht, die jeweils unterschiedliche elementare Datentypen haben können. Systemdatentypen werden mit STEP 7 geliefert und können nicht verändert werden. Die Systemdatentypen können Sie nur in Verbindung mit bestimmten Funktionen oder Anweisungen verwenden.

Beispiel: Systemdatentypen für IEC-Zeitfunktionen

Wenn sie eine der Anweisungen TP, TON, TOF oder TONR verwenden, legt der Programmedition einen Instanzdatenbaustein mit dem Datentyp IEC_TIMER an.

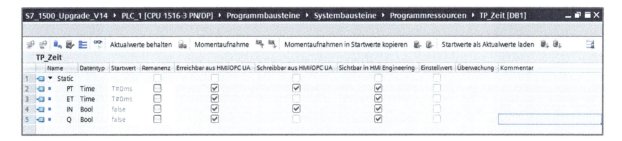

3 Datentypen bei STEP 7

Notizen

4. Engineering Software TIA Portal

Das **T**otally **I**ntegrated **A**utomation **Portal**, nachfolgend TIA-Portal genannt, bietet Ihnen die komplette Funktionalität für die Realisierung Ihrer Automatisierungsaufgabe zusammengefasst in einer übergreifenden Software-Plattform.

Mit dem TIA-Portal wurde erstmals eine gemeinsame Arbeitsumgebung für ein durchgängiges Engineering mit verschiedenen SIMATIC Systemen innerhalb eines Frameworks zur Verfügung gestellt. Deshalb ermöglicht Ihnen das TIA-Portal auch erstmalig ein gesichertes und komfortables systemübergreifendes Arbeiten.

Alle benötigten Softwarepakete von der Hardware-Konfiguration über die Programmierung bis zur Visualisierung des Prozesses sind in einem umfassenden Engineering Framework integriert.

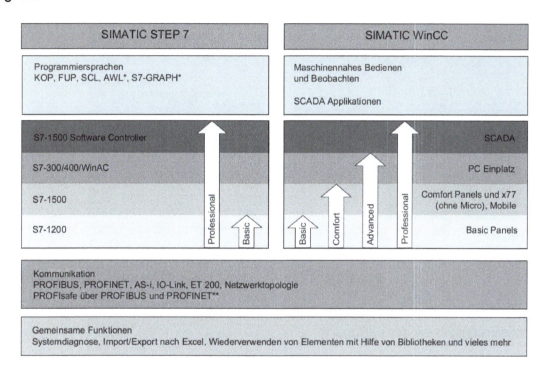

Vorteile beim Arbeiten mit dem TIA-Portal

Beim Arbeiten mit dem TIA-Portal werden Sie auf effiziente Art und Weise bei der Realisierung Ihrer Automatisierungslösung durch folgende Features unterstützt:

- Durchgängiges Engineering mit einem einheitlichen Bedienkonzept
  Prozessautomatisierung und Prozessvisualisierung gehen "Hand in Hand".

- Konsistente zentrale Datenhaltung mit leistungsfähigen Editoren und durchgängiger Symbolik
  Einmal angelegte Daten sind in allen Editoren verfügbar. Änderungen und Korrekturen werden automatisch innerhalb des gesamten Projektes übernommen und aktualisiert.

- Übergreifendes Bibliothekskonzept
  Nutzen Sie die vorgefertigten Anweisungen und verwenden Sie bereits existierende Projektteile wieder.

- Mehrere Programmiersprachen
  Fünf verschiedene Programmiersprachen stehen Ihnen für die Realisierung Ihrer Automatisierungsaufgabe zur Verfügung.

4 Engineering Software TIA Portal

4.1 Ansichten im TIA-Portal

STEP 7 ist das zentrale Automatisierungswerkzeug für SIMATIC. STEP 7 benötigt zum Betrieb eine Autorisierung (Lizenz) und läuft auf den jeweils aktuellen Betriebssystemen Microsoft Windows. Mit STEP 7 Professional können die S7-Controller projektiert werden. Die Projektierung geschieht mit zwei Ansichten: die **Portalansicht** und die **Projektansicht**.

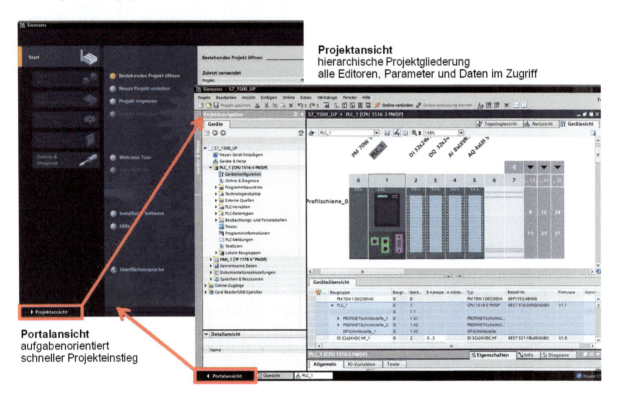

Projektansicht
hierarchische Projektgliederung
alle Editoren, Parameter und Daten im Zugriff

Portalansicht
aufgabenorientiert
schneller Projekteinstieg

Um Ihre Produktivität zu erhöhen, stehen Ihnen zwei verschiedene Ansichten für Ihr Automatisierungsprojekt zur Verfügung:

- Die Portalansicht ist eine aufgabenorientierte Sicht auf die Projektaufgaben.
- Die Projektansicht ist eine Sicht auf die Bestandteile des Projekts und auf die zugehörigen Arbeitsbereiche.

Die **Portalansicht** erlaubt den Zugriff auf alle Komponenten des Projektes.

- Aufgabenorientierte Arbeitsweise
- Schneller Projekteinstieg durch einfache und intuitive Bedienung

Die **Projektansicht** zeigt alle Komponenten des Projektes. Sie haben nun einfachen Zugriff auf die Geräte und Bausteine.

- Hierarchische Gliederung des Projekts
- Alle Editoren, Parameter und Daten befinden sich in einer Ansicht

4.1.1 Portalansicht

Die **Portalansicht** ist aufgabenorientiert angelegt.

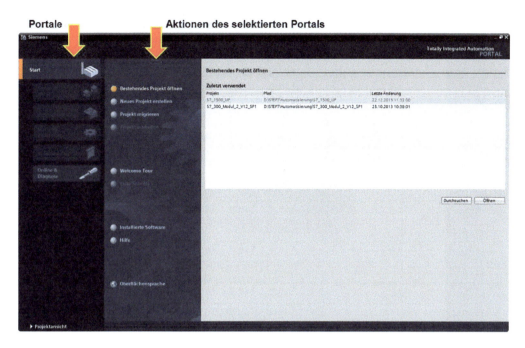

Im Startportal öffnen Sie ein bestehendes Projekt, erstellen ein neues Projekt oder migrieren ein (HMI-)Projekt. Ein "Projekt" ist eine Datenstruktur, die alle erforderlichen Programme und Daten für Ihr Automatisierungsvorhaben enthält. Von hier aus sind die wichtigsten Werkzeuge und Funktionen von STEP 7 über weitere Portale erreichbar:

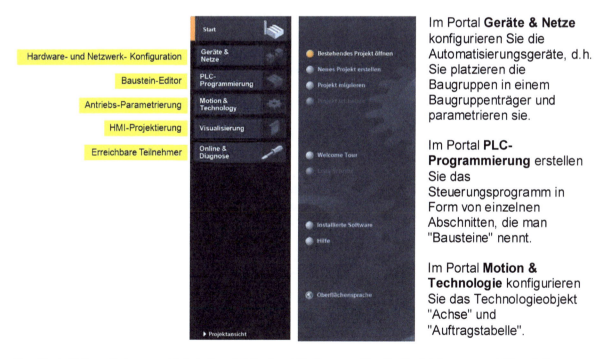

Im Portal **Geräte & Netze** konfigurieren Sie die Automatisierungsgeräte, d.h. Sie platzieren die Baugruppen in einem Baugruppenträger und parametrieren sie.

Im Portal **PLC-Programmierung** erstellen Sie das Steuerungsprogramm in Form von einzelnen Abschnitten, die man "Bausteine" nennt.

Im Portal **Motion & Technologie** konfigurieren Sie das Technologieobjekt "Achse" und "Auftragstabelle".

Das Portal **Visualisierung** bietet die wichtigsten Werkzeuge für die Projektierung und Simulation von Basic Panels an.

Mit dem Portal **Online & Diagnose** schalten Sie das Programmiergerät online an eine CPU-Baugruppe. Sie können die Betriebsarten der CPU steuern und das Steuerungsprogramm übertragen und testen.

4 Engineering Software TIA Portal

4.1.2 Projektansicht

Die **Projektansicht** bietet eine objektorientierte Ansicht mit mehreren Fenstern, deren Inhalt je nach ausgeführter Tätigkeit wechselt. In der Gerätekonfiguration steht der Arbeitsbereich mit dem zu konfigurierenden Gerät im Mittelpunkt. In der Gerätesicht wird der Baugruppenträger mit den bereits platzierten Baugruppen gezeigt.

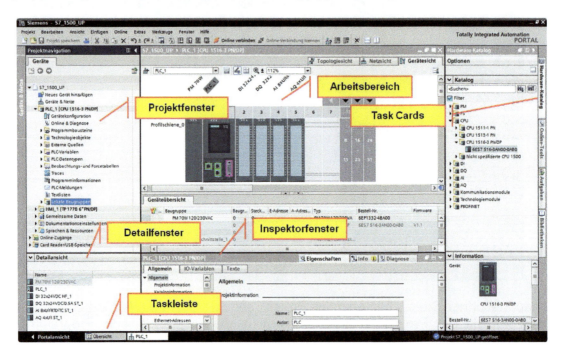

Über den **Projektbaum** haben Sie Zugang zu allen Komponenten und Projektdaten.
Sie können im Projektbaum z.B. folgende Aktionen durchführen:
- Neue Komponenten hinzufügen
- Bestehende Komponenten bearbeiten
- Die Eigenschaften bestehender Komponenten abfragen und verändern

Innerhalb des **Arbeitsbereichs** werden die Objekte angezeigt, die Sie zur Bearbeitung öffnen. Diese Objekte sind z.B.:
- Editoren und Sichten
- Tabellen

Sie können mehrere Objekte öffnen, von denen jedoch normalerweise nur eins im Arbeitsbereich zu sehen ist. Alle weiteren Objekte werden in der Editorleiste als Register angezeigt. Wenn Sie für bestimmte Aufgaben zwei Objekte gleichzeitig sehen möchten, können Sie den Arbeitsbereich vertikal oder horizontal teilen. Falls Sie kein Objekt geöffnet haben, ist der Arbeitsbereich leer.

Die **Task-Cards** stellen Hilfsmittel zur Projektierung/Parametrierung zur Verfügung.
Der Inhalt der Task-Cards ist abhängig vom Objekt, das im Arbeitsbereich angezeigt wird.

Im **Inspektorfenster** werden zusätzliche Informationen zu einem selektierten Objekt oder zu ausgeführten Aktionen angezeigt.

Abhängig vom bearbeiteten oder selektierten Objekt stehen Ihnen Task Cards zur Verfügung, über die Sie weitere Aktionen ausführen können, z.B.:
- Objekte aus einer Bibliothek oder aus dem Hardware-Katalog auswählen

Im **Detailfenster** werden bestimmte Inhalte eines selektierten Objekts angezeigt. Mögliche Inhalte sind beispielsweise Textlisten oder Variablen.

4.1.3 Projektnavigation

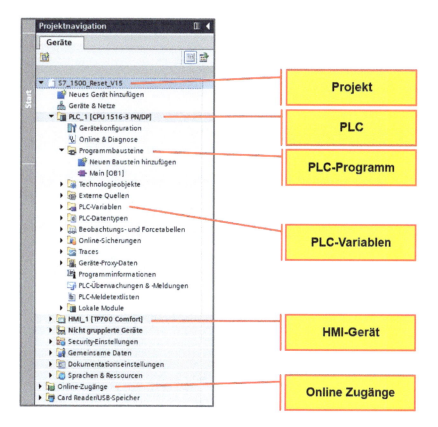

Über die **Projektnavigation** haben Sie Zugang zu allen Komponenten und Projektdaten.
Sie können in der Projektnavigation z.B. folgende Aktionen durchführen:
- Neue Komponenten hinzufügen
- Bestehende Komponenten bearbeiten
- Die Eigenschaften bestehender Komponenten abfragen und verändern

Im Ordner **"Projekt"** finden Sie alle projektrelevanten Objekte z.B.:
- Geräte
- Sprachen & Ressourcen
- Online-Zugänge

Für jedes **Gerät** im Projekt gibt es einen eigenen Ordner mit dessen projektinternen Namen.
Innerhalb dieser Ordner sind Objekte und Aktionen strukturiert, die zum Gerät gehören.

In diesem Ordner legen Sie die **Projektsprachen** und die Projekttexte fest.

Im Bereich **"Online-Zugänge"** der Projektnavigation finden Sie alle Netzzugänge Ihres PG/PC, über welche Sie Online-Verbindungen zu den angeschlossenen Zielsystemen aufbauen können.

An jedem Schnittstellen-Symbol erhalten Sie Informationen zum jeweiligen Status.
Sie können sich die erreichbaren Teilnehmer anzeigen lassen und Sie können die Eigenschaften der Schnittstelle anzeigen und ändern.

4 Engineering Software TIA Portal

4.1.4 Arbeitsfenster

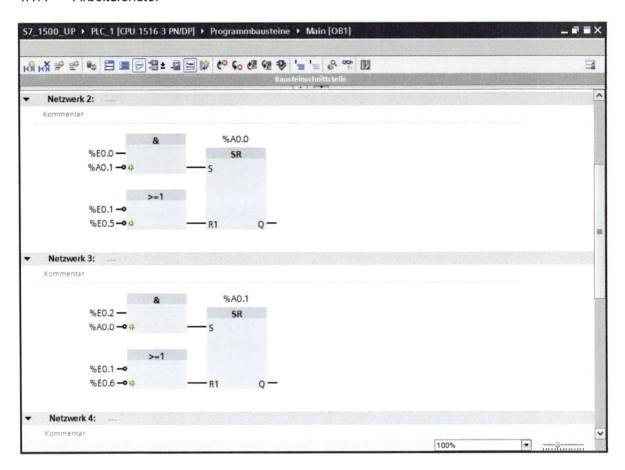

In der Bildschirmmitte befindet sich das Arbeitsfenster. Der Inhalt des Arbeitsfensters hängt vom gerade aktuellen Editor ab. Im Falle der Gerätekonfiguration ist das Arbeitsfenster zweigeteilt: im oberen Teil sind die Objekte (Baugruppen und Stationen) grafisch dargestellt, im unteren Teil erfolgt die Darstellung in tabellarischer Form. Bei der PLC-Programmierung befindet sich im oberen Teil des Arbeitsfensters die Schnittstellenbeschreibung des Bausteins und im unteren Teil das Programm in KOP-, FUP- oder AWL-Darstellung.
Im Arbeitsfenster konfigurieren Sie die Hardware des Automatisierungssystems, erstellen Sie das Steuerungsprogramm oder projektieren Sie die Prozessbilder für ein HMI-Gerät.

Das Arbeitsfenster können Sie ganz aus der Projektansicht lösen, so dass es als eigenständiges Fenster dargestellt wird (Symbol für "Ablösen" in der Titelleiste des Arbeitsfensters) und auch wieder in die Projektansicht einfügen (Symbol für "Einbetten").
Mit dem Symbol für "Maximieren" werden alle anderen Fenster geschlossen und das Arbeitsfenster in maximaler Größe dargestellt.

4.1.5 Fensteraufteilung des Arbeitsbereichs

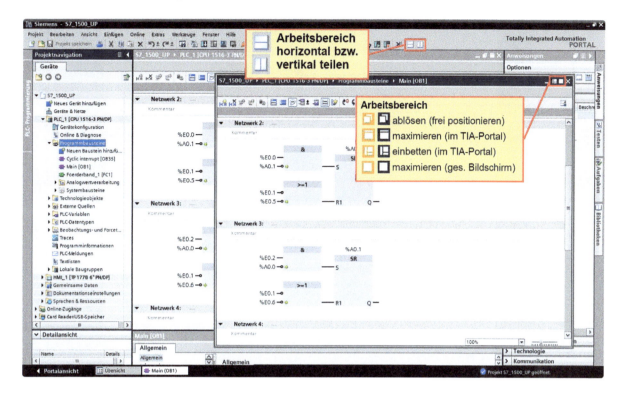

Arbeitsbereich

Die Fenster des Arbeitsbereichs können wie folgt angeordnet werden:

Maximieren (Vollbild) eins Arbeitsbereiches über gesamten Bildschirm
(Farbe je nach Ansicht online/offline)

Maximieren eine Arbeitsbereiches im TIA-Portal (Projektnavigation, Task Card und Inspektorfenster werden minimiert). (Farbe je nach Ansicht online/offline)

Ablösen bzw. Herauslösen eines Fensters aus dem Arbeitsbereich
(Farbe je nach Ansicht online/offline)

Wieder-Einbetten eines Fensters in den Arbeitsbereich
(Farbe je nach Ansicht online/offline)

Arbeitsbereich horizontal in zwei Fenster teilen

Arbeitsbereich vertikal in zwei Fenster teilen

4 Engineering Software TIA Portal

4.1.6 Inspektorfenster

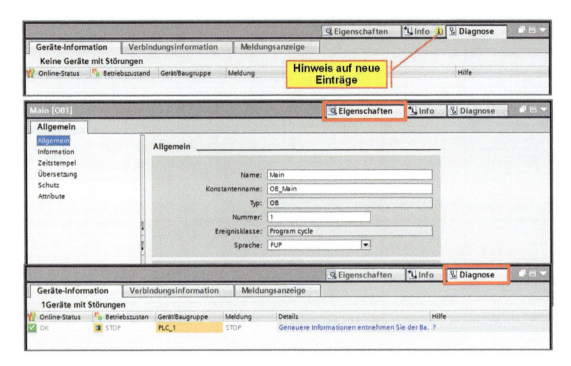

Im Inspektorfenster werden zusätzliche Informationen zu einem selektierten Objekt oder zu ausgeführten Aktionen angezeigt. Das Inspektorfenster besteht aus folgenden Registern:

- **Eigenschaften**

In diesem Register werden die Eigenschaften des selektierten Objekts angezeigt und es können editierbare Eigenschaften verändert werden.

- **Info**

Dies ist der Ausgabebereich des Engineerings. In diesem Register werden weitere Informationen zum selektierten Objekt angezeigt. Außerdem werden Meldungen zu ausgeführten Aktionen z.B. Übersetzen und Laden von Bausteinen in die CPU ausgegeben.

Register „Allgemein"   allgemeine Statusausgabe
Register „Querverweise"   Anzeige der aktuellen Nutzungsstellen des markierten Objektes
Register „Übersetzten"   Statusausgabe des Übersetzungslaufes
Register „Syntax"   Statusausgabe zu ungültigen Programmierbefehlen

In diesem Register werden weitere Informationen zum selektierten Objekt angezeigt. Außerdem werden Meldungen zu ausgeführten Aktionen z.B. Übersetzen und Laden von Bausteinen in die CPU ausgegeben.

- **Diagnose**

In diesem Register werden Informationen zur Systemdiagnose und projektierten Meldungsereignisse angezeigt.

Register „Meldungsanzeige"   Anzeige aktuell anstehender CPU-Meldungen
Register „Geräte-Information"
Register „Verbindungsinformation" für Komponenten, die derzeit online verbunden sind

4.1.7 Task Cards

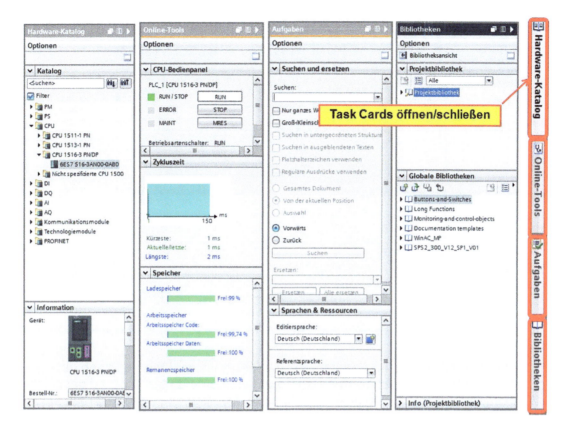

Die verfügbaren Task Cards stehen am rechten Bildschirmrand zur Verfügung und sind jederzeit auf- und zu klappbar. Welche Task Cards zur Verfügung stehen, hängt von den installierten Produkten und vom gerade bearbeiteten bzw. im Arbeitsbereich geöffneten Objekt ab. Über die *Task Cards* können weitere Aktionen ausgeführt werden:

- **Hardware-Katalog**

Hier sind alle zur Verfügung stehenden Hardware-Komponenten wie CPU's, Baugruppen usw. auswählbar

- **Anweisungen**

Anweisungen zur Bausteinprogrammierung;

- **Online Tools**

Bei bestehender Online-Verbindung sind Diagnose- und Online-Informationen abrufbar wie die aktuelle Zykluszeit der CPU und der Ausbau des Lade- und Arbeitsspeichers der CPU. Außerdem kann die CPU in den STOP- und RUN-Modus geschaltet werden.

- **Aufgaben**

Hier stehen klassische Editor-Funktionen zur Verfügung wie z.B. Suchen und Ersetzen von Variablen, Anweisungen usw.

- **Bibliotheken**

Zum Speichern von Objekten, die wiederverwendet werden sollen, stehen lokale (zum Projekt gehörende) und globale Bibliotheken zur Verfügung. Hier können Objekte jeder Art (ganze Stationen, einzelne Bausteine, Variablenlisten usw.) gespeichert und entnommen (kopiert) werden.

4 Engineering Software TIA Portal

4.1.8 TIA Portal – Projekt speichern

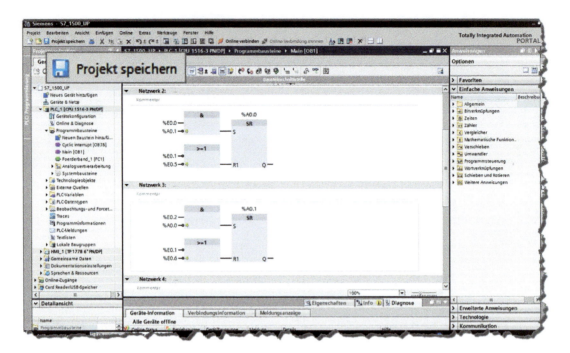

Unabhängig vom Objekt, das im Arbeitsbereich geöffnet ist, wird mit Betätigen des Speichern-Symbols **immer das komplette Projekt** im momentanen Zustand gespeichert, auch wenn irgendwelche Objekte des Projekts noch unvollständig oder fehlerhaft sind (z.B. syntaktisch fehlerhafte Bausteine oder Symbole, denen in der globalen Symbolliste noch kein Absolutoperand zugeordnet wurde).

Wird das Projekt geschlossen ohne zu speichern, werden alle während der Sitzung vorgenommenen Änderungen bzw. neu angelegte Objekte verworfen.

Notizen

5. Kleines Netzwerk - Kompendium

5.1 IP-Adressen

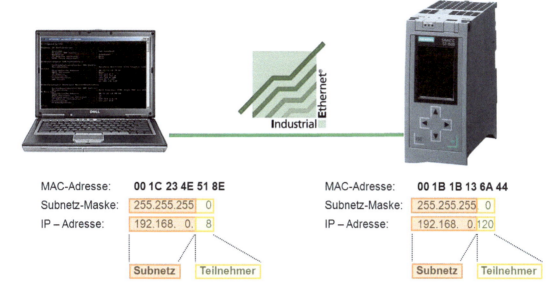

© Siemens AG 2018, Alle Rechte vorbehalten

Internet- Protokoll

Das Internet Protocol (IP) bildet die Grundlage für alle TCP/IP- Netzwerke. Es erstellt die sogenannten Datagramme - speziell für das Internet-Protokoll zugeschnittene Datenpakete - und sorgt für deren Transport im lokalen Subnetzwerk oder deren "Routing" (Weiterleitung) zu weiteren Subnetzen.

IP- Adressen

IP-Adressen werden nicht einem bestimmten Rechner zugeordnet, sondern den Netzwerk-Schnittstellen, die ein Rechner besitzt. Einem Rechner mit mehreren Netzanschlüssen (z.B. Router) muss deshalb für jeden Anschluss eine IP-Adresse zugewiesen werden. IP-Adressen bestehen aus 4 Bytes. Bei der Dot-Schreibweise wird jedes Byte der IP- Adresse durch eine Dezimalzahl zwischen 0 und 255 ausgedrückt. Die vier Dezimalzahlen werden durch Punkte voneinander getrennt (siehe Bild).

MAC - Adresse

Jedes Ethernet-Interface hat von seinem Hersteller eine feste und weltweit eindeutige Adresse zugewiesen bekommen. Diese Adresse wird als Hardware- oder MAC-Adresse (Media Access Control) bezeichnet. Diese ist auf der Netzwerkkarte gespeichert und dient zur eindeutigen Identifizierung in einem lokalen Netzwerk. Durch Kooperation der Hersteller ist gewährleistet, dass die Adresse weltweit eindeutig ist.

Subnetz - Maske

Mit der Subnetzmaske wird festgelegt, welche IP-Adressen im eigenen Netz erreicht werden können. Sie teilt die IP-Adresse in Netzwerk- und Geräteteil.

Es können nur IP-Adressen erreicht werden, deren Netzwerkteil gleich ist.

z.B.: Subnetzmaske = **255.255.255.0** und IP-Adresse = **192.168.0.120**
erreichbare IP-Adressen: **192.168.0.1** bis **192.168.0.255**

5 Kleines Netzwerk - Kompendium

5.1.1 IP-Adresse Ihres Programmiergeräts ermitteln (WIN 10)

Sie können die IP-Adresse Ihres Programmiergeräts und ggf. auch die IP-Adresse Ihres IP-Routers (Gateway) auch mit den folgenden Menübefehlen prüfen:

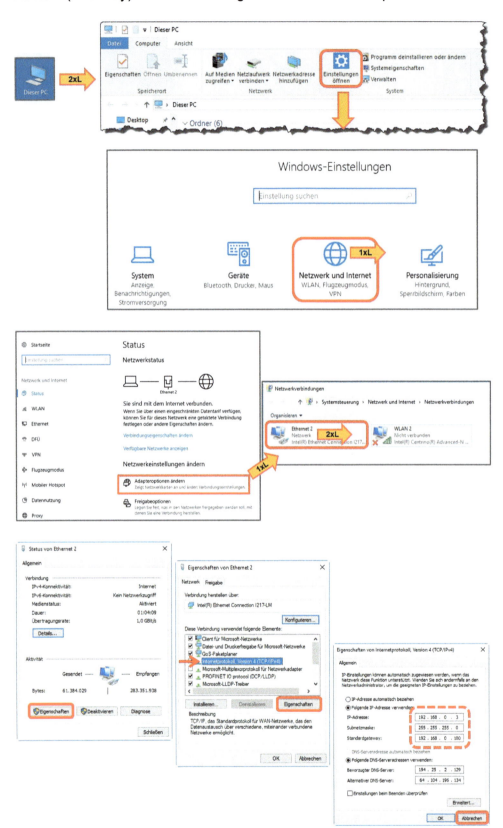

5.1.2 IP-Adresse Ihres Programmiergeräts ermitteln (WIN 7)

Sie können die IP-Adresse Ihres Programmiergeräts und ggf. auch die IP-Adresse Ihres IP-Routers (Gateway) auch mit den folgenden Menübefehlen prüfen:

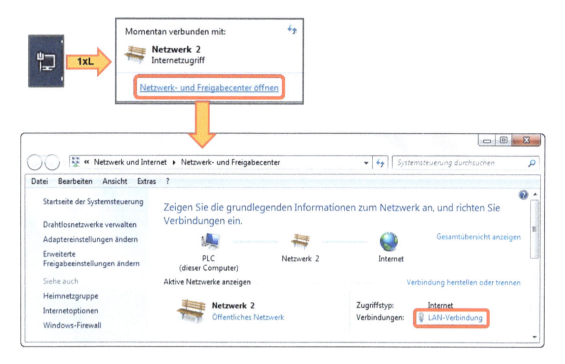

Um vom PC, dem PG oder einem Laptop aus eine SIMATIC S7-1500 programmieren zu können, wird eine TCP/IP- Verbindung oder optional eine PROFIBUS-Verbindung benötigt. Damit PC und SIMATIC S7-1500 über TCP/IP miteinander kommunizieren können ist es wichtig, dass die IP-Adressen bei beiden Geräten zusammenpassen.

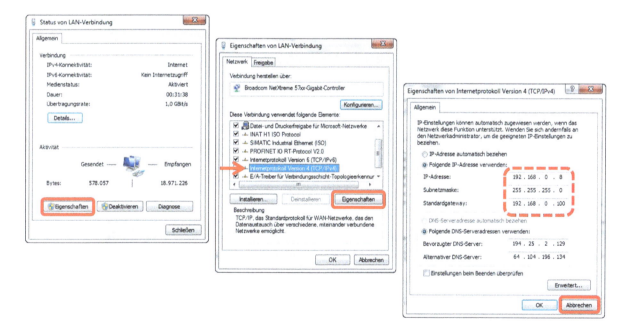

oder betätigen Sie gleichzeitig die „**Windows-Taste**" und „**R**".

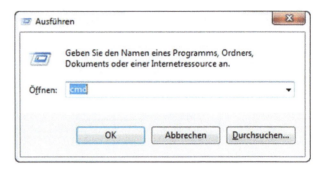

Weitere Informationen zeigen Sie mit dem Befehl "**ipconfig /all**" an. Den Typ der Adapterkarte Ihres Programmiergeräts und die Ethernet-Adresse (MAC-Adresse) finden Sie hier:

```
C:\Windows\system32\cmd.exe

C:\>ipconfig/all

Windows-IP-Konfiguration

   Hostname  . . . . . . . . . . . . : PLC
   Primäres DNS-Suffix . . . . . . . :
   Knotentyp . . . . . . . . . . . . : Hybrid
   IP-Routing aktiviert  . . . . . . : Nein
   WINS-Proxy aktiviert  . . . . . . : Nein

Drahtlos-LAN-Adapter Drahtlosnetzwerkverbindung:

   Medienstatus. . . . . . . . . . . : Medium getrennt
   Verbindungsspezifisches DNS-Suffix:
   Beschreibung. . . . . . . . . . . : Intel(R) Wireless WiFi Link 4965AGN
   Physikalische Adresse . . . . . . : 00-1F-3B-7A-DD-1F
   DHCP aktiviert. . . . . . . . . . : Ja
   Autokonfiguration aktiviert . . . : Ja

Ethernet-Adapter LAN-Verbindung:

   Verbindungsspezifisches DNS-Suffix:
   Beschreibung. . . . . . . . . . . : Broadcom NetXtreme 57xx-Gigabit-Controller
   Physikalische Adresse . . . . . . : 00-1C-23-4E-51-8E
   DHCP aktiviert. . . . . . . . . . : Nein
   Autokonfiguration aktiviert . . . : Ja
   Verbindungslokale IPv6-Adresse  . : fe80::15f0:2279:e24a:531a%11(Bevorzugt)
   IPv4-Adresse. . . . . . . . . . . : 192.168.0.8(Bevorzugt)
   Subnetzmaske  . . . . . . . . . . : 255.255.255.0
   Standardgateway . . . . . . . . . : 192.168.0.100
   DHCPv6-IAID . . . . . . . . . . . : 234888227
   DHCPv6-Client-DUID. . . . . . . . : 00-01-00-01-19-FA-D4-68-00-1C-23-4E-51-8E

   DNS-Server  . . . . . . . . . . . : 194.25.2.129
                                       64.104.196.134
   NetBIOS über TCP/IP . . . . . . . : Aktiviert

Tunneladapter isatap.{8A4D2B7C-C05C-4F14-8DAF-FBCDB89E868C}:

   Medienstatus. . . . . . . . . . . : Medium getrennt
   Verbindungsspezifisches DNS-Suffix:
   Beschreibung. . . . . . . . . . . : Microsoft-ISATAP-Adapter
   Physikalische Adresse . . . . . . : 00-00-00-00-00-00-00-E0
   DHCP aktiviert. . . . . . . . . . : Nein
   Autokonfiguration aktiviert . . . : Ja

Tunneladapter LAN-Verbindung*:

   Verbindungsspezifisches DNS-Suffix:
   Beschreibung. . . . . . . . . . . : Teredo Tunneling Pseudo-Interface
   Physikalische Adresse . . . . . . : 00-00-00-00-00-00-00-E0
   DHCP aktiviert. . . . . . . . . . : Nein
   Autokonfiguration aktiviert . . . : Ja
   IPv6-Adresse. . . . . . . . . . . : 2001:0:5ef5:79fb:38c6:150a:ab50:5166(Bevorzugt)
   Verbindungslokale IPv6-Adresse  . : fe80::38c6:150a:ab50:5166%13(Bevorzugt)
   Standardgateway . . . . . . . . . : ::
   NetBIOS über TCP/IP . . . . . . . : Deaktivert

Tunneladapter isatap.{C3FEB7DA-89DD-4919-8F04-F2902FF64434}:

   Medienstatus. . . . . . . . . . . : Medium getrennt
   Verbindungsspezifisches DNS-Suffix:
   Beschreibung. . . . . . . . . . . : Microsoft-ISATAP-Adapter #2
   Physikalische Adresse . . . . . . : 00-00-00-00-00-00-00-E0
   DHCP aktiviert. . . . . . . . . . : Nein
```

5.1.3 Ping

Der Ping-Befehl überprüft die TCP/IP-Verbindungen zu einem oder mehreren Computern die in einem Netzwerk angeschlossen sind und über die IP-Adresse identifiziert werden können.

Hat man ein Netzwerkprotokoll eingerichtet und alle Laufwerke freigegeben, womit das Netzwerk zwischen zwei PCs funktionieren müsste.
Dennoch baut der Computer (vor dem man gerade sitzt) keine Verbindung auf. Bevor man nun das Netzwerkkabel oder -karten etc. überprüft, probiert man zuerst einmal den **Ping**-Befehl.
Voraussetzung ist, dass man auf den Computern das Netzwerkprotokoll TCP/IP eingerichtet hat.
Dazu klickt man mit der rechten Maustaste das Netzwerk-Symbol **Netzwerkumgebung** im Desktop und wählt **Einstellungen**. Dort markiert man den Eintrag **TCP/IP** in Verbindung mit dem Namen der Netzwerkkarte der im Rechner eingebaut ist.
Nun klickt man auf **[Eigenschaften]** und notiert sich die dort angezeigte IP-Nummer.
Man klickt nun auf Start, dann Programme, Zubehör und startet **die MS-DOS-**Eingabeaufforderung und gibt den Befehl: **ping xxx.xxx.x.xxx** ein, wobei man die eben notierte Nummer benutzt.

Man erhält z.B. dann eine vierzeilige Meldung:

```
C:\>ping 192.168.0.120

Ping wird ausgeführt für 192.168.0.120 mit 32 Bytes Daten:
Antwort von 192.168.0.120: Bytes=32 Zeit<1ms TTL=30
Antwort von 192.168.0.120: Bytes=32 Zeit<1ms TTL=30
Antwort von 192.168.0.120: Bytes=32 Zeit<1ms TTL=30
Antwort von 192.168.0.120: Bytes=32 Zeit<1ms TTL=30

Ping-Statistik für 192.168.0.120:
    Pakete: Gesendet = 4, Empfangen = 4, Verloren = 0
    (0% Verlust),
Ca. Zeitangaben in Millisek.:
    Minimum = 0ms, Maximum = 0ms, Mittelwert = 0ms

C:\>
```

War die Ping-Sendung mit dem anderen Computer in Ordnung. Demnach zufolge sind Netzwerkkabel oder -karten etc. in Ordnung, dass nun eine Überprüfung der Netzwerkeinstellung erforderlich ist. Wenn die Zeit z.B. über 10ms liegt, dann kann auch an der DFÜ-Verbindung etwas nicht stimmen.

Jedes empfangene Paket wird mit der übertragenen Nachricht verglichen. Standardmäßig werden vier Echopakete mit je 32 Byte Daten (eine sich wiederholende Großbuchstabenfolge) übertragen.

Tipp:
Anstatt der IP-Nummer kann man auch den Computernamen (Host-Name) verwenden, z.B. **ping xyz** das die gleiche Meldung ausgibt, wenn der angeschlossene Computer diesen Namen trägt.

5 Kleines Netzwerk - Kompendium

5.1.4 Ethernet-Adresse (MAC-Adresse) Hardwareadresse von Ethernetgeräten

Die MAC-Adresse (**M**edia-**A**ccess-**C**ontrol-Adresse) ist eine dem Gerät zugeordnete, eindeutige Adresse, die der Hersteller festlegt. Sie besteht aus drei Bytes Herstellerkennung und drei Bytes Gerätekennung. Die MAC-Adresse ist in der Regel dem Gerät aufgedruckt und wird bei der Projektierung - falls nicht schon ab Werk geschehen - dem Gerät zugeordnet.
Die Belegung der Bytes wird hexadezimal (Ziffern 0 bis F) vorgenommen, wobei die einzelnen Bytes durch Doppelpunkte getrennt werden; Beispiel: 01:23:45:67:89:AB.

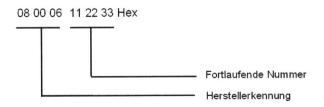

Unter der Adresse FF FF FF FF FF FF Hex fühlen sich
Alle Netzwerkkarten im lokalen Netz angesprochen, Sog. MAC-Broadcast-Adresse.

In der Praxis hat eine MAC-Adresse folgende Struktur: 12-Stellen mit den Zeichen 0-9 und A-F. Ein Beispiel wäre 0800B050A123. Oft wird zur leichteren Lesbarkeit die Adresse durch „-" oder „:" in Zeichenpaare aufgeteilt: z.B. 08-00-B0-50-A1-23 oder 08:00:B0:50:A1:23.
Die Ethernet-Hardwareadresse ist nicht mit der IP-Adresse (192.168.xxx.xxx) zu verwechseln, für deren Vergabe sie aber die Grundlage ist.

Wie findet man nun die MAC-Adresse eines Ethernetgerätes heraus?

- Bei SIMATIC Ethernet-Geräten ist die einfachste Möglichkeit ein Blick auf den Aufdruck/Aufkleber auf der Netzwerkkarte oder dem Gehäuse des Kommunikationsprozessors. Den Geräten kann auch ein roter Zettel mit einer von Siemens vergebenen, für dieses Gerät garantiert eindeutigen Ethernet-Adresse beiliegen. Diese Adresse wird dann in HW-Konfig von STEP7 dem Ethernet-Teilnehmer zugewiesen.
- Bei PC-Netzwerkkarten fehlt normalerweise solch ein Aufdruck/Aufkleber.
Es existieren je nach verwendetem Betriebssystem verschiedene Möglichkeiten, die Hardwareadresse zu ermitteln und anzuzeigen. Bei Windows-95/ME-Systemen geben Sie Folgendes ein: Start > Ausführen > winipcfg. In dem erscheinenden Fenster werden die Konfigurationsdaten und auch die MAC-Adresse Ihrer Netzwerkkarte angezeigt.
Bei Windows NT/2000/XP starten Sie dazu die DOS-Eingabeaufforderung Start > Ausführen > cmd und geben hier den Befehl ipconfig /all ein.

5.1.5 IP-Adresse und Subnetzmaske

Jeder Teilnehmer am Industrial-Ethernet-Subnetz, der das TCPIIP-Protokoll verwendet, benötigt eine IP-Adresse (**I**nternet-**P**rotocol-Adresse). Die IP-Adresse muss am Subnetz eindeutig sein.

Die IP-Adresse ist vier Bytes lang, die jeweils durch einen Punkt getrennt sind.
Jedes Byte wird als Dezimalzahl von 0 bis 255 dargestellt.

Die IP-Adresse setzt sich aus der Adresse des Subnetzes und der Adresse des Teilnehmers zusammen. Welchen Anteil die Netzadresse an der IP-Adresse hat, bestimmt die Subnetzmaske. Sie besteht wie die IP-Adresse aus vier Bytes, die normalerweise den Wert 255 oder 0 haben. Diejenigen Bytes, die in der Subnetzmaske den Wert 255 haben, bestimmen die Subnetzadresse, die Bytes mit dem Wert 0 die Teilnehmeradresse.

In einer Subnetzmaske können auch Werte zwischen 1 und 254 vergeben und so der Adressenraum noch weiter aufgeteilt werden. Beispielsweise teilt in einem Subnetz 192.168.x.x die Subnetzmaske 255.255.128.0 die Teilnehmer in die beiden Adressenräume 192.168.0.0 bis 192.168.127.254 und 192.168.128.0 bis 192.168.255.254 auf.
Die "1" führenden Stellen in der Subnetzmaske müssen von links beginnend lückenlos sein.

5.1.6 IP-Adressen im abgeschlossenen Firmennetzwerk

Bauen Sie ein Firmennetzwerk ohne Anschluss an das Internet auf, so können Sie theoretisch eine beliebige Netzwerkklasse mit einer beliebigen gültigen Teilnehmeradresse wählen.

Damit man nun lokale Netze ohne Internetanbindung mit TCP/IP betreiben kann, ohne IP-Adressen beantragen zu müssen und um auch einzelne Rechnerverbindungen testen zu können, gibt es in jeder Klasse (A/B/C) einen Bereich von Adressen, der für den „privaten" Gebrauch freigegeben ist. Diese Adressen werden von Routern nicht weitervermittelt und nach außen gegeben.

Die IANA hat zu diesem Zweck die folgenden IP-Adressen festgelegt:

- Klasse-A-Netze: 10.0.0.0 - 10.255.255.255
- Klasse-B-Netze: 172.16.0.0 - 172.31.255.255
- Klasse-C-Netze: 192.168.0.0 - 192.168.255.255

Beispiel: Für ein privates Klasse-C-Netzwerk mit nur wenigen Teilnehmern reicht der für ein privates Netzwerk freigegebene Bereich für IP-Adressen von 192.168.0.0 bis 192.168.255.255 aus.
Das heißt, dass die Werte für die Netzkennung fest als 192 und 168 vorgegeben sind.
Für die dritte Stelle der Netzwerknummer können Sie eine beliebige Zahl wischen 0 und 255 wählen. In diesem Beispiel wurde die 101 gewählt. Somit ist die Klasse-C-Netzwerkadresse: 192.168.101.xxx.

5 Kleines Netzwerk - Kompendium

Für die eigentlichen Stationen (Computer, SIMATIC-CPs, etc.) im Netzwerk bleiben dann noch die Werte von 1 bis 254 für die vierte Stelle der IP-Adresse übrig, da Netzwerk-Adresse (x.x.x.0) und Broadcastadresse (x.x.x.255) nicht verwendet werden dürfen. Alle Computer in Ihrem Netzwerk haben also bis auf die letzte Stelle die gleiche IP-Adresse.

IP-Adressen der Computer: 192.168.101.1 bis 192.168.101.254
Netzwerkadresse: 192.168.147.0
Broadcastadresse: 192.168.147.255

Diese Werte können Sie für Ihr eigenes Netzwerk verwenden. Wichtig ist nur, dass jede Station auch wirklich eine individuelle IP-Adresse bekommt, die sich nur in der letzten Stelle (1-254) unterscheidet. Verwenden Sie zusätzlich eine andere Netzwerkadresse, können die Teilnehmer normalerweise nicht miteinander kommunizieren, da die Teilnehmer erwarten, dass sie sich in einem anderen Netzwerk befinden.

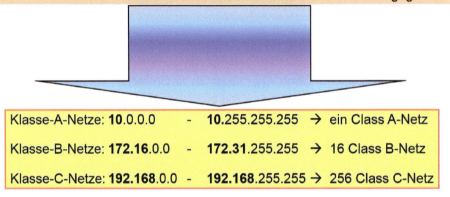

Grundsätzlich werden 5 Klassen von IP-Adressen unterschieden.
Es handelt sich dabei um die Klassen A bis E.
Jede Klasse besitzt eine eigene Subnetzmaske.

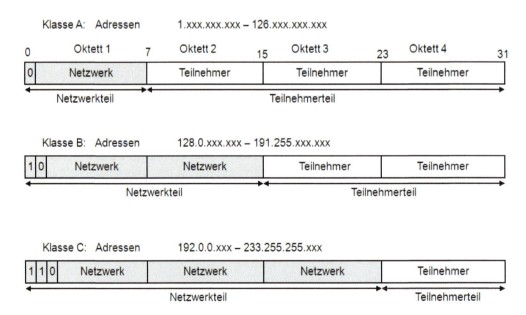

6. Online Tools – Erreichbare Teilnehmer

6.1 Online-Zugriff: Erreichbare Teilnehmer in der Portal-Ansicht

Wählen Sie das ‚**Totally Integrated Automation Portal**', das hier mit einem Doppelklick aufgerufen wird.

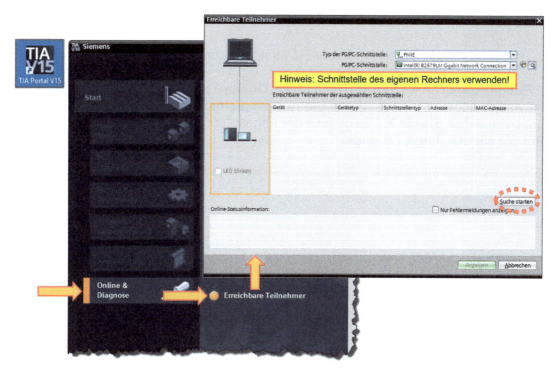

Erreichbare Teilnehmer in der Portal-Ansicht

Diese Funktion bietet die Möglichkeit des schnellen Zugriffs (z.B. für Service Zwecke), auch wenn keine Offline-Projektdaten zu den Zielsystemen auf dem PG vorhanden sind.

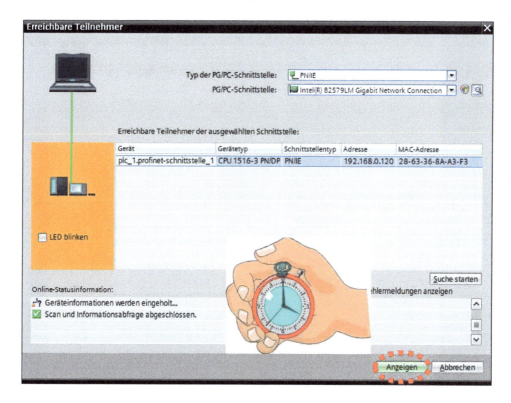

6 Online Tools – Erreichbare Teilnehmer

Auf Online-Funktionen zugreifen → Schaltfläche **Anzeigen**

Sobald über die Schaltfläche „Anzeigen" online auf die Baugruppe zugegriffen werden soll, die in einem anderen Subnetz liegt als das PG, erscheint in einem Dialog die Abfrage, ob dem PG eine weitere zusätzliche IP-Adresse zugewiesen werden soll.
Bei Bestätigung wird dem PG eine weitere zusätzliche IP-Adresse zugewiesen, die in demselben Subnetz liegt, wie die Adresse der CPU. Danach sind alle Online-Funktionen nutzbar.

6.1.1 Ansicht: Erreichbare Teilnehmer – Diagnose & Einstellungen

In der Projektnavigation wählen Sie dann unter ‚**Online-Zugängen**', die Netzwerkkarte die bereits vorher eingestellt wurde. Wenn Sie hier auf ‚**Erreichbare Teilnehmer aktualisieren**' klicken, dann sehen Sie die MAC-Adresse der angeschlossenen SIMATIC S7-1500.
Wählen Sie hier ‚**Online & Diagnose**'.

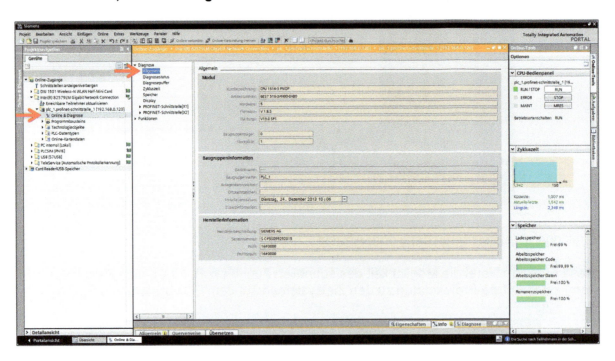

6.1.2 Darstellung: CPU mit und ohne vorher vergebener IP-Adresse

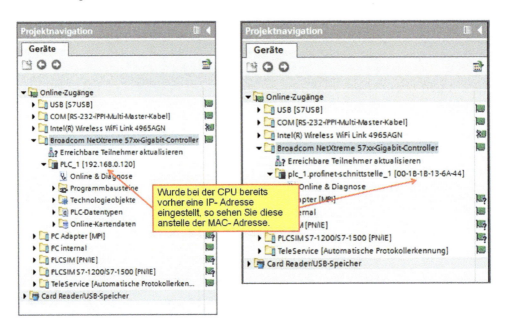

6-84   Einführung in die Programmierung mit Siemens TIA-Portal V15

6.1.3 IP-Adresse überprüfen oder zuweisen

Unter ‚**Funktionen**' finden Sie den Punkt ‚**IP-Adresse zuweisen**'.
Geben Sie hier ‚**IP-Adresse**' und ‚**Subnetz-Maske**' ein.
Klicken Sie dann auf ‚**IP-Adresse zuweisen**' und Ihrer SIMATIC S7-1500 wird diese neue Adresse zugewiesen.

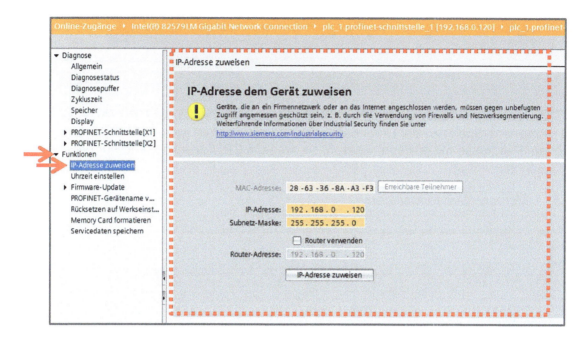

Solange nicht über eine bereits herunter geladene Hardware-Konfiguration bereits eine IP-Adresse festgelegt ist, kann diese hier zugewiesen bzw. verändert werden (diese Funktion steht auch nur Verfügung, wenn das PG/PC und die CPU nicht demselben Subnetz zugeordnet sind).

6.1.4 Einstellen der Uhrzeit

Sie können die Uhrzeit der Online-CPU einstellen. Nach dem Zugriff auf "**Online & Diagnose**" in der Projektnavigation einer Online-CPU können Sie Datum und Uhrzeit der CPU online aufrufen und ändern.

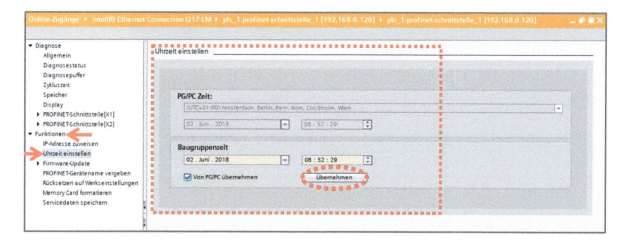

Jede S7-CPU verfügt über eine Echtzeit-Uhr, die hier gestellt werden kann.

6 Online Tools – Erreichbare Teilnehmer

6.1.5 Rücksetzen auf Werkseinstellung

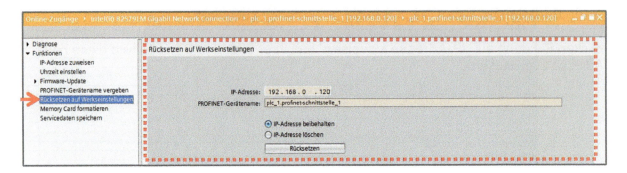

Im Gegensatz zum Urlöschen werden hier alle Speicherbereiche der CPU (Arbeits-, Lade- und Remanenz-Speicher, der Diagnosepuffer und die Uhrzeit) gelöscht. Wahlweise kann auch die IP-Adresse mit gelöscht werden, so dass die CPU anschließend nur noch über eine MAC-Adresse verfügt.

6.1.6 Memory Card formatieren

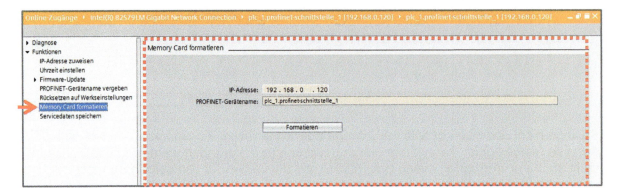

Die Memory Card der CPU kann über diese Online-Funktion auch in der CPU gelöscht werden. Danach besitzt die CPU nur noch ihre IP-Adresse. Alle anderen Daten (inklusive der Gerätekonfiguration) sind gelöscht.
Im Kartenleser über die Projektnavigation kann die Karte nicht gelöscht werden. Gerätekonfiguration und Baustein sind grau hinterlegt, d.h. schreibgeschützt (nur Statusinfo bzw. mit Doppelklick öffnen).

6.1.7 PROFINET-Schnittstelle[X1]

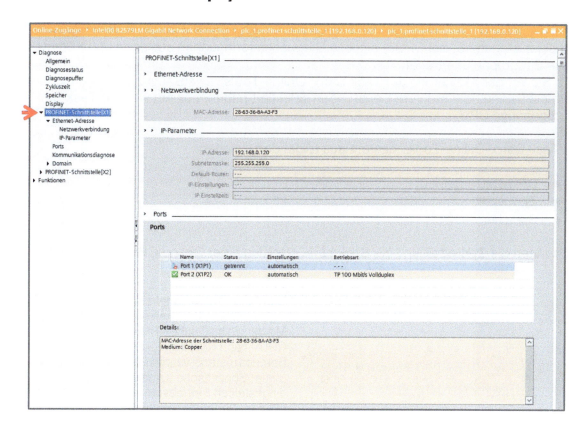

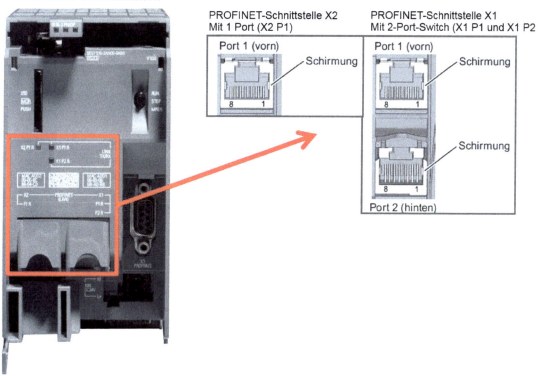

6 Online Tools – Erreichbare Teilnehmer

6.1.8 Funktion und Aufbau der Task Card "Online-Tools"

In der Task Card "Online-Tools" können Sie bei Baugruppen mit einem eigenen Betriebszustand (z.B. bei CPUs) aktuelle Diagnoseinformationen auslesen und Kommandos an die Baugruppe übertragen.
Falls Sie vor der Aktivierung der Task Card "Online-Tools" eine Baugruppe ohne eigenen Betriebszustand oder mehrere Baugruppen selektiert haben, bezieht sich die Task Card auf die zugehörige CPU.

Die Task Card "Online-Tools" besteht aus folgenden Paletten:

- CPU-Bedienpanel
- Zykluszeit
- Speicher

Sie können die Zykluszeit und die Speicherauslastung einer Online-CPU überwachen.

CPU-Bedienpanel:
Das CPU-Bedienpanel zeigt den aktuellen Status der LEDS an der Frontseite der CPU-Baugruppe. Mit den Schaltflächen RUN und STOP kann die CPU - nach Rückfrage - in den entsprechenden Betriebszustand versetzt werden. Eine gedrückte (helle) Schaltfläche symbolisiert den aktuell eingestellten Betriebszustand. Eine CPU kann mit dem Bedienpanel nur dann in den Betriebszustand RUN geschaltet werden, wenn der Betriebsartenschalter an der CPU-Baugruppe auf RUN steht und keine den Anlauf verhindernden Fehler vorliegt.

Zykluszeit:
Unter Zykluszeit wird die kürzeste, die aktuelle und die längste Zyklus(bearbeitungs)zeit in Millisekunden angezeigt und grafisch dargestellt.

Speicher:
Unter Speicher werden die Speicherauslastungen des Lade-, Arbeits- und Remanenzspeichers als Balken angezeigt.

6.1.9 SIMATIC Memory Card der CPU formatieren

 1. Betriebsartenschalter auf STOP stellen.

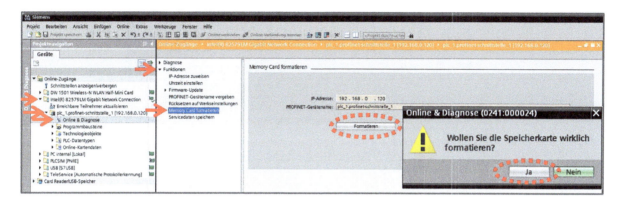

Um die CPU komplett zu löschen, muss auch die SIMATIC Memory Card der CPU gelöscht werden. Dies kann wie folgt durchgeführt werden:

- mit dem Windows-Explorer (SD-Card steckt im Card Reader des PGs)
- mit dem TIA Portal (SD-Card steckt im Card Reader des PGs)
- mit dem TIA Portal (SD-Card steckt in der CPU)

Durchführung

- Betriebsartenschalter auf STOP stellen
- Lassen Sie sich in der Projekt-Ansicht unter der **Schnittstelle des eigenen Rechners** alle „Erreichbaren Teilnehmer anzeigen"
- Aktivieren Sie unter der S7-1500 – Station „Online&Diagnose"
- Aktivieren Sie dort unter „Funktion" „Memory Card formatieren"

Führen Sie eine Kontrolle durch ob die IP-Adresse noch vorhanden ist!

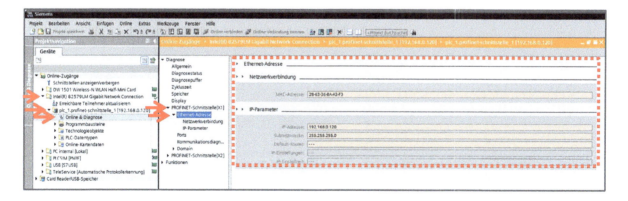

6 Online Tools – Erreichbare Teilnehmer

Notizen

7. Geräte konfigurieren

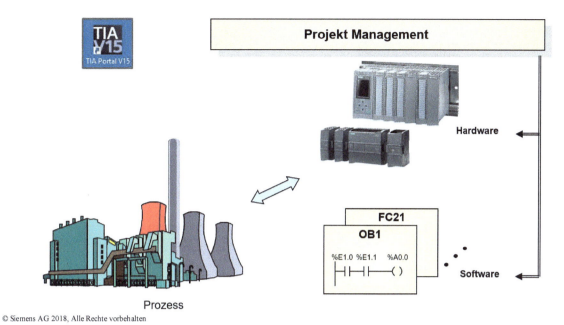

Ein Prozess der automatisiert werden soll, untergliedert sich bei genauerer Betrachtung in eine Vielzahl kleinerer, miteinander verknüpfter und voneinander abhängiger Teilbereich und Teilprozesse.

Wichtigste Aufgabe ist es also zunächst den gesamten Automatisierungsprozess in verschiedene Teilaufgaben zu zerlegen.

Jeder dieser Teilaufgaben definiert gleichzeitig bestimmte Hardware- und Softwareanforderungen an das Automatisierungssystem:

Hardware:

Anzahl und Art der Ein- und Ausgänge
Anzahl und Art der Baugruppen
Anzahl der Racks
Leistungsfähigkeit und Typ der CPUs
Bedien- und Beobachtungssysteme
Vernetzungssystem

Software:

Programmstruktur
Datenhaltung für den Automatisierungsprozess
Konfigurationsdaten
Kommunikationsdaten
Programm- und Projektdokumentation

Einführung in die Programmierung mit Siemens TIA-Portal V15

7 Geräte konfigurieren

7.1 Konfigurieren und Parametrieren von Baugruppen

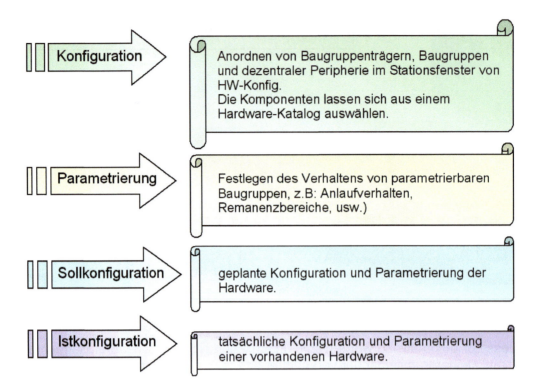

Beim **Konfigurieren** mit STEP 7, legen Sie fest, welche Baugruppen Sie für Ihre Anlage einsetzen wollen, unabhängig davon, ob Ihre Anlage bereits existiert oder nicht.
Die Vorgehensweise zum Konfigurieren zentraler und dezentraler Peripherie ist gleich.

Sie können die Konfiguration beliebig oft in andere STEP 7-Projekte kopieren, gegebenenfalls modifizieren und in eine oder mehrere existierende Anlagen laden.
Beim Anlauf des Automatisierungssystems vergleicht die CPU die mit STEP 7 erstellte **Sollkonfiguration** mit der tatsächlichen **Istkonfiguration** der Anlage. Eventuelle Fehler können somit sofort erkannt und gemeldet werden.

Beim **Parametrieren** stellen Sie die Eigenschaften der Baugruppen ein. Sie müssen dazu keine Schalter an der Baugruppe betätigen, sondern geben die Parameter einfach mit STEP 7 ein. Die Parameter werden in die CPU geladen und von der CPU an die entsprechenden Baugruppen übertragen.

Baugruppen lassen sich sehr einfach tauschen, da die mit STEP 7 erstellen Parameter im Anlauf automatisch in die neue Baugruppe geladen werden.

Beim **Adressieren** können Sie die von STEP 7 vergebenen Adressen verändern.
D.h. Sie legen fest, über welche Adresse die Baugruppen aus dem Anwenderprogramm heraus angesprochen werden.

7.2 Station konfigurieren

Unter "Konfigurieren" versteht man das Hinzufügen einer Station zum Projekt und bei einer PLC-Station das Anordnen der Baugruppen in einem Baugruppenträger sowie das Bestücken der Baugruppen mit Modulen.

Übungsgerät:

Notieren Sie sich von Ihrem Übungsgerät die Bestell-Nummern und die Firmwarestände der einzelnen Baugruppen.

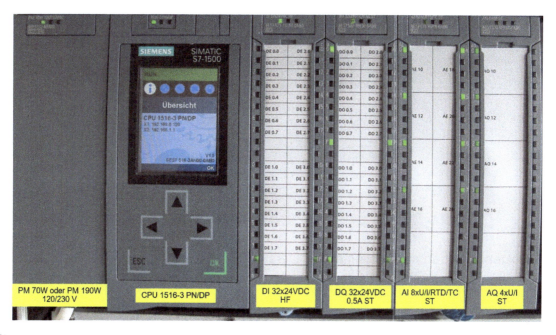

Bestell Nr.: ....

Firmware: ....
© Siemens AG 2018, Alle Rechte vorbehalten

Beispiel

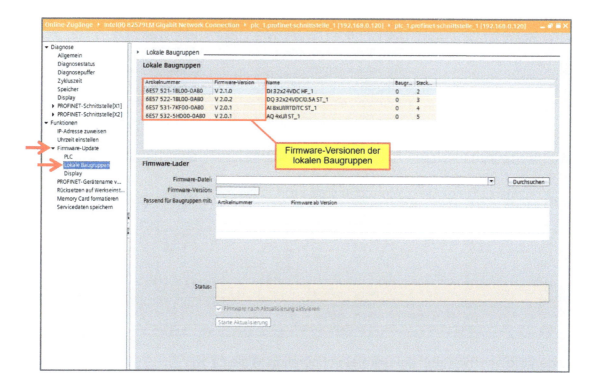

Einführung in die Programmierung mit Siemens TIA-Portal V15

7 Geräte konfigurieren

7.2.1 Konfigurationsleitfaden

1. Erstellen Sie ein neues TIA-Portal Projekt mit dem Namen: **S7_1500_Ausbildung**.

2. Fügen Sie ein neues Gerät mit dem **Defaultnamen** hinzu und erstellen Sie die Gerätekonfiguration für die Baugruppen des S7-1500 Übungsgerätes inkl. der Spannungsversorgung.

© Siemens AG 2018, Alle Rechte vorbehalten

3. Folgende Änderungen sollen an der Default-Parametrierung vorgenommen werden:

PROFINET-Schnittstelle [X1]	Subnetz: IP-Adresse: Zugriff auf den Webserver	PN/IE_1 192.168.0.120 Webserver über diese Schnittstelle aktivieren
DP-Schnittstelle [X3]	Subnetz: PROFIBUS-Adresse:	PROFIBUS_1 2
System- und Taktmerker	Systemmerkerbyte: Taktmerkerbyte:	MB101 MB100
Webserver	Webserver auf dieser Baugruppe aktivieren Benutzerverwaltung	 Administrativ
Display	Sprache Display	Deutsch
Uhrzeit	Zeitzone Sommerzeit	(UTC+01.00) Amsterdam, … Sommerzeitumstellung aktivieren
Schutz & _Security	Verbindungsmechanismen	Zugriff über PUT/GET …
Digitale Eingangskarte DI32	Eingangsadressen:	0
Digitale Ausgangskarte DQ32	Ausgangsadressen:	0
Analoge Eingangskarte AI8	Eingangsadressen:	10
Analoge Ausgangskarte AQ4	Ausgangsadressen:	10

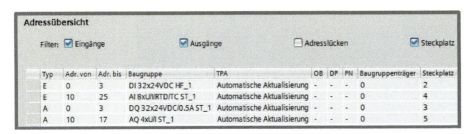

4. Laden Sie anschließend die Gerätekonfiguration in die CPU!

Geräte konfigurieren 7

7.2.2 Eine PLC-Station hinzufügen

Beim Anlegen eines neuen Projekts fügen Sie normalerweise gleich eine PLC-Station hinzu. Das Hinzufügen weiterer PLC- und HMI-Stationen können Sie sowohl in der Portalansicht als auch in der Projektansicht vornehmen. In der Portalansicht fügen Sie im Portal Geräte & Netze mit dem Befehl *Neues Gerät hinzufügen* eine neue Station hinzu.
In der Projektansicht doppelklicken Sie in der Projektnavigation auf Neues Gerät hinzufügen.

Programme für die SIMATIC S7-1500 werden in Projekten verwaltet.
Ein solches Projekt wird nun in der Portalansicht angelegt.

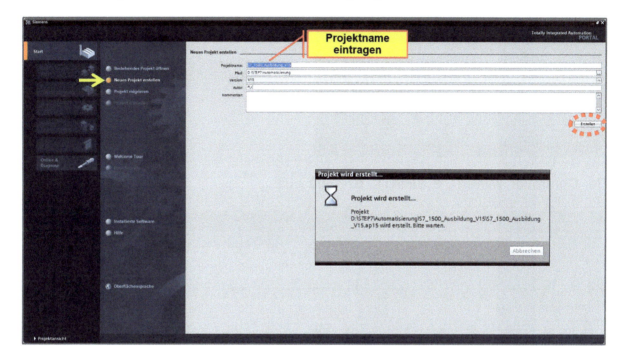

Erste Schritte **„Ein Gerät konfigurieren"**.

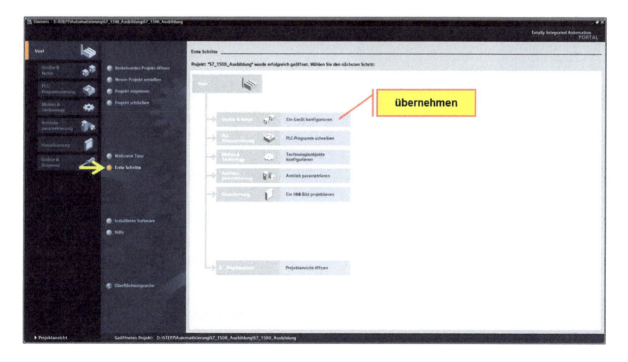

Einführung in die Programmierung mit Siemens TIA-Portal V15

7 Geräte konfigurieren

Wählen Sie ‚**Neues Gerät hinzufügen**' aus.

Bei ‚**Controller**' wählen Sie ‚**SIMATIC S7-1500**' aus.

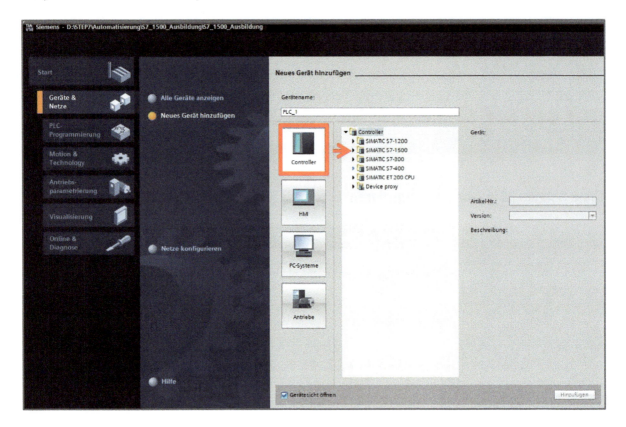

Geräte konfigurieren 7

Dann wird ein ‚**Neues Gerät'** mit dem ‚**Gerätename PLC_1'** hinzugefügt.
Aus dem Katalog wählen wir hierzu die ‚**CPU 1516 3PN/DP'** mit der passenden Bestellnummer und richtigen Firmware-Version.

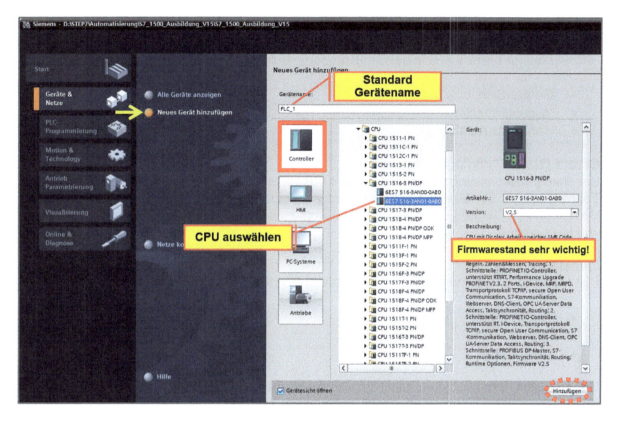

Nun wechselt die Software automatisch zur Projektansicht mit der geöffneten Hardwarekonfiguration. Hier können nun weitere Module aus dem Hardware-Katalog (rechts!) hinzugefügt und in der ‚**Geräteübersicht'** die Adressen der Ein-/ Ausgänge eingestellt werden.

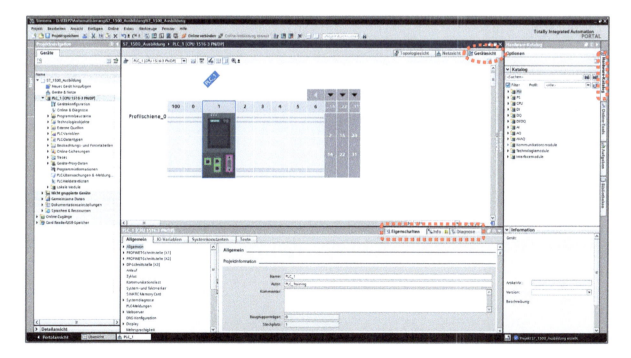

Einführung in die Programmierung mit Siemens TIA-Portal V15

7 Geräte konfigurieren

Sie erhalten einen Baugruppenträger mit einer auf dem Steckplatz 1 gesteckten CPU-Baugruppe. Rechts daneben sind alle für eine CPU 1500 möglichen Steckplätze dargestellt. Links neben der CPU kann noch ein Netzteil (PS) gesteckt werden.

Geräte-Editor
Den Geräte- und Netzwerkeditor aus dem Projektbaum heraus öffnen. Der Hardware- und Netzwerkeditor besteht aus folgenden Komponenten:

- Geräte-Sicht bzw. Netz-Sicht
- Inspektorfenster
- Hardware-Katalog

Geräte / Netz / Topologie - Ansicht
Der Hardware- und Netzwerkeditor besteht aus einer Geräte-, einer Netz- und einer Topologie Sicht. Die Geräte-Sicht dient zum Konfigurieren von Geräten, die Netz-Sicht zum Vernetzen von Geräten und die Topologie-Sicht zum Bestimmen des physikalischen Aufbaus von Netzwerken.

Inspektoren-Fenster
Das Inspektoren-Fenster besteht aus folgenden Registern:

- Eigenschaften
- Info
- Diagnose

Das Register "Eigenschaften" dient der Parametrierung. Hier werden alle Eigenschaften bzw. Parameter von Baugruppen angezeigt und können auch verändert werden. Im linken Teil des Eigenschafts-Registers befindet sich die Bereichsnavigation, in der die Parameter in Gruppen angeordnet sind.

Notizen

7.2.3 Baugruppen anordnen

Zum Stecken einer weiteren Baugruppe markieren Sie diese im Hardware-Katalog (das Symbol der Baugruppe auf der untersten Katalogebene). Sie erhalten eine Beschreibung der markierten Baugruppe im Informationsfenster des Hardware-Katalogs. Die erlaubten Steckplätze im Baugruppenträger werden angezeigt. Mit Doppelklick auf das Baugruppensymbol oder durch "Ziehen" mit der Maus auf den Baugruppenträger platzieren Sie die neue Baugruppe.

Powermodul: PM 70W 120/230 V (6EP1332-4BA00) auswählen.

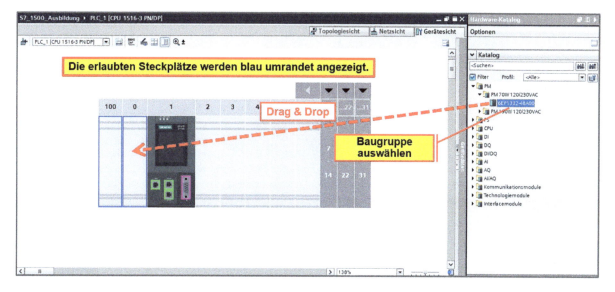

Signalmodul: DI 32x24VDC HF (6ES7 521-1BL00-0AB0) auswählen.

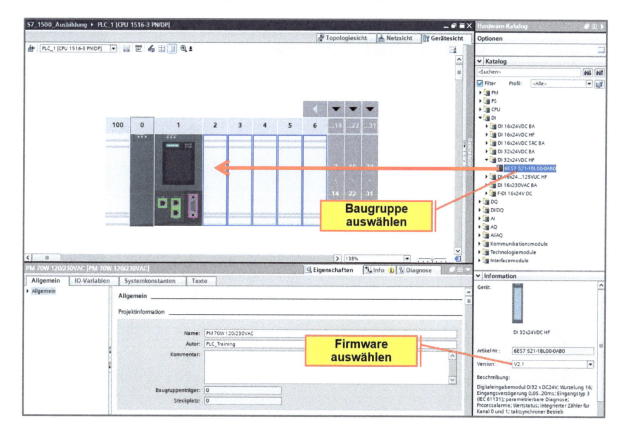

7 Geräte konfigurieren

Signalmodul: DQ 32x24VDC/0.5A ST (6ES7 522-1BL00-0AB0) auswählen.
Signalmodul: AI 8xU/I/RTD/TC ST (6ES7 531-7KF00-0AB0) auswählen.
Signalmodul: AQ 4xU/I ST (6ES7 532-5HD00-0AB0) auswählen.

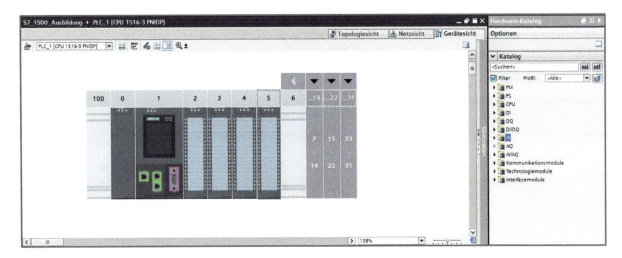

Projekt speichern

Notizen

Einführung in die Programmierung mit Siemens TIA-Portal V15

7.3 Die CPU-Eigenschaften parametrieren

Das Betriebssystem der CPU-Baugruppe arbeitet mit Standard-Voreinstellungen zur Programmbearbeitung. Diese Voreinstellungen können Sie bei der Parametrierung der CPU-Baugruppe in der Hardware-Konfiguration ändern und somit gezielt Ihren Erfordernissen anpassen. Eine nachträgliche Änderung ist jederzeit möglich.
Zum Parametrieren der CPU-Eigenschaften markieren Sie im Arbeitsfenster der Gerätekonfiguration die CPU-Baugruppe.

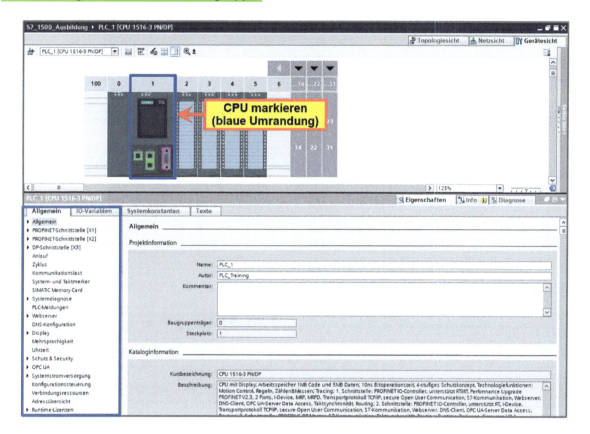

Konfigurationshilfe

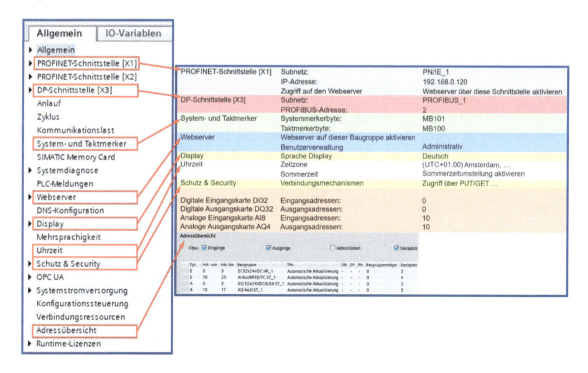

Einführung in die Programmierung mit Siemens TIA-Portal V15   7-101

7 Geräte konfigurieren

7.3.1 PROFINET-Schnittstelle [X1]

PROFINET-Schnittstelle [X1]	Subnetz:	PN/IE_1
	IP-Adresse:	192.168.0.120
	Zugriff auf den Webserver	Webserver über diese Schnittstelle aktivieren

Im Abschnitt **PROFINET-Schnittstelle [X1]** stellen Sie den Anschluss an ein Ethernet-Subnetz ein und definieren die IP-Adresse, die Subnetzmaske und die Diagnoseadresse der Schnittstelle.

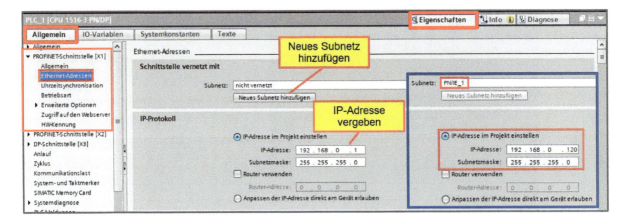

Zugriff auf den Webserver aktivieren

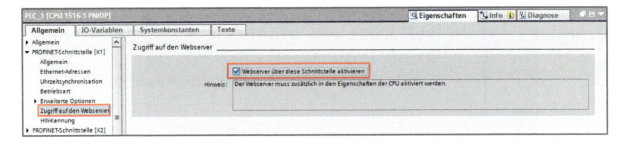

7.3.2 PROFIBUS-DP Schnittstelle [X3]

DP-Schnittstelle [X3]	Subnetz:	PROFIBUS_1
	PROFIBUS-Adresse:	2

Im Abschnitt **PROBUS-DP Schnittstelle [X3]** stellen Sie den Anschluss an ein PROFIBUS-Subnetz ein und definieren die PROFIBUS-Adresse die Diagnoseadresse der Schnittstelle.

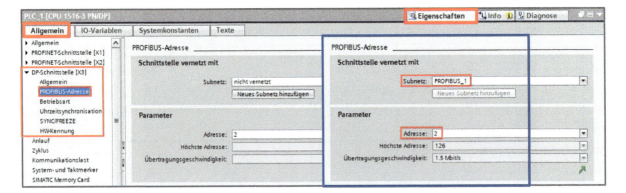

7.3.3 System- und Taktmerkerbyte

System- und Taktmerker	Systemmerkerbyte:	MB101
	Taktmerkerbyte:	MB100

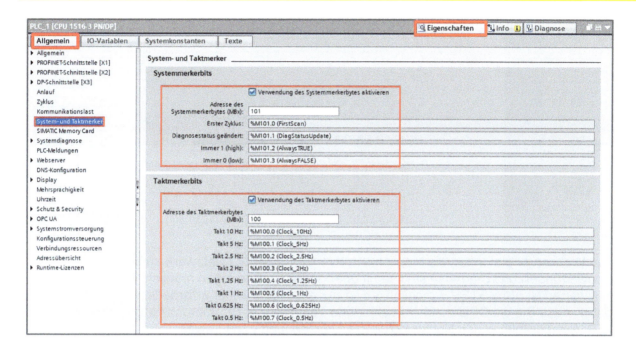

Systemmerker

Ein Systemmerker ist ein Merker mit definierten Werten. Welches Merkerbyte der CPU zum Systemmerkerbyte wird, bestimmen Sie bei der Parametrierung des Systemmerkers. Systemmerke können Sie im Anwenderprogramm verwenden, um z.B. Programmteile nur im ersten Zyklus nach dem Anlauf auszuführen oder die Diagnose bei Änderung des Diagnosezustands auszuwerten. Zwei Systemmerker sind konstant 1 bzw. konstant 0.

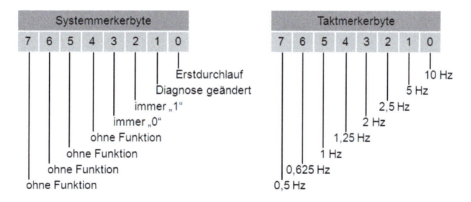

Taktmerker

Ein Taktmerker ist ein Merker, der seinen Binärzustand periodisch im Puls-Pausen-Verhältnis 1:1 ändert. Welches Merkerbyte der CPU zum Taktmerkerbyte wird, bestimmen Sie bei der Parametrierung des Taktmerkers.
Taktmerker können Sie im Anwenderprogramm verwenden, um z.B. Leuchtmelder mit Blinklicht anzusteuern oder periodisch wiederkehrende Vorgänge anzustoßen, etwa das Erfassen eines Istwerts.

7 Geräte konfigurieren

7.3.4 Webserver

Webserver	Webserver auf dieser Baugruppe aktivieren
Benutzerverwaltung	Administrativ

Der Webserver gibt Ihnen die Möglichkeit, Ihre CPU über ein Netzwerk zu beobachten. Auswertungen und Diagnose sind somit über große Entfernungen möglich. Beobachten und Auswerten ist ohne STEP 7 möglich, es ist nur ein Webbrowser erforderlich. Beachten Sie dabei, dass Sie die CPU durch verschiedene Techniken vor Kompromittierung schützen (z.B. Einschränkung des Netzwerkzugriffs, Verwendung von Firewalls).
In der Grundeinstellung ist der Webserver deaktiviert. Damit die CPU Webseiten anzeigt, müssen Sie das entsprechende Optionskästchen aktivieren.

Bei S7-1500-CPUs mit mehreren PROFINET-Schnittstellen bzw. wenn CPs mit PROFINET-Schnittstellen konfiguriert werden, müssen Sie zusätzlich die Schnittstellen aktivieren, über die ein Webserver-Zugriff erlaubt sein soll.

Benutzerverwaltung ergänzen

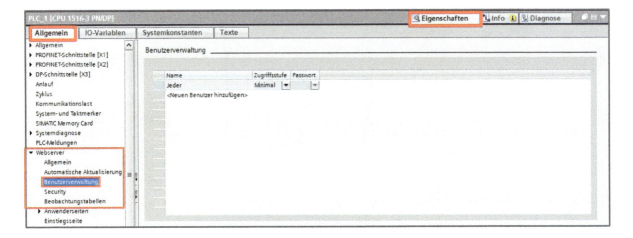

Geräte konfigurieren 7

In der Benutzerliste ist voreingestellt ein Benutzer mit Namen "Jeder" angelegt, welcher minimale Zugriffsberechtigungen besitzt. Diese sind lesender Zugriff auf Intro- und Startseite. Der Benutzer "Jeder" ist ohne Vergabe eines Passworts festgelegt, Sie können diesem allerdings alle in STEP 7 verfügbaren Zugriffsberechtigungen zuordnen.

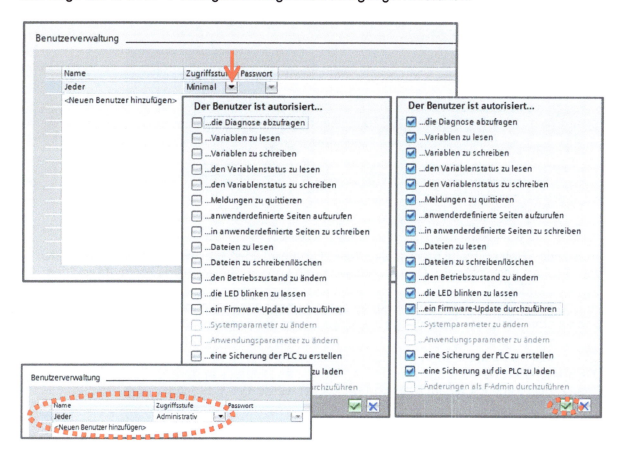

Notizen

7 Geräte konfigurieren

7.3.5 Display

| Display | Sprache Display | Deutsch |

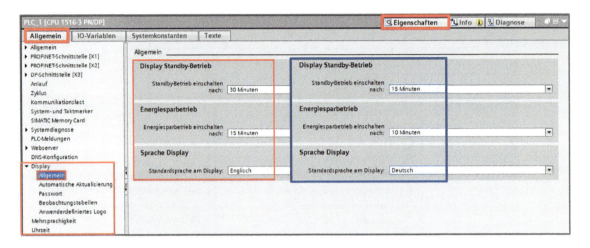

Im Standby-Betrieb bleibt das Display dunkel und wird wieder aktiviert, sobald eine Taste des Displays gedrückt wird. Den Standby-Betrieb können Sie auch im Display-Menü des Displays ändern.
Im Energiesparmodus zeigt das Display die Information mit verminderter Helligkeit an. Sobald eine Taste des Displays gedrückt wird, wird der Energiesparbetrieb beendet. Den Energiesparbetrieb können Sie auch im Display-Menü des Displays ändern.
Unmittelbar nach dem Laden der Hardware-Konfiguration wird die Sprache umgestellt. Die Sprache können Sie auch im Display-Menü des Displays ändern.
Das Display kann mit einem Passwort geschützt werden.

7.3.6 Uhrzeit

| Uhrzeit | Zeitzone | (UTC+01.00) Amsterdam, … |
| | Sommerzeit | Sommerzeitumstellung aktivieren |

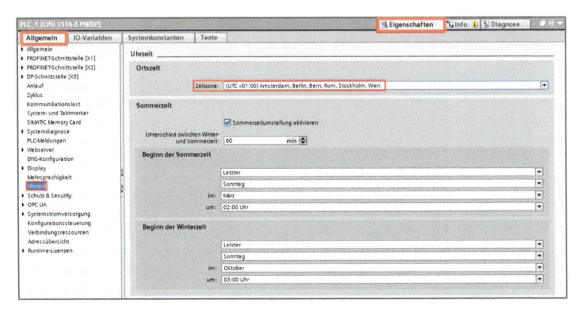

Alle S7-1500 CPUs sind mit einer internen Uhr ausgestattet. Die Pufferung unterstützt die Anzeige der korrekten Uhrzeit für eine Unterbrechung der Spannungsversorgung für bis zu 10 Stunden. Die Uhr zeigt immer die Uhrzeit mit einer Auflösung von 1 Millisekunde und das Datum mit Wochentag an. Die durch die Sommerzeit bedingte Zeitumstellung wird berücksichtigt.

7.3.7 Schutz & Security

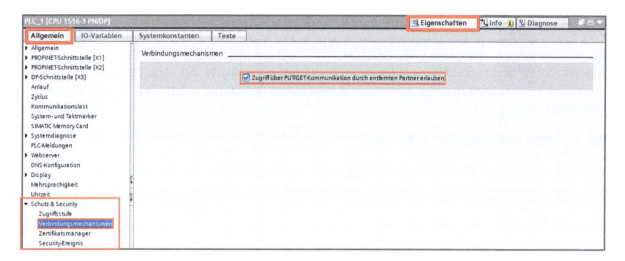

Zugriff über PUT/GET-Kommunikation durch entfernte Partner erlauben

Wenn Sie den Client-seitigen Zugriff auf CPU-Daten erlauben wollen, d.h. wenn Sie die Kommunikationsdienste der CPU nicht einschränken wollen, dann aktivieren Sie die Option "Zugriff über PUT/GET-Kommunikation durch entfernte Partner erlauben".

Notizen

7 Geräte konfigurieren

7.4 Baugruppen parametrieren

Unter "Parametrieren" versteht man das Einstellen der Baugruppeneigenschaften. Dazu gehören beispielsweise das Einstellen von Adressen, das Freischalten von Alarmen oder Festlegen von Kommunikationseigenschaften.
Das Parametrieren einer Baugruppe nehmen Sie bei markierter Baugruppe im Inspektorfenster im Register Eigenschaften vor. Wählen Sie auf der linken Seite die Eigenschaftengruppe und stellen Sie rechts im Dialog die Werte ein. Aus der nachfolgend beschriebenen Gesamtmenge können einzelne Baugruppen nur einen Teil der Parameter aufweisen.

7.4.1 Ein- und Ausgaben adressieren

Beim Konfigurieren der Baugruppen vergibt der Hardware-Editor automatisch eine Baugruppenanfangsadresse. Diese Adresse sehen Sie in der Konfigurationstabelle im unteren Teil des Arbeitsfensters oder in den Eigenschaften der markierten Baugruppe im Inspektorfenster unter E/A-Adressen.
Die automatisch vergebenen Adressen können Sie ändern. Da bei Eingängen und Ausgängen der Adressenbereich getrennt ist, können Eingänge die gleichen Adressen wie Ausgänge besitzen. Jeder Eingang und jeder Ausgang braucht eine eindeutige Adresse.
Die Baugruppenanfangsadresse ist das erste Byte (die ersten 8 Bits) der Baugruppe.
Hat eine Baugruppe mehrere Bytes, belegen diese die nächsten Adressen. Bei der Vergabe der Adresse können Sie einstellen, ob die Eingänge bzw. Ausgänge zyklisch im Prozessabbild aktualisiert werden sollen. Wählen Sie diese Option ab, müssen Sie im Programm direkt auf die Peripherie-Eingänge und -Ausgänge zugreifen.

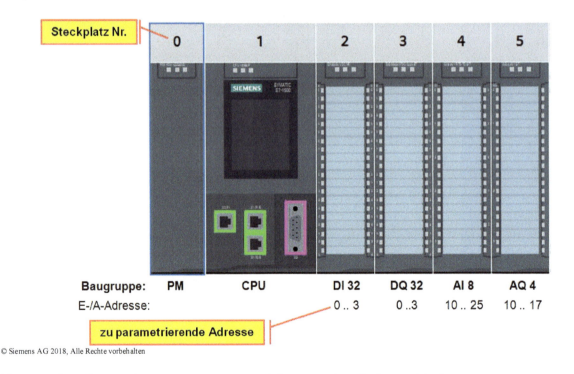

© Siemens AG 2018, Alle Rechte vorbehalten

Um von dem Anwenderprogramm verwendet zu werden, bekommt jede Peripheriebaugruppe für ihre Kanäle bzw. den Status-/Steuer-Datenbereich "Baugruppen-Adresse(n)" zugeordnet. Über Lesen und Schreiben der Adressbereiche kann das Anwenderprogramm mit der Prozessperipherie arbeiten, die an den Baugruppen angeschlossen ist.
Eine steckplatzabhängige Adresszuweisung existiert nur bei S7-300 und S7-400.
Bei der S7-1500 wird bei der Gerätekonfiguration die Adressvorgabe für eine hinzugefügte Baugruppe als **fortlaufende Belegung des Peripherieadressraumes** ab Adresse = 0 vorgeschlagen.

Geräte konfigurieren 7

Einblenden der **Geräteübersicht**

In der Geräteübersicht sehen Sie in den Spalten E-Adresse und A-Adresse die Adressen oder Adressbereiche der Baugruppen.

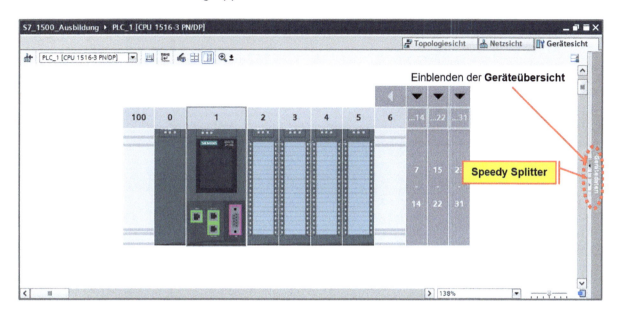

Adressen, Bestellnummern und Firmwarestand überprüfen

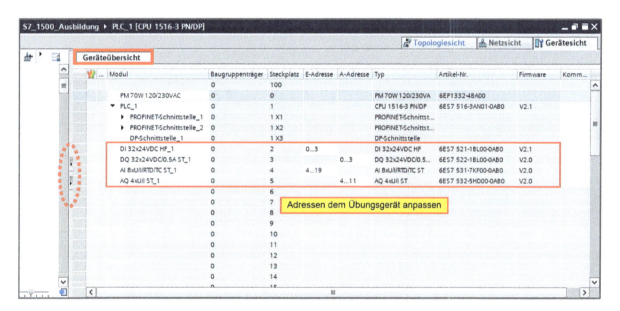

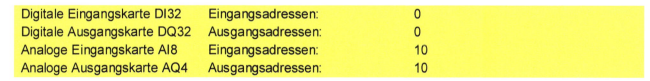

Digitale Eingangskarte DI32	Eingangsadressen:	0
Digitale Ausgangskarte DQ32	Ausgangsadressen:	0
Analoge Eingangskarte AI8	Eingangsadressen:	10
Analoge Ausgangskarte AQ4	Ausgangsadressen:	10

Einführung in die Programmierung mit Siemens TIA-Portal V15

7 Geräte konfigurieren

Adressen dem Übungsgerät angepasst.

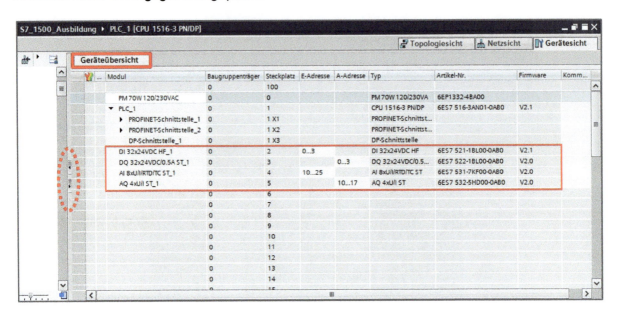

7.4.2 Baugruppen tauschen

Falls eine Baugruppe mit einer anderen Bestellnummer ausgewählt wurde, besteht die Möglichkeit die Baugruppe zu tauschen.

Die zu tauschende Baugruppe markieren!

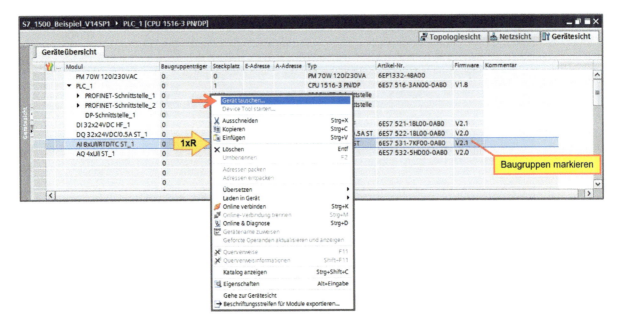

Geräte konfigurieren 7

Neue Baugruppe auswählen

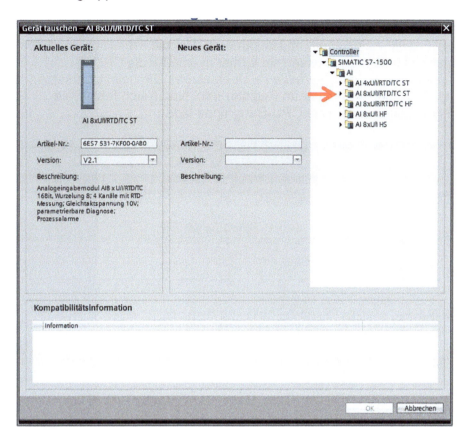

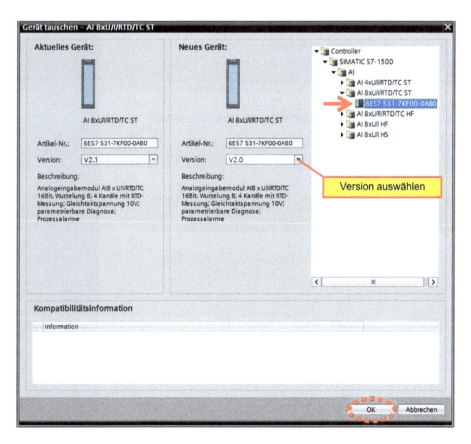

Einführung in die Programmierung mit Siemens TIA-Portal V15

7-111

7 Geräte konfigurieren

7.5 Hardware-Konfiguration speichern, übersetzen und laden

Die eingegebenen Daten speichern Sie auf der Festplatte, indem Sie das gesamte Projekt speichern (mit dem Befehl *Projekt > Speichern* im Hauptmenü). Um die Projektierungsdaten in eine CPU-Baugruppe laden zu können, müssen sie vorher in eine für die CPU verständliche Form übersetzt werden (mit *Bearbeiten > Übersetzen*). Die beim Übersetzen aufgetretenen Fehler zeigt das Inspektorfenster im Register *Info*. Nur in sich fehlerfreie (konsistente) Übersetzungen lassen sich in die CPU-Baugruppe laden.

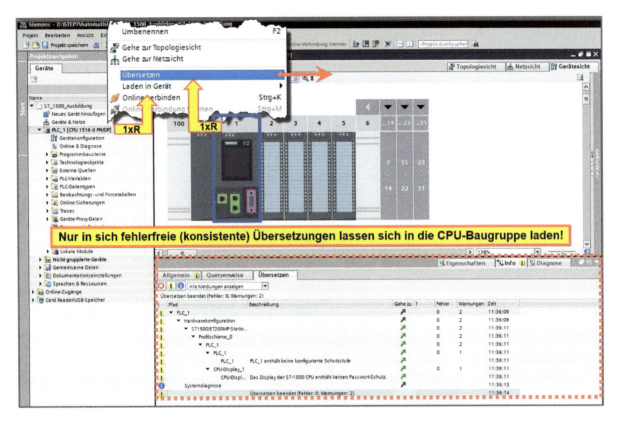

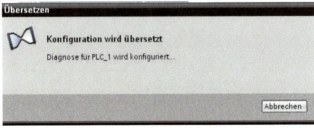

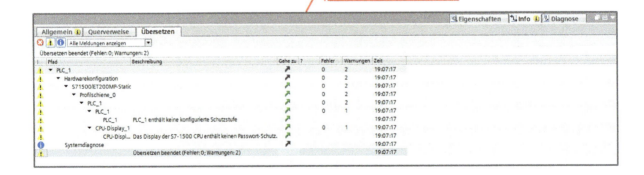

Geräte konfigurieren 7

Nach dem fehlerfreien Übersetzen können Sie die Projektierungsdaten mit *Laden in Gerät* zu einer angeschlossenen CPU übertragen.

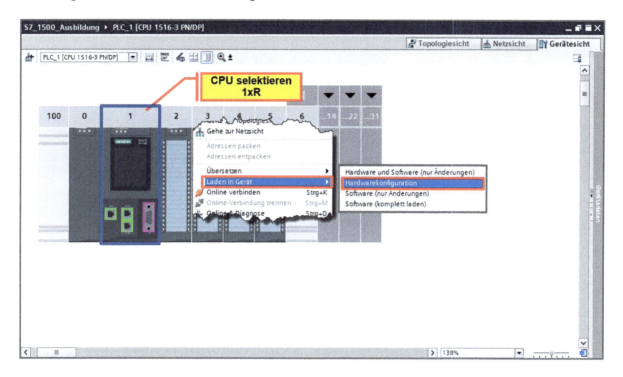

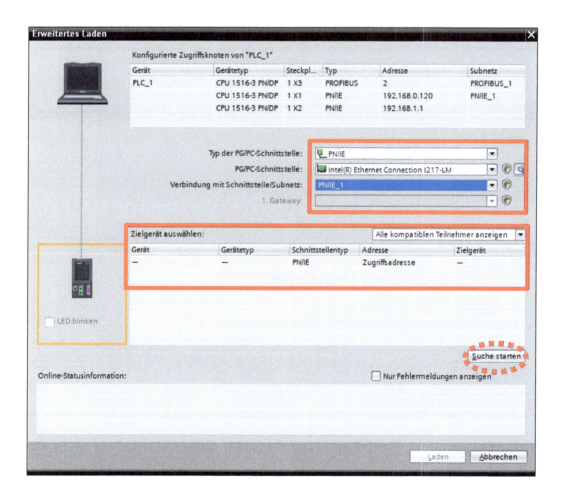

Einführung in die Programmierung mit Siemens TIA-Portal V15

7 Geräte konfigurieren

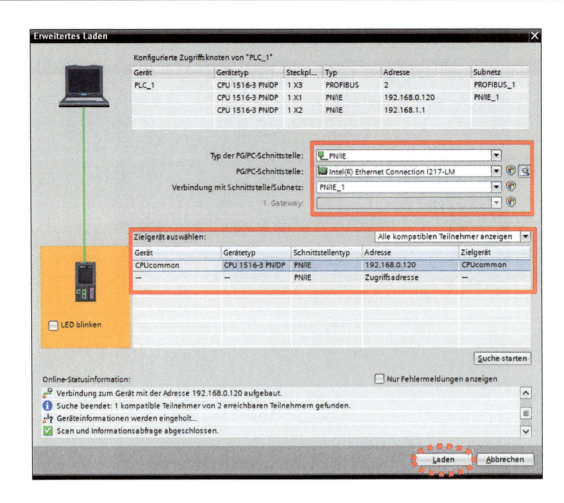

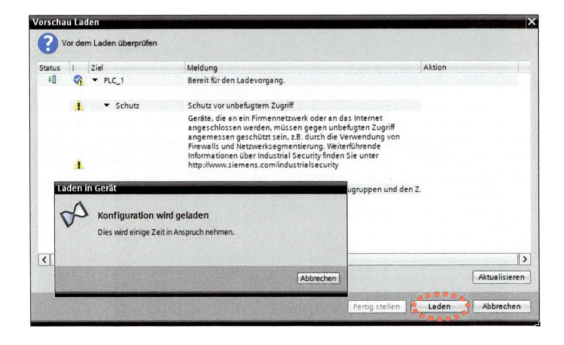

7.6 Übersicht STATUS LEDs der CPU und der Baugruppen

Status LEDs der S7-1500 CPU

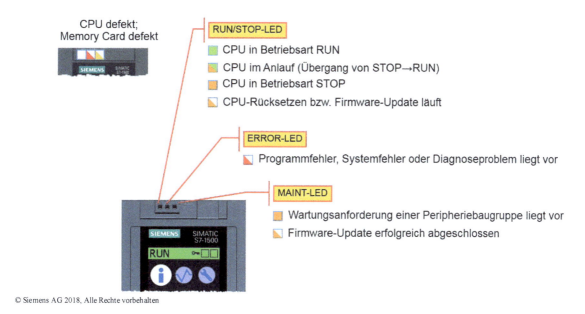

Status LEDs der DI/DO/AI/AQ Baugruppen S7-1500 CPU

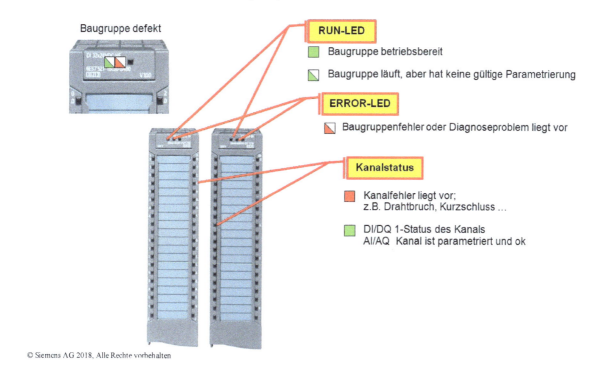

7 Geräte konfigurieren

Notizen

8. Programm- und Anwenderstruktur

8.1 Programmiersprachen

Als Programmiersprache für das Anwenderprogramm können Sie zwischen Kontaktplan (KOP), Funktionsplan (FUP), Anweisungsliste (AWL), Structured Control Language (SCL) und Ablaufsteuerung (GRAPH) wählen.

Mit **Kontaktplan** programmieren Sie die Steuerungsaufgabe angelehnt an den Stromlaufplan. Die Verknüpfung der binären Signalzustände wird durch die serielle oder parallele Anordnung von Kontakten und Spulen dargestellt. Komplexe Funktionen, wie beispielsweise die arithmetischen Funktionen, werden mit Boxen dargestellt, die Sie wie Kontakte oder Spulen im Kontaktplan anordnen.

```
    %E0.0      %E0.1                              %A0.0
 ───┤ ├────────┤ ├──────────┬─────────────────────( )───
                            │
    %E0.2                   │
 ───┤ ├─────────────────────┘
```

Mit **Funktionsplan** programmieren Sie die Steuerungsaufgabe angelehnt an elektronische Schaltkreissysteme. Binäre Verknüpfungen werden durch Verschaltung von UND- und ODER-Funktionen realisiert und mit Speicher-Boxen abgeschlossen. Komplexe Boxen übernehmen die Verknüpfung digitaler Variablen, beispielsweise bei den arithmetischen Funktionen.

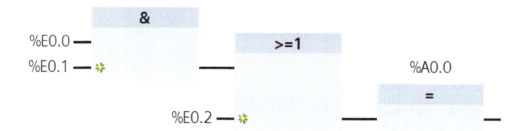

Mit **Anweisungsliste** programmieren Sie die Steuerungsaufgabe durch eine Folge von Anweisungen. Jede AWL-Anweisung enthält eine Vorschrift, was zu tun ist, und eventuell einen Operand, mit dem die Operation ausgeführt wird. AWL ist gleichermaßen geeignet für binäre und digitale Verknüpfungen wie für die Programmierung komplexer Steuerungsaufgaben.

```
1        U        %E0.0
2        U        %E0.1
3        O        %E0.2
4        =        %A0.0
```

8 Programm- und Anwenderstruktur

Structured Control Language eignet sich besonders für die Programmierung von komplexen Algorithmen oder für Aufgabenstellungen aus dem Bereich der Datenverwaltung. Das Programm besteht aus SCL-Anweisungen, die beispielsweise Wertzuweisungen, Vergleiche oder Kontrollanweisungen sein können.

```
1  IF #Rezept_INT = 0 OR #Rezept_INT >= 4 THEN
2      #Menge_A:= 0; #Menge_B:=0; #Temperatur:= 20;
3  ELSIF #Rezept_INT = 1 THEN
4      #Menge_A:=#Menge_A1; #Menge_B:=#Menge_B1; #Temperatur:=#Temperatur_1;
5  ELSIF #Rezept_INT = 2 THEN
6      #Menge_A:=#Menge_A2; #Menge_B:=#Menge_B2; #Temperatur:=#Temperatur_2;
7  ELSIF #Rezept_INT = 3 THEN
8      #Menge_A:=#Menge_A3; #Menge_B:=#Menge_B3; #Temperatur:=#Temperatur_3;
9      END_IF;
```

Mit **GRAPH** programmieren Sie eine Steuerungsaufgabe als Ablaufsteuerung, in der die sequenzielle Folge von Aktionen vorherrscht. Die einzelnen Schritte und Verzweigungen werden durch Weiterschaltbedingungen freigegeben, die mit KOP oder FUP programmiert werden können.

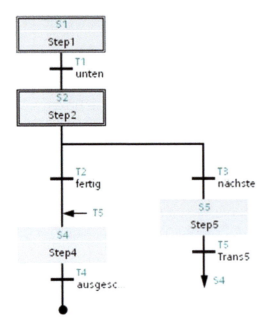

Optimale Laufzeitperformance in jeder Programmiersprache

Alle Sprachen werden direkt in Maschinencode kompiliert

- Optimale Laufzeit bei allen Sprachen
- Alle Funktionalitäten stehen auch in KOP/FUP zur Verfügung (Calculate Box, Indizierte Adressierung)

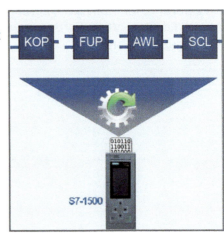

© Siemens AG 2018, Alle Rechte vorbehalten

8.2 Betriebssystem und Anwenderprogramm

SIMATIC Steuerungen bestehen aus Betriebssystem und Anwenderprogramm.

- Das Betriebssystem organisiert alle Funktionen und Abläufe der Steuerung, die nicht mit einer spezifischen Steuerungsaufgabe (z.B. Abwickeln von Neustart, Aktualisieren des Prozessabbilds, Aufrufen des Anwenderprogramms, Umgang mit Fehlern, Speicherverwaltung, usw.) verbunden sind. Das Betriebssystem ist fester Bestandteil der Steuerung.

- Das Anwenderprogramm enthält alle Bausteine, die zur Bearbeitung Ihrer spezifischen Automatisierungsaufgabe erforderlich sind. Das Anwenderprogramm wird mit Programmbausteinen programmiert und auf die Steuerung geladen.

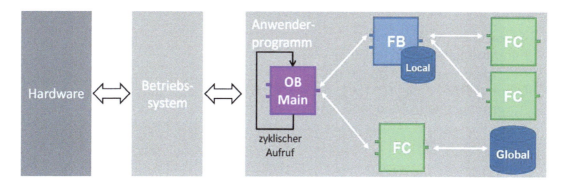

Bei SIMATIC Steuerungen wird das Anwenderprogramm immer zyklisch ausgeführt.
Der Zyklus-OB „Main" ist bereits im Ordner „Programmbausteine" („Program blocks") vorhanden nach dem eine Steuerung in STEP 7 angelegt wurde. Der Baustein wird von der Steuerung abgearbeitet und in einer Endlosschleife wieder aufgerufen.

Programmbausteine

Auch in STEP 7 (TIA Portal) gibt es alle bekannten Bausteintypen aus vorherigen STEP 7 Versionen:

- Organisationsbausteine
- Funktionsbausteine
- Funktionen
- Datenbausteine

Erfahrene Anwender von STEP 7 finden sich sofort zurecht und neue Anwender können sich leicht in die Programmierung einarbeiten.

Vorteile

- Mit den verschiedenen Bausteinarten können Sie ihr Programm übersichtlich und strukturiert gliedern.
- Durch ein gutes und strukturiertes Programm erhalten Sie viele Funktionseinheiten, die Sie innerhalb eines Projektes und auch in anderen Projekten mehrfach wiederverwenden können. Diese Funktionseinheiten unterscheiden sich dann in aller Regel nur in einer unterschiedlichen Parametrierung.
- Ihr Projekt bzw. Ihre Anlage wird transparent. D.h. Störungszustände einer Anlage können leichter erkannt, analysiert und behoben werden. D.h. die Wartbarkeit Ihrer Anlage wird einfacher. Dies gilt auch für Fehler in der Programmierung.

8 Programm- und Anwenderstruktur

Empfehlung

- Strukturieren Sie Ihre Automatisierungsaufgabe.

- Zerlegen Sie die Gesamtfunktion der Anlage in Einzelbereiche und bilden Sie Unterfunktionseinheiten. Gliedern Sie auch diese Funktionseinheiten wieder in kleinere Einheiten und Funktionen. Untergliedern Sie solange, bis Sie Funktionen erhalten, die Sie mit unterschiedlichen Parametern mehrfach verwenden können.

- Legen Sie Schnittstellen zwischen den Funktionseinheiten fest. Definieren Sie eindeutige Schnittstellen zu Funktionalitäten, die von „Fremdfirmen" zuzuliefern sind.

Alle Organisationsbausteine, Funktionsbausteine, und Funktionen können mit folgenden Sprachen programmiert werden:

- Kontaktplan (KOP oder LAD)
- Funktionsplan (FUP oder FBD)
- Structured Control Language (SCL)
- Graph (GRAPH), nur S7-1500, geplant für S7-1200
- Anweisungsliste (AWL oder STL), nur S7-1500

Notizen

8.3 Bausteinarten

Das Automatisierungssystem stellt verschiedene Arten von Bausteinen zur Verfügung, in denen das Anwenderprogramm und die dazugehörigen Daten gespeichert werden können. Je nach Prozessanforderung ist das Programm in verschiedene Bausteine strukturierbar.

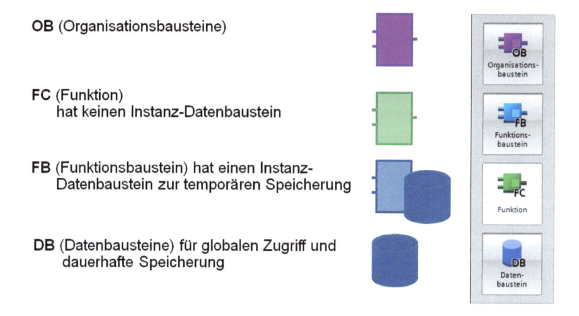

OB (Organisationsbausteine)

FC (Funktion)
hat keinen Instanz-Datenbaustein

FB (Funktionsbaustein) hat einen Instanz-Datenbaustein zur temporären Speicherung

DB (Datenbausteine) für globalen Zugriff und dauerhafte Speicherung

OBs Organisationsbadsteine (OBs) bilden die Schnittstelle zwischen dem Betriebssystem und dem Anwenderprogramm. Das gesamte Programm kann im zyklisch vom Betriebssystem aufgerufenen OB1 (lineares Programm) oder auf mehrere Bausteine verteilt abgelegt werden (strukturiertes Programm).

FC Eine Funktion (FC) beinhaltet eine Teilfunktionalität des Programmes. Es besteht die Möglichkeit, Funktionen parametrierbar zu programmieren, so dass beim Aufruf der Funktion Parameter übergeben werden können. Dadurch eignen sich Funktionen auch zur Programmierung von häufig wiederkehrenden, komplexen Teil-Funktionalitäten wie z.B. Berechnungen.

FB Funktionsbausteine bieten programmtechnisch die gleichen Möglichkeiten wie Funktionen, verfügen aber zusätzlich noch über eigene Speicherbereiche in Form von Instanz-Datenbausteinen. Dadurch eigenen sich Funktionsbausteine zur Programmierung von häufig wiederkehrenden, komplexeren Funktionalitäten bei z.B. regelungstechnischen Aufgabenstellungen.

DB Die Datenbausteine (DB) sind Datenbereiche des Anwenderprogramms, in denen Anwenderdaten strukturiert verwaltet werden.

In allen Bausteinen (FB, FC und OB) ist der Einsatz des gesamten Operationsvorrats möglich.

8 Programm- und Anwenderstruktur

8.3.1 OB – Organisationsbausteine

- Schnittstelle zwischen Betriebssystem und Anwenderprogramm
- OBs sind vom Anwender programmierbar, dadurch kann das Verhalten der CPU bestimmt werden
- Organisationsbausteine werden vom Betriebssystem aufgerufen, für folgende Ereignisse:
  - Anlaufverhalten
  - Zyklische Programmbearbeitung
  - Alarmgesteuerte Programmbearbeitung
  - Fehlerhandling

Die Organisationsbausteine stellen die Schnittstelle zwischen Betriebssystem und Steuerungsprogramm dar. Das Betriebssystem der CPU ruft die Organisationsbausteine bei bestimmten Ereignissen auf, z.B. bei Prozess- oder Weckalarmen. Das Hauptprogramm steht standardmäßig im Organisationsbaustein OB1. Es gibt Organisationsbausteine mit festgelegter Zuordnung zu Ereignissen (Standard-Organisationsbausteine mit fester Nummer). Beim Aufruf stellen einige Organisationsbausteine so genannte Startinformationen zur Verfügung, die im Steuerungsprogramm ausgewertet werden können.

Falls mehrere Interrupt - Ereignisse gleichzeitig eintreffen, wird die Abarbeitungsreihenfolge der OBs durch deren Priorität bestimmt. OBs mit höherer Priorität werden zuerst abgearbeitet.

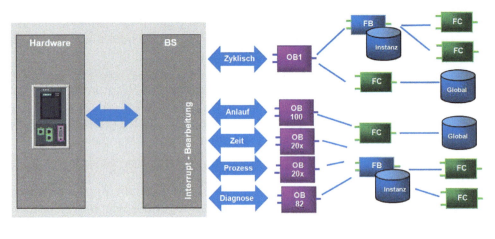

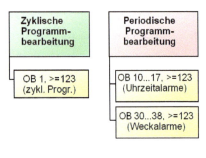

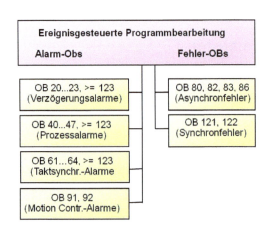

Programm- und Anwenderstruktur 8

Freie Zuordnung der OB-Typen zu OB-Nummer

OBs
- Freie Zuordnung der OB-Typen zu OB-Nummern
- Jeweils 20 OBs für
  - Uhrzeitalarme
  - Verzögerungsalarme
  - Weckalarme
- 50 Prozessalarme
- Jeweils 100 zyklische OBs und 100 Startup OBs möglich, so dass Bibliothekselemente inklusive OBs erstellt werden können

Priorität von Organisationsbausteinen bei der S7-1500

OBs / Aufgabe	OB Prioritäten
• bis zu 100 zyklische OBs (OB1) **NEU** • Bis zu 100 Startup OBs (OB 100) **NEU** • 20 x Uhrzeitalarme • 20 x Verzögerungsalarme • 20 x Weckalarme • 50 x Prozessalarme • 4 x OB 6x (Isochronous Alarm) • 1 x IPO OB (Isochronous Alarm) • 1 x Servo OB (Isochronous Alarm) **NEU** • 1 x OB 82 (Diagnose, Fehlerhandling) • ...	• Jeder OB hat eine Priorität High (27) – Low (1) • OBs werden durch OBs mit einer höheren Priorität unterbrochen • Wenn mehrere OBs die selbe Priorität haben, werden alle in der konfigurierten Reihenfolge abgearbeitet

Verwendung von mehreren Main-OBs

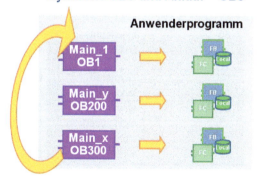

Zyklische OBs und Anlauf – OBs

✓ Aufruf der OBs in numerischer Reihenfolge
✓ Programm kann modularisiert werden
✓ Ablauffähige Gruppen für die Bibliotheken

Je nach Steuerung steht Ihnen eine Vielzahl von verschiedenen OB-Typen zu Verfügung.

Einführung in die Programmierung mit Siemens TIA-Portal V15

8 Programm- und Anwenderstruktur

Empfehlung

- Kapseln Sie unterschiedliche Programmteile, die evtl. austauschbar von Steuerung zu Steuerung sein sollen in mehreren Main-OBs.
- Vermeiden Sie die Kommunikation zwischen den unterschiedlichen Main-OBs.
  Dann sind sie unabhängig voneinander einsetzbar. Falls Sie dennoch Daten zwischen den einzelnen Main-OBs austauschen, nutzen Sie Global-DBs.
- Gliedern Sie alle Programmanteile, die zusammengehören in Ordner und legen Sie zur Wiederverwendung in der Projekt- oder globalen Bibliothek ab.

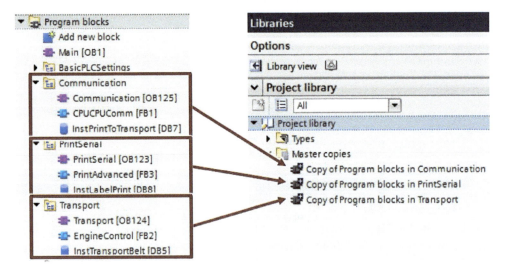

Die folgende Tabelle gibt einen Überblick über die OB-Startereignisse samt den möglichen Werten für die OB-Priorität, möglichen OB-Nummern, voreingestellte Systemreaktion und OB-Anzahl. Die Tabelle ist aufsteigend nach OB-Nummern sortiert.

Typen von Ereignisquellen	Mögliche Priorität (voreingestellte Priorität)	Mögliche OB-Nummer	Voreingestellte Systemreaktion	OB-Anzahl
Anlauf	1	100, ≥ 123	Ignorieren	0 bis 100
Zyklisches Programm	1	1, ≥ 123	Ignorieren	0 bis 100
Uhrzeitalarm	2 bis 24 (2)	10 bis 17, ≥ 123	nicht zutreffend	0 bis 20
Verzögerungsalarm	2 bis 24 (3)	20 bis 23, ≥ 123	nicht zutreffend	0 bis 20
Weckalarm	2 bis 24 (8 bis 17, frequenzabhängig)	30 bis 38, ≥ 123	nicht zutreffend	0 bis 20
Prozessalarm	2 bis 26 (18)	40 bis 47, ≥ 123	Ignorieren	0 bis 50
Statusalarm	2 bis 24 (4)	55	Ignorieren	0 oder 1
Update-Alarm	2 bis 24 (4)	56	Ignorieren	0 oder 1
Hersteller bzw. profilspezifischer Alarm	2 bis 24 (4)	57	Ignorieren	0 oder 1
Taktsynchronalarm	16 bis 26 (21)	61 bis 64, ≥ 123	nicht zutreffend	0 bis 2
Zeitfehler	22	80	Ignorieren	0 oder 1
Zyklusüberwachungszeit ein mal überschreiten			STOP	
Diagnosealarm	2 bis 26 (5)	82	Ignorieren	0 oder 1
Ziehen/Stecken von Modulen	2 bis 26 (6)	83	Ignorieren	0 oder 1
Baugruppenträgerfehler	2 bis 26 (6)	86	Ignorieren	0 oder 1
MC-Servo-Alarm	17 bis 26 (25)	91	nicht zutreffend	0 oder 1
MC-Interpolator-Alarm	16 bis 26 (24)	92	nicht zutreffend	0 oder 1
Programmierfehler (nur bei globaler Fehlerbehandlung)	2 bis 26 (7)	121	STOP	0 oder 1
Peripheriezugriffsfehler (nur bei globaler Fehlerbehandlung)	2 bis 26 (7)	122	Ignorieren	0 oder 1

8.3.2 FC - Funktion

- Codebausteine ohne Gedächtnis
- Für die Programmierung von häufig wiederkehrenden komplexen Funktionen
- Die Daten der temporären Variablen gehen nach Bearbeitung der Funktion verloren
- Zum Speichern von Daten müssen globale Operanden verwendet werden

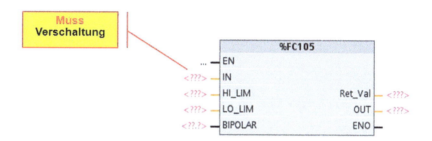

Eine Funktion ist ein schnell ausgeführter Code - Baustein der normal auf Grund von Eingangsparametern einen Befehl ausführt. Das Ergebnis wird einem Globalen Speicherbereich abgelegt.

Benutzen Sie FCs für folgende Aufgaben:

- Um wiederverwendbare Operationen zu erstellen z.B. Formelberechnung
- Um wiederverwendbare technische Funktionen (Ventilsteuerung) zu erstellen.

Ein FC kann mehrfach an verschiedenen Stellen im Programm aufgerufen werden.
Ein FC hat keinen ihm zugeordneten Daten Block. Der FC benutzt den lokalen Datenblock um kurzfristig Daten abzuspeichern. Die Variablen im lokalen Datenblock sind nach Verlassen des FC verloren.

Die Parameter eines FC **müssen** versorgt werden.

8 Programm- und Anwenderstruktur

8.3.3 FB – Funktionsbaustein

- Codebausteine, die ihre Werte dauerhaft in Instanz-Datenbausteinen ablegen, so dass diese auch nach der Bausteinbearbeitung noch zur Verfügung stehen

- Alle Ein-, Aus- und Durchgangsparameter werden im Instanzdatenbaustein gespeichert – der Instanzdatenbaustein ist das "Gedächtnis" des FBs

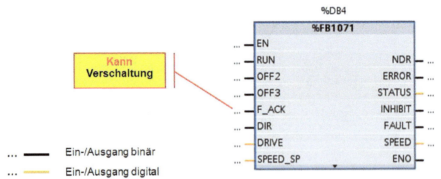

— Ein-/Ausgang binär
— Ein-/Ausgang digital

Ein FB ist ein Code - Baustein der mit Parametern aufgerufen werden kann. Die Parameter werden in einem lokalen DB (Instanz - DB) abgelegt. Die Daten bleiben auch nach Verlassen des FB im Instanz - DB erhalten. Sie können einen FB auch mehrfach aufrufen. Jeder Aufruf kann einen eigenen Instanz – DB erhalten oder Sie können auch mehrere Instanzen zu einer Multiinstanz zusammen fassen.

Parameter Im Gegensatz zum FC, **können** die Parameter eines FB versorgt werden; müssen aber nicht.

Notizen

8.3.4 DB – Datenbaustein

- Datenbausteine dienen der Speicherung von Anwenderdaten
- Die maximale Größe der Datenbausteine ist vom Arbeitsspeicher der CPU abhängig.
- Unterscheidung:
  - globale DBs, auf die von allen Codebausteinen aus zugegriffen werden kann, die Struktur der globalen Datenbausteine ist frei wählbar
  - Instanz-Datenbausteine sind einem bestimmten FB zugeordnet, die Struktur von Instanz-DBs entspricht der Schnittstelle des FBs

Ein Anwenderprogramm kann Daten in verschiedene Speicherbereiche ablegen wie z.B. Prozessabbild der Eingänge (PAE), Prozessabbild der Ausgänge (PAA) der M - Speicher (M) die CPU - Abhängig zur Verfügung stehen. Ergänzend dazu können Sie noch Datenbausteine (DB) selber in Ihrem Programm vereinbaren.

Sie vereinbaren Datenbausteine in Ihrem Programm um Daten bzw. Ergebnisse der Code - Bausteine zu speichern. Es gibt zwei Arten von Datenbausteinen:

- Ein globaler Datenbaustein
  der von allen Code - Bausteinen benutzt werden kann und ein

- Instanz Datenbaustein
  der einem bestimmten FB zugeordnet ist und nur von diesem FB benutzt

werden kann.

Global-DBs werden entweder über den Programmeditor oder gemäß eines vorher angelegten „Anwenderdefinierten PLC-Datentyp" erstellt.

8 Programm- und Anwenderstruktur

8.4 Programmstruktur

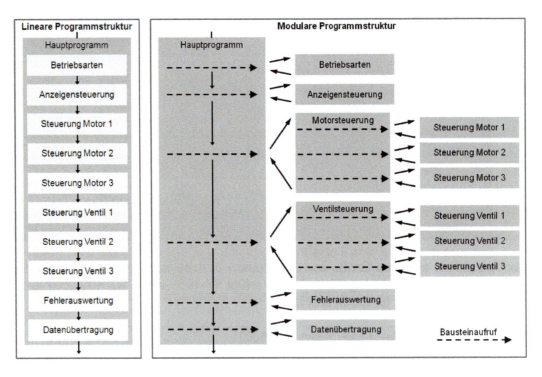

Bei einer linearen **Programmstruktur** steht das gesamte Anwenderprogramm in einem einzigen Baustein – für kleine Programme eine gute Lösung. Die einzelnen Steuerungsfunktionen sind Programmteile in diesem Baustein, die nacheinander bearbeitet werden. Ein Baustein kann in sogenannte Netzwerke untergliedert werden (nicht bei SCL), die jeweils einen Teil des Bausteinprogramms aufnehmen.
Die Netzwerke werden in der Reihenfolge ihrer Nummerierung bearbeitet, können aber auch abhängig von Bedingungen übersprungen werden.

Modularisierung der Gesamtaufgabe

Abstraktion ist die Grundlage zur Lösung von komplexen Problemen, indem wir uns in jeder Ebene auf wesentlichen Aspekte eines Problems konzentrieren und alle unwesentlichen Einzelheiten ignorieren. Mit Hilfe dieses Ansatzes lassen sich komplexe Aufgaben in Teilaufgaben zerlegen, die dann jede für sich gelöst werden können.

Modularisierung von der Gesamtaufgabe
- Teilaufgaben werden in eigenen Bausteinen gelöst
- Parametrierung erlaubt flexible Nutzung

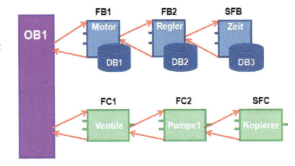

Eine **modulare Programmstruktur** wird verwendet, wenn die Aufgabenstellung sehr umfangreich ist, wenn man Programmfunktionen mehrfach nutzen möchte oder wenn komplexe Aufgabenstellungen vorliegen. Strukturieren heißt, das Programm kann in Abschnitte – Bausteine – gliedern, die in sich geschlossene Funktionen oder einen funktionellen Rahmen aufweisen.

8.5 Schachtelungstiefe

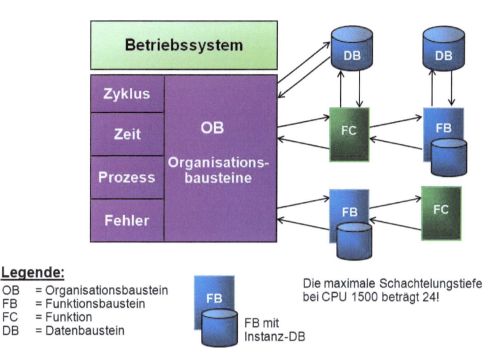

Legende:
OB = Organisationsbaustein
FB = Funktionsbaustein
FC = Funktion
DB = Datenbaustein

FB mit Instanz-DB

Die maximale Schachtelungstiefe bei CPU 1500 beträgt 24!

Innerhalb eines Bausteins kann ein weiterer Baustein und in ihm wiederum ein anderer Baustein aufgerufen werden usw. Die Anzahl dieser „horizontal" Aufrufebenen, die Schachtelungstiefe, ist begrenzt.

Pro Prioritätsebene beträgt bei einer CPU 1500 die maximale Schachtelungstiefe 24. Werden mehr Bausteine in „horizontaler" Ebene aufgerufen, erzeugt die CPU einen Programmablauffehler.

Bausteine, die nacheinander (linear, „vertikal") aufgerufen werden, erzeugen keine neue Aufrufebene und gehen deshalb nicht in die Schachtelungstiefe ein.

Notizen

8 Programm- und Anwenderstruktur

8.6 Programmbearbeitung

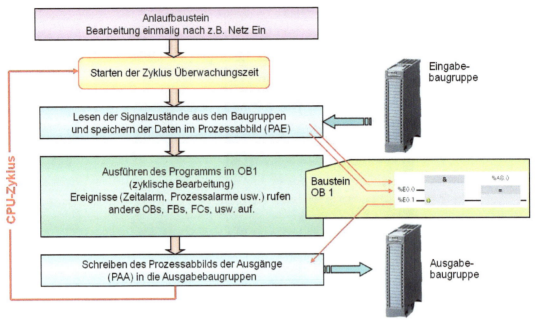

© Siemens AG 2018, Alle Rechte vorbehalten

Vom Systemprogramm wird der Organisationsbaustein OB1 zyklisch aufgerufen. Das zyklisch zu bearbeitende Steuerungsprogramm muss seinerseits aus dem Organisationsbaustein mittels einer Aufrufanweisung aufgerufen werden.

Die einzelnen Codebausteine werden in der Reihenfolge ihres Aufrufs im OB1 bearbeitet. In diesen Bausteinen können weitere Rufanweisungen enthalten sein.

Nach Bearbeitung der letzten Anweisung im OB1 beginnt der nächste Bearbeitungszyklus. Mit Beginn des Bearbeitungszyklus wird die Zykluszeitüberwachung aktiviert.

Damit sich während des Programmzyklus auftretende Änderungen der Signalzustände an den Eingängen nicht störend auswirken, werden die Eingangs- und Ausgangssignale jeweils in einem Prozessabbild für einen Programmzyklus zwischengespeichert.

Vor Beginn des Programmzyklus wird der tatsächliche Zustand an den Eingängen in das Prozessabbild der Eingänge geschrieben. Während der Programmbearbeitung wird der Zustand der Eingänge im Prozessabbild abgefragt und Zuweisungen auf die Ausgänge in das Prozessabbild der Ausgänge geschrieben. Am Ende des Programmzyklus wird das Prozessabbild der Ausgänge auf die Ausgabebaugruppe ausgegeben.

Die Daten der Prozessabbilder belegen einen Speicherbereich in der Zentralbaugruppe.

8.6.1 Prozessabbilder

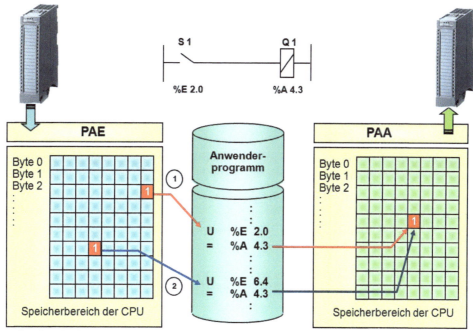

Das Prozessabbild ist ein Teil des CPU-internen Systemspeichers. Das Prozessabbild besteht aus dem Eingangs-Prozessabbild (Operandenbereich Eingänge E) und dem Ausgangs-Prozessabbild (Operandenbereich Ausgänge A). Es hat eine Größe von 32 kByte je Bereich. Die Nutzdaten aller Baugruppen liegen im Adressenbereich des Prozessabbilds. Das Eingangs- und das Ausgangs-Prozessabbild können - voneinander unabhängig - aus mehreren Teilprozessabbildern bestehen. Die Aktualisierung der (Teil-) Prozessabbilder, d.h. die Datenübertragung von und zu den Baugruppen, kann automatisch erfolgen oder mit Systemfunktionen durch das Anwenderprogramm gesteuert werden.

Die Verwendung eines Prozessabbilds hat mehrere Vorteile:

- Die Abfrage eines Eingangs bzw. das Steuern eines Ausgangs geht wesentlich schneller vor sich als das Ansprechen einer Ein- bzw. Ausgabebaugruppe, z.B. entfallen die Einschwingzeiten am Peripheriebus und die Antwortzeiten des Systemspeichers sind kürzer als die Antwortzeiten der Baugruppe. Das Programm wird dadurch schneller bearbeitet.

- Eingänge können auch gesetzt und rückgesetzt werden, da sie in einem Schreib/Lese-Speicher abgelegt sind. Digitaleingabe-Baugruppen können nur gelesen werden. Das Setzen der Eingänge kann während des Programmtests oder der Inbetriebsetzung Geberzustände simulieren und damit die Erprobung des Programms vereinfachen.

- Ausgänge können auch abgefragt werden, da sie in einem Schreib-Lese-Speicher abgelegt sind. Digitalausgabe-Baugruppen können nur geschrieben werden. Das Abfragen und Verknüpfen der Ausgänge spart die zusätzliche Speicherung der abzufragenden Ausgabebits durch den Anwender.

- Der Signalzustand eines Eingangs ist über den ganzen Programmzyklus hinweg gleich (Datenkonsistenz während eines Programmzyklus). Wenn sich ein Bit auf einer Eingabebaugruppe ändert, wird die Änderung des Signalzustands am Anfang des nächsten Programmzyklus an den Eingang übertragen.

- Ein mehrfacher Signalzustandswechsel eines Ausgangs während eines Programmzyklus wirkt sich nicht auf das Bit auf der Ausgabebaugruppe aus. Es wird der Signalzustand des Ausgangs, den er am Ende des Programmzyklus hat, zur Baugruppe übertragen.

Diesen Vorteilen gegenüber steht eine erhöhte Reaktionszeit des Programms.

8 Programm- und Anwenderstruktur

8.6.2 Zykluszeit

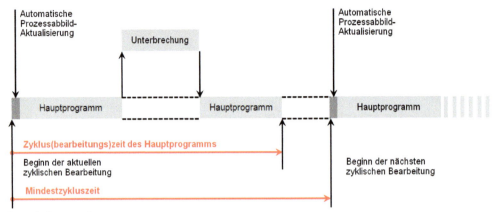

Zyklusbearbeitungszeit
Die Zyklusbearbeitungszeit umfasst die gesamte Dauer der Hauprogrammbearbeitung einschließlich aller Unterbrechungen.

Zyklusüberwachungszeit
Die Zyklusüberwachungszeit überwacht die Dauer der Hauptprogrammbearbeitung. Ist sie abgelaufen, meldet das CPU-Betriebssystem einen Fehler. Die Zyklusüberwachungszeit kann verlängert („nachgetriggert") werden.

Mindestzykluszeit
Ist eine Mindestzykluszeit aktiviert, beginnt die zyklische Bearbeitung des Hauptprogramms erst nach dem Ablauf der Mindestzykluszeit. Diese muss größer als die Zyklusbearbeitungszeit sein.

Die Bearbeitung des Hauptprogramms wird zeitlich überwacht; dies geschieht durch die so genannte *Zyklusüberwachungszeit*. Standardmäßig beträgt die Überwachungszeit 150 ms. Über die Parametrierung der CPU können Sie diesen Wert zwischen 1 ms und 6000 ms einstellen.
Dauert die Bearbeitung des Hauptprogramms länger als die eingestellte Zyklusüberwachungszeit, ruft die CPU den Organisationsbaustein OB80 Zeitfehler auf.
Ist er nicht vorhanden, ignoriert eine CPU 1500 die Fehlermeldung. Spricht während eines Programmzyklus die Zyklusüberwachung ein zweites Mal an, geht die CPU in STOP - auch dann, wenn ein OB80 vorhanden ist.

Die Zyklusbearbeitungszeit umfasst:
- die gesamte Bearbeitungszeit des Hauptprogramms (Bearbeitungszeiten aller Organisationsbausteine mit der Ereignisklasse *Program cycle*),
- die Bearbeitungszeiten für höhere Prioritätsklassen, die (im aktuellen Zyklus) das Hauptprogramm unterbrechen,
- die für die Aktualisierung der Prozessabbilder benötigte Zeit und
- die Zeit für Kommunikationsprozesse durch das Betriebssystem,
  z.B. Programmiergeräte-Zugriffe auf die CPU (besonders der Programmstatus benötigt viel Zeit!).

Mindestzykluszeit

In den CPU-Eigenschaften können Sie zusätzlich zur maximalen Zyklus(überwachungs)zeit eine Mindestzykluszeit einstellen. Die Mindestzykluszeit muss größer als die Zyklus(bearbeitungs)zeit und kleiner als die Zyklus(überwachungs)zeit sein.
Bei aktivierter Mindestzykluszeit wartet die CPU am Ende der Bearbeitung des Hauptprogramms bis die Mindestzykluszeit abgelaufen ist und beginnt erst dann mit einem neuen Programmzyklus. Dauert die Bearbeitung des Hauptprogramms länger als die eingestellte Mindestzykluszeit, hat das keine weiteren Auswirkungen.
Mit einer Mindestzykluszeit kann man erreichen, dass starke Schwankungen in der Bearbeitungszeit - und damit starke Schwankungen in der Reaktionszeit - verringert werden. Während die CPU auf den Ablauf der Mindestzykluszeit wartet, kann sie Kommunikationsaufgaben erledigen.

8.6.3 Reaktionszeit

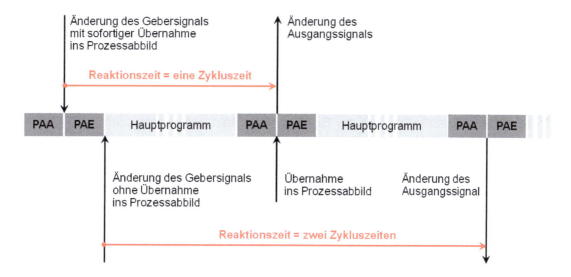

Wenn das Steuerungsprogramm im Hauptprogramm mit den Signalzuständen der Prozessabbilder arbeitet, erhält man eine Reaktionszeit, die von der Programmbearbeitungszeit (der Zykluszeit) abhängt. Die Reaktionszeit liegt zwischen einer und zwei Zykluszeiten.

Wird beispielsweise ein Endschalter angefahren, ändert er seinen Signalzustand von "0" nach "1". Diese Änderung erfasst die Steuerung bei der darauffolgenden Prozessabbild-Aktualisierung und setzt den zum Endschalter gehörenden Eingang auf "1".
Das Programm wertet diese Änderung aus, indem es z.B. einen Ausgang zurücksetzt, um den entsprechenden Antrieb auszuschalten. Die Übertragung des zurückgesetzten Ausgangs geschieht am Ende der Programmbearbeitung; erst dann wird das entsprechende Bit auf der Digitalausgabebaugruppe zurückgenommen.

Im günstigsten Fall erfolgt gleich im Anschluss an die Änderung des Endschaltersignals die Prozessabbild-Aktualisierung. Dann dauert es nur eine Zykluszeit lang, bis der entsprechende Ausgang reagiert. Im ungünstigen Fall ist gerade die Prozessabbild-Aktualisierung abgeschlossen, wenn sich das Endschaltersignal ändert. Dann muss etwa eine Zykluszeit gewartet werden, bis die Steuerung die Änderung bemerkt und den Eingang im Prozessabbild setzt. Nach einer weiteren Zykluszeit wird dann reagiert.

Die Reaktionszeit auf eine Änderung des Eingangssignals kann also zwischen einer und zwei Zykluszeiten betragen. Zur Reaktionszeit hinzu kommen noch die Verzögerungszeiten für die Eingabebaugruppen und Schaltzeiten von Schützen usw.

Sie können in Einzelfällen eine Verkleinerung der Reaktionszeiten erreichen, indem Sie die Peripherie direkt ansprechen oder Programmteile ereignisgesteuert aufrufen (Prozessalarm).

Gleichmäßige Reaktionszeiten bzw. gleiche zeitliche Abstände bei der Prozess-Steuerung können Sie erreichen, wenn ein Programmteil im immer gleichen zeitlichen Raster bearbeitet wird, z.B. ein Weckalarmprogramm. Die Programmbearbeitung taktsynchron zum Bearbeitungszyklus eines PROFINET-IO-Systems oder eines PROFIBUS-DP-Mastersystems schafft ebenfalls berechenbare Reaktionszeiten.

8 Programm- und Anwenderstruktur

8.7 S7-1500 Baustein programmieren

Voraussetzung zum Anlegen eines neuen Bausteins ist, dass Sie ein Projekt und eine PLC-Station angelegt haben. Das Projekt ist geöffnet. Einen neuen Baustein können Sie sowohl in der Portalansicht als auch in der Projektansicht anlegen.

In der Portalansicht klicken Sie auf PLC-Programmierung. In einem Übersichtsfenster werden Ihnen die vorhandenen Bausteine gezeigt, bei einem neu angelegten Projekt ist es der Organisationsbaustein OB1 mit der Bezeichnung Main (Hauptprogramm). Mit Klick auf Neuen Baustein hinzufügen öffnet sich das Fenster für das Anlegen eines neuen Bausteins. In der Projektansicht befindet sich in der Projektnavigation unter der PLC-Station der Ordner Programmbausteine. Er wird zusammen mit der PLC-Station angelegt. Der Ordner Programmbausteine enthält den Editor Neuen Baustein hinzufügen. Ein Doppelklick darauf öffnet das Fenster für das Anlegen eines neuen Bausteins. Wählen Sie nun den Bausteintyp aus, indem Sie auf die Schaltfläche mit dem entsprechenden Symbol klicken. Geben Sie dem neuen Baustein einen aussagekräftigen Namen und wählen Sie die Programmiersprache.
Der Name darf für einen Baustein und für eine globale PLC-Variable noch nicht vergeben sein.

Um die Funktion FC1 zu erstellen wählen Sie in der Projektnavigation die ,**PLC_1 [CPU 1516- 3 PN/DP]**' und dann ,**Programmbausteine**'. Dann führen Sie einen Doppelklick auf ,**Neuen Baustein hinzufügen**' aus.

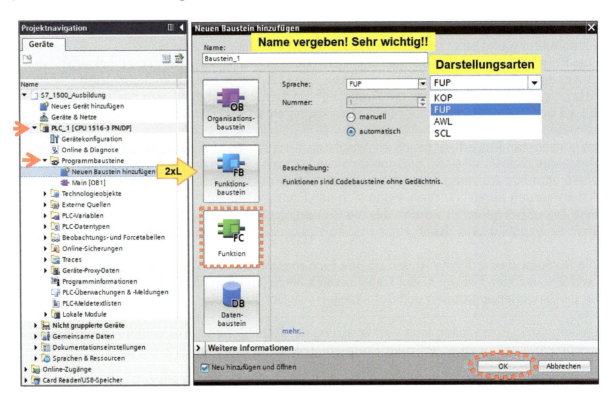

Bei der automatischen Vergabe der Bausteinnummer wird die jeweils niedrigste freie Nummer der Bausteinart angezeigt.
Untere „Weitere Eigenschaften" kann der Baustein noch näher dokumentiert werden, u.a. einer Versions-Nr. und einem Autor.
Wählen Sie in der Auswahl ,**Funktion (FC)**' und verwenden Sie den Standardname ,**Baustein_1**'. Als Programmiersprache wird Funktionsplan ,**FUP**' vorgegeben.
Die Nummerierung erfolgt automatisch. Da dieser FC1 später sowieso über den symbolischen Namen aufgerufen wird, spielt die Nummer keine so große Rolle mehr.
Übernehmen Sie die Eingaben mit ,**OK**'.

Programm- und Anwenderstruktur 8

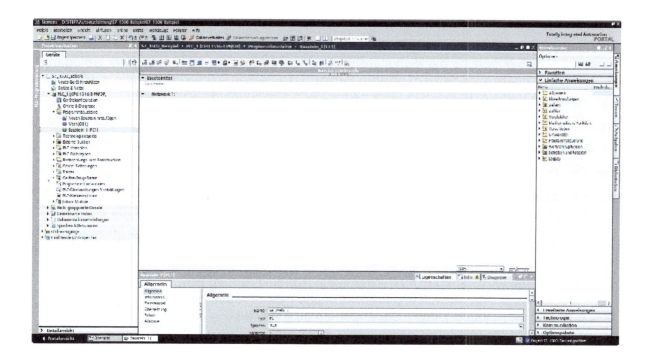

8.7.1 Arbeitsbereich des Programmeditors für Codebausteine

Der Programmeditor wird beim Öffnen eines Bausteins automatisch gestartet. Sie öffnen einen Baustein mit einem Doppelklick auf das Symbol des Bausteins: in der Portalansicht im Übersichtsfenster der PLC-Programmierung und in der Projektansicht im Ordner *Programmbausteine* unter der PLC-Station in der Projektnavigation.

Die Eigenschaften des Programmeditors können Sie im Hauptmenü mit dem Befehl *Extras > Einstellungen* Ihren Wünschen anpassen. Wählen Sie den Abschnitt *PLC Programmierung* und stellen Sie unter *KOP/FUP/AWL* die Schriftgröße, das Layout und die Breite des Operandenfelds ein.

Der Programmeditor zeigt im Arbeitsfenster den geöffneten Baustein mit Schnittstelle und Programm. Bevor mit der Programmierung begonnen wird, stehen im Inspektorfenster die Bausteineigenschaften; bei der Programmierung stehen hier die Eigenschaften des markierten oder bearbeiteten Objekts, Das Aufgabenfenster enthält in der Task Card Anweisungen die Kataloge für die Favoriten, die Anweisungen und die erweiterten Anweisungen.

8 Programm- und Anwenderstruktur

Das Arbeitsfenster des Programmeditors zeigt folgende Details:

> Die **Funktionsleiste**
> enthält die Symbole für die Menübefehle der Programmierung (z.B. Netzwerk einfügen, Netzwerk löschen, gehe zu nächstem Fehler, ...). Die Bedeutung der Symbole wird angezeigt, wenn man mit dem Mauszeiger über dem Symbol stehen bleibt.
> Die aktuell nicht anwählbaren Symbole sind grau dargestellt.

> Die **Schnittstelle**
> zeigt die Bausteinschnittstelle (Bausteinparameter, Lokaldaten).

> Die **Favoritenleiste**
> stellt die favorisierten Programmelemente (Anweisungen) zur Verfügung, die auch im Katalog Favoriten im Aufgabenfenster auf der Task Card *Anweisungen* zu finden sind. Die Anzeige im Editor können Sie ein- und ausschalten: mit der rechten Maustaste in den Favoritenkatalog oder in die Favoritenleiste klicken und *Favoriten auch im Editor anzeigen* wählen. Sie fügen eine Anweisung (Kontakt, Spule, Box, ...) zu den Favoriten hinzu, indem Sie die Anweisung markieren und mit der Maus in den Katalog oder in die Leiste ziehen ("Drag & Drop"). Sie entfernen eine Anweisung aus den Favoriten durch Anklicken mit der rechten Maustaste und Anweisung entfernen.

> Das **Bausteinfenster**
> stellt das Programm dar. Hier geben Sie die Steuerungsfunktion des Bausteins ein.

Der Arbeitsbereich wird maximiert, wenn Sie in der Titelleiste das Symbol für Maximieren anklicken, und mit dem Symbol für Einbetten wieder eingebettet. Auch die Ansicht als eigenständiges Fenster ist möglich: in der Titelleiste auf das Symbol für Ablösen klicken. Mit den Befehlen *Fenster > Editorbereich vertikal* teilen und *Fenster > Editorbereich horizontal teilen* im Hauptmenü können verschiedene geöffnete Objekte, z.B. die PLC-Variablentabelle und ein Baustein, parallel angezeigt und bearbeitet werden.

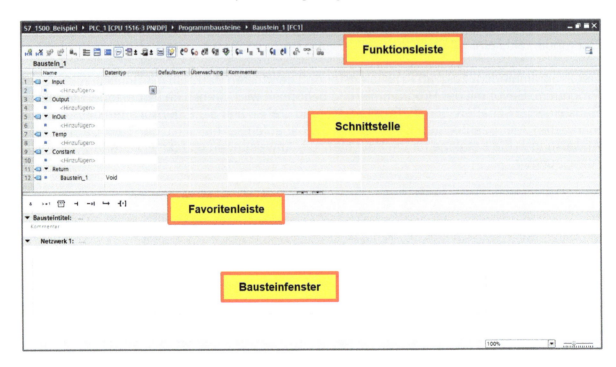

Bedeutung der Funktionsleistensymbole

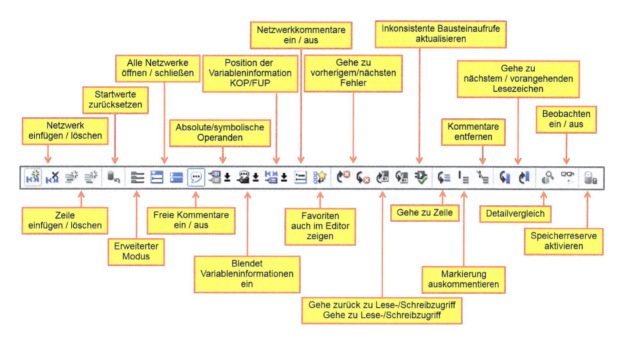

Die Funktionsleiste enthält die Symbole für die Menübefehle der Programmierung (z.B. Netzwerk einfügen, Netzwerk löschen, gehe zu nächstem Fehler, ...).
Die Bedeutung der Symbole wird angezeigt, wenn man mit dem Mauszeiger über dem Symbol stehen bleibt. Die aktuell nicht anwählbaren Symbole sind grau dargestellt.

Notizen

8 Programm- und Anwenderstruktur

Übersicht über die FUP-Elemente

Ein FUP-Programm besteht aus einzelnen Elementen, die über den binären Signalfluss miteinander verbunden sind. Die meisten Programmelemente müssen mit Variablen versorgt werden.

Das Programmieren in einem FUP-Netzwerk verläuft von links nach rechts.

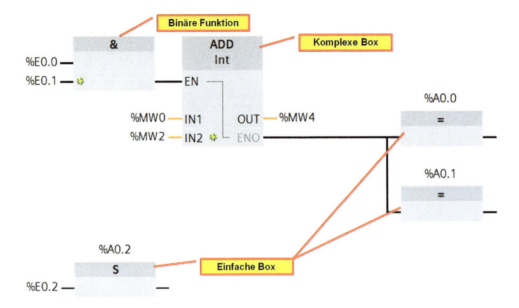

Binäre Funktionen
Mit binären Funktionen können Sie Binäroperanden abfragen und deren Signalzustände verknüpfen. Beispiele für binäre Funktionen sind die Anweisungen "UND-Verknüpfung", "ODER-Verknüpfung" und "EXKLUSIV ODER-Verknüpfung".

Einfache Boxen
Mit einfachen Boxen können Sie Binäroperanden steuern, Flanken auswerten oder Sprungfunktionen im Programm ausführen. Einfache Boxen haben im Allgemeinen nur einen einzigen Eingang.

Komplexe Boxen
Komplexe Boxen stellen Programmelemente mit komplexen Funktionen dar. Eine Ausnahme dabei ist die Leerbox. Die Leerbox dient als Platzhalter, in dem Sie die gewünschte Anweisung auswählen können.

8.7.2 Absolute Adressierung

Bei der absoluten Adressierung wird ein Signalzustand oder ein Zahlenwert direkt über die Speicheradresse adressiert. Der Operand, beispielsweise %E2.5, enthält das Operandenkennzeichen, die Byteadresse und - bei Binäroperanden - durch einen Punkt getrennt die Bitadresse. Das Operandenkennzeichen enthält den Operandenbereich und eine Angabe zur Breite des Operanden.

Eine Absolutadresse wird mit einem vorangestellten **%-Zeichen** angezeigt.

1. Zeichen: %
2. Zeichen: E, A, M
3. Zeichen: X, B, W, DW

Beispiele:

%E2.5	Das Bit 5 im Byte 2 im Operandenbereich Eingänge.
%AB3	Das Byte 3 (8 Bits) im Operandenbereich Ausgänge.
%EW10:P	Das Wort 10 (16 Bits) im Operandenbereich Peripherie-Eingänge.
%MD200	Das Doppelwort 200 (32 Bits) im Operandenbereich Merker.

Die Absolutadressierung einer 64-Bit breiten Variablen (die Absolutadressierung eines Langworts) ist nicht möglich.

Die Adressen der Peripherie-Ein- und -Ausgänge (die Ein- und Ausgabekanäle auf den Baugruppen) werden bei der Projektierung des Stationsaufbaus mit der Hardware-Konfiguration festgelegt. Die zugeordneten Ein- und Ausgänge im Prozessabbild haben die gleichen Adressen. Zur Kennzeichnung der Peripherie-Adressen wird an die Eingangs- bzw. Ausgangsadresse ein "**:P**" angehängt.

Eine Peripherie-Adresse gilt nur dann als vorhanden, wenn auch die entsprechend adressierte Baugruppe vorhanden ist. Ein Zugriff auf eine nicht vorhandene Peripherie-Adresse löst einen Fehler aus. Die Operandenbereiche Eingänge, Ausgänge und Merker sind in der kompletten, CPU-spezifischen Länge vorhanden. Es können also auch Ein- und Ausgänge adressiert werden, die keiner Baugruppe zugeordnet sind. Diese verhalten sich dann wie Merker.

Operanden-bereich	Operandenkennzeichen	Bit (1 Bit)	Byte (8 Bit)	Wort (16 Bit)	Doppelwort (32 Bit)
Eingang	E	%Ey.x	%EBy	%EWy	%EDy
Peripherie-Eingang	der Eingangsoperand wird mit :P erweitert	%Ey.x:P	%EBy:P	%EWy:P	%EDy:P
Ausgang	A	%Ay.x	%ABy	%AWy	%ADy
Peripherie-Ausgang	der Ausgangsoperand wird mit :P erweitert	%Ay.x:P	%ABy:P	%AWy:P	%ADy:P
Merker	M	%My.x	%MBy	%MWy	%MDy
Daten	DB	%DBz.DBXy.x	%DBz.DBBy	%DBz.DBWy	%DBz.DBDy

z = Datenbausteinnummer; y = Byteadresse; x = Bitadresse

8 Programm- und Anwenderstruktur

UND-Verknüpfung einfügen

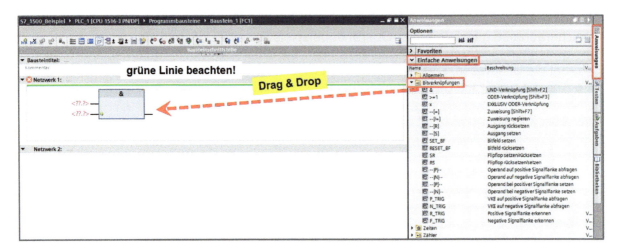

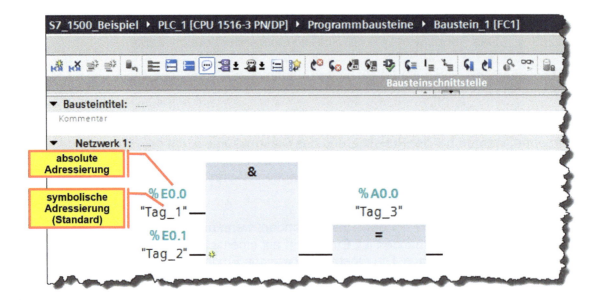

Wichtig!

Jedem Operanden **muss** ein Symbol und ein Datentyp zugeordnet sein. Im TIA-Portal ist es nicht möglich, ohne symbolische Darstellung zu arbeiten. Besitzt ein im SPS-Programm verwendeter Operand noch keinen Eintrag in der Variablentabelle, dann wird bei der Eingabe ein Standard-Eintrag erzeugt.

Absolute und symbolische Adressierung.

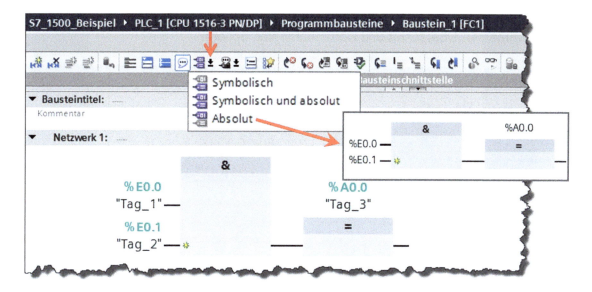

Variableninformationen ein/aus

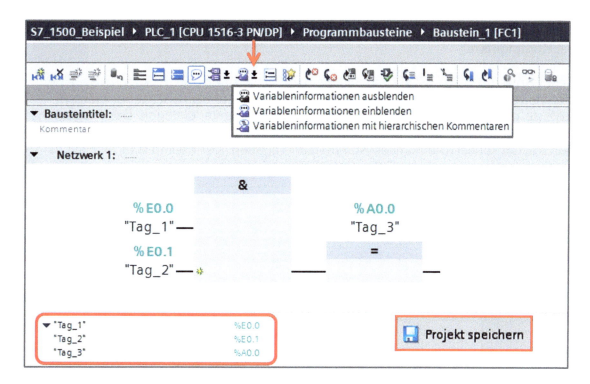

Anschließend den Baustein abspeichern!

8 Programm- und Anwenderstruktur

8.7.3 Kommentare

Am Anfang des Programms stehen der Bausteinname, die Bausteinüberschrift und der Bausteinkommentar. Überschrift und Kommentar sind optional.

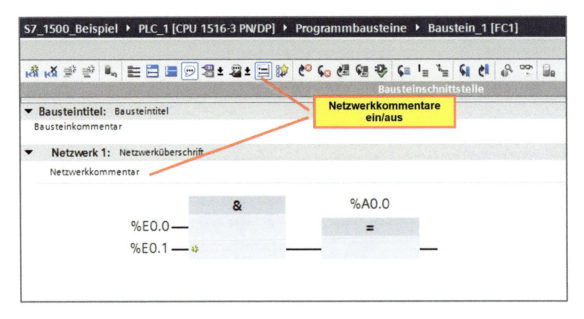

Freie Kommentare

Zu jeder Spule oder Box (KOP) und zu jeder nicht-binären Box (FUP) können Sie einen "freien Kommentar" eingeben. Markieren Sie das Programmelement mit der rechten Maustaste und wählen Sie aus dem Kontextmenü Kommentar einfügen. Der Programmeditor stellt einen Kommentarkasten mit einem Pfeil auf das ausgewählte Programmelement dar. In den Kasten können Sie nun den Kommentar eingeben. Der Kasten lässt sich mit dem Dreieck in der rechten unteren Ecke vergrößern und innerhalb des Netzwerks verschieben.

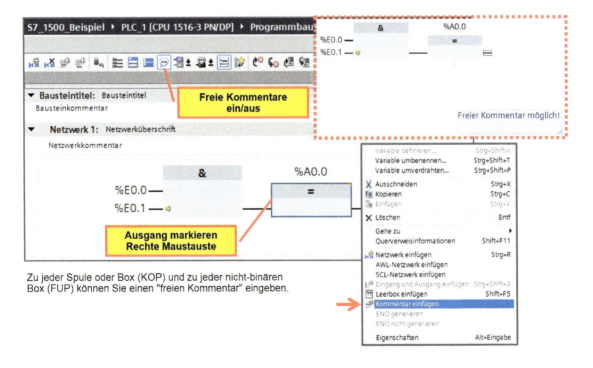

8.7.4 Bausteineigenschaften

Die Bausteineigenschaften werden unmittelbar nach dem Anlegen eines neuen Bausteins im Register *Eigenschaften* des Inspektorfensters angezeigt.
Während der Bausteinprogrammierung öffnen Sie das Eigenschaftenfenster, wenn Sie in der Projektnavigation den Baustein markieren und den Befehl *Eigenschaften* aus dem Kontextmenü wählen. Das Bild zeigt Beispiele für die Bausteineigenschaften.

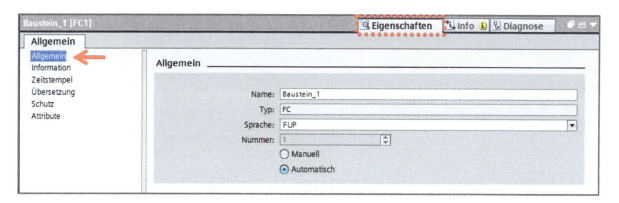

Im Abschnitt **Allgemein** steht der *Name* des Bausteins. Er muss innerhalb des Programms eindeutig sein und darf auch nicht als Name einer PLC-Variablen vorhanden sein.
Der *Bausteintyp* wird beim Erstellen des Bausteins bestimmt. Die Nummer gibt die Bausteinnummer innerhalb der Bausteinart an. Die Programmiersprache ist bei Bausteinen mit Programm KOP, FUP oder AWL, bei Datenbausteinen ist sie DB.

Bei Organisationsbausteinen wird mit dem *Konstantennamen* die Hardware-Kennung bezeichnet. Sie verwenden den Namen, wenn Sie den Organisationsbaustein im Programm ansprechen, z.B. bei der Zuweisung zu einem Ereignis. Beim Erstellen des Organisationsbausteins legen Sie auch die Ereignisklasse fest, der der Organisationsbaustein angehört. Die Hardware-Kennungen sind im Register Konstanten der PLC-Variablentabelle aufgelistet.

Im Abschnitt **Information** stehen der *Titel* und der *Kommentar*; sie sind mit dem Bausteintitel und dem Bausteinkommentar identisch, die Sie beim Programmieren des Bausteins vor dem ersten Netzwerk eingeben können. Die *Version* wird zweimal zweistellig von 0 bis 15 eingegeben, von 0.0 über 0.15, 1.0 bis 15.15. Unter *Autor* geben Sie den Ersteller des Bausteins an. Mit der *Familie* können Sie einer Gruppe von Bausteinen ein gemeinsames Merkmal geben, ebenso mit der *anwenderdefinierten ID*.

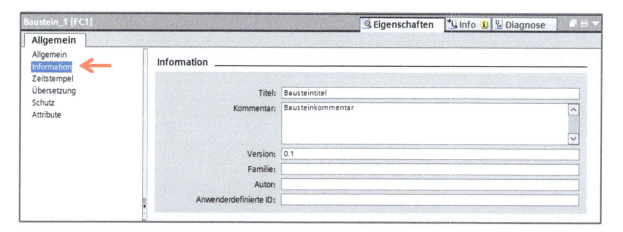

8 Programm- und Anwenderstruktur

Damit der neu angelegte Baustein zyklisch bearbeitet wird, programmieren Sie einen Aufruf im Baustein "**Main**" (**OB1**).

Wählen Sie in den Eigenschaften die Programmier-'**Sprache**' Funktionsplan '**FUP**'.

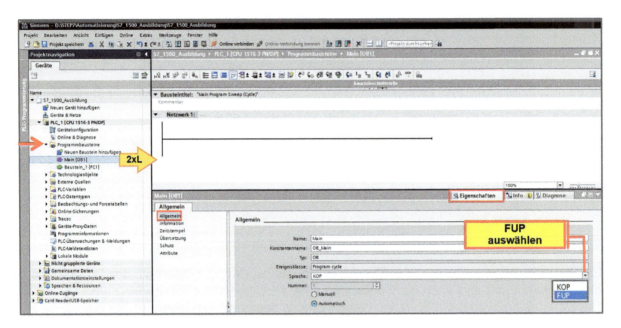

Öffnen Sie den Baustein "Main" (OB1) durch Doppelklick.
Programmieren Sie den Aufruf des "**FC1**" per Drag&Drop.

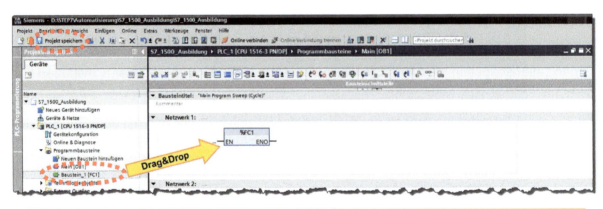

Hinweis: EN/ENO

Bei EN = 1 oder unbeschaltet wird der Baustein bearbeitet. Tritt dabei kein Fehler auf, wird ENO = 1 gesetzt.
Bei EN = 0 wird der Baustein nicht bearbeitet und ENO = 0.

Speichern Sie das Projekt!

Programm- und Anwenderstruktur 8

Um Ihr gesamtes Programm in die CPU zu laden, markieren Sie zuerst den Ordner ‚**PLC_1**'
und klicken dann auf das Symbol Laden in Gerät.

Während des Ladevorgangs wird der Status in einem Fenster angezeigt.

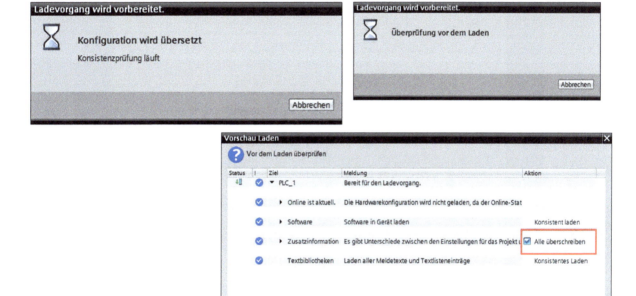

Laden durchführen!

Vor dem Laden werden die Bausteine übersetzt. Treten beim Übersetzen Fehler auf, wird der Ladevorgang abgebrochen. Nur fehlerfrei übersetzte Bausteine können geladen werden.

Im Dialogfenster *Vorschau Laden* werden die vorgesehenen Aktionen aufgelistet. *Konsistentes Laden* bedeutet, dass alle von der Änderung betroffenen Bausteine geladen werden. Stellen Sie in der Spalte *Aktion* die gewünschten Aktionen ein und klicken Sie auf die Schaltfläche *Laden*.

Einführung in die Programmierung mit Siemens TIA-Portal V15

8 Programm- und Anwenderstruktur

Das erfolgreiche Laden wird nun in einem Fenster angezeigt. Klicken Sie nun mit der Maus auf ,**Fertig stellen**'.

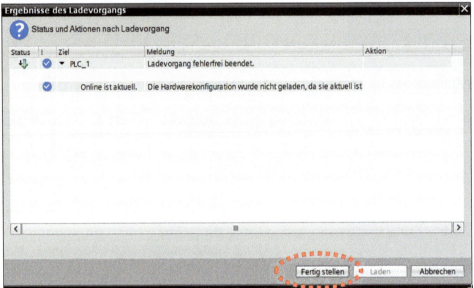

Notizen

8.8 Testen mit Programmstatus

Für das Testen mit Programmstatus ist der Online-Betrieb Voraussetzung. Die CPU befindet sind im Betriebszustand RUN. Der zu testende Baustein ist in der Offline- und in der Online-Version vorhanden.

Achtung! Beim Testen des Steuerungsprogramms im laufenden Betrieb am Prozess können durch Programmänderungen Funktionsstörungen auftreten. Vergewissern Sie sich bei jedem Testschritt, dass keine schweren Sach- oder Personenschäden auftreten können!

Beachten Sie bitte, dass der Programmstatus erhebliche Ressourcen benötigt, so dass unter Umständen die Testfunktion eingeschränkt ausgeführt wird.

Programmstatus ein- und ausschalten

Zum Einschalten des Programmstatus öffnen Sie den zu beobachtenden Baustein und klicken auf das Symbol *Beobachten ein/aus* in der Funktionsleiste des Arbeitsfensters.

Steuerungsprogramm testen

Wenn noch keine Online-Verbindung zur CPU hergestellt wurde, sucht STEP 7 nach erreichbaren Teilnehmern. Stellen Sie gegebenenfalls im Dialogfenster Online verbinden den im Programmiergerät verwendeten Adapter ein, markieren Sie die gefundene PLC-Station und klicken Sie auf die Schaltfläche Online verbinden.

Zum Ausschalten des Programmstatus klicken Sie erneut auf das Symbol *Beobachten ein/aus* in der Funktionsleiste. Sie werden gefragt, ob die Online-Verbindung, die beim Einschalten des Programmstatus angelegt worden ist, getrennt werden soll. Wenn Sie auf die Schaltfläche Nein klicken, wird der Programmstatus beendet, die Online-Verbindung bleibt jedoch bestehen.

Darstellung im Programmstatus

Im KOP-Programmstatus werden Kontakte, Spulen und die Verbindungen zwischen den Programmelementen, die Signalzustand „1" führen; mit durchgezogenen grünen Linien angezeigt. Signalzustand „0" führende Programmelemente werden mit gestrichelten blauen Linien dargestellt.

Im FUP-Programmstatus werden die Boxen der binären Programmelemente und die Verbindungen mit durchgezogenen grünen Linien dargestellt, wenn sie Signalzustand „1" führen, und mit gestrichelten blauen Linien bei Signalzustand „0". Zusätzlich zur farblichen Kennzeichnung wird bei den binären Eingängen der Signalstatus („0" oder „1") angezeigt.

Programmelemente mit unbekanntem Status oder solche, die nicht bearbeitet werden, werden durchgezogen grau dargestellt. Bei schwarz dargestellten Variablen ist der angezeigte Wert aktuell aus dem Beobachtungszyklus, grau dargestellte Variablen zeigen einen Wert aus einem früher bearbeiteten Zyklus.

8 Programm- und Anwenderstruktur

Programmstatusanzeige für FUP- und KOP-Programme

Die Anzeige des Programmstatus wird zyklisch aktualisiert.

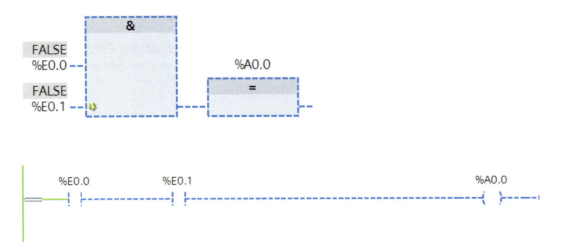

Den Status der einzelnen Anweisungen und Linien eines Netzwerks können Sie schnell an Farbe und Art der Linien und Symbole erkennen. Die folgende Tabelle zeigt die Zuordnung von Darstellung und Status:

Darstellung	Status
Grün durchgezogen	Erfüllt
Blau gestrichelt	Nicht erfüllt
Grau durchgezogen	Unbekannt oder nicht durchlaufen
Schwarz	Nicht beschaltet
Parameter in einem Rahmen mit einer Sättigung von 100 %	Wert ist aktuell
Parameter in einem Rahmen mit einer Sättigung von 50 %	Wert stammt aus einem vorhergehenden Zyklus. Die Programmstelle wurde im aktuellen Zyklus nicht durchlaufen.

Die Werte der Operanden werden über dem jeweiligen Operandennamen in einem grauen Kästchen angezeigt.

Programm- und Anwenderstruktur 8

Programmstatusanzeige für AWL-Programme

Die Anzeige des Programmstatus wird zyklisch aktualisiert und in Tabellen dargestellt. Die Tabellen werden direkt neben dem AWL-Programm eingeblendet und Sie können für jede Programmzeile den Programmstatus ablesen. Die Tabellen enthalten folgende Informationen:

VKE
In der Spalte "VKE" wird für jede Programmzeile das Verknüpfungsergebnis angezeigt. Den Wert des jeweiligen VKE können Sie an der Hintergrundfarbe der Tabellenzelle ablesen. Dabei bedeutet grün ein VKE von 1 und lila ein VKE von 0.

Wert
In der Spalte "Wert" wird der aktuelle Wert des Operanden angezeigt.

Extra
In der Spalte "Extra" werden zusätzliche Informationen in Abhängigkeit der jeweiligen Operation angezeigt, z.B. relevante Statusbits bei mathematischen Anweisungen, Zeit- bzw. Zählwerte bei Zeiten und Zählern oder die Speicheradressen bei der indirekten Adressierung.

Das folgende Bild zeigt ein Beispiel für die Programmstatusanzeige unter AWL:

Nr.	Befehl	Operand	VKE	Wert	Extra
	Netzwerk 1:				
	Kommentar				
1	AUF "DB1"	%DB1	0	DB1	
2	L %DBW2	%DBW2	0	16#4D2	DB1
3	L %DBW4	%DBW4	0	16#3333	DB1
4	+I		0	14341	OS=0,OV=0,A0=0,A1=1
5	T "Tag_15"	%MW4	0	14341	
6					
7	L 3.0	3.0	0	3.0	
8	T "Tag_24"	%MD10	0	3.0	
9	L 5.0	5.0	0	5.0	
10	T "Tag_52"	%MD20	0	5.0	
11	L MD ["Tag_29"]	%MD26	0	16#40400000	P#10.0
12	LAR1 P#M16.0	P#M16.0	0	P#M16.0	
13	L MD [AR1 , P#4.0]	P#4.0	0	16#40A00000	P#M20.0
14	+R		0	8.0	OS=0,OV=0,A0=0,A1=1
15	T "Tag_17"	%MD30	0	8.0	
16					
17	AUF DB ["Tag_48"]	%MW14	0	DB1	
18	L DBW ["Tag_38"]	%MD60	0	16#3333	P#4.0
19	L W#16#7777	W#16#7777	0	16#7777	
20	XOW		0	16#4444	
21	T "Tag_47"	%MW70	0	16#4444	
22					
23	U "Tag_1"	%E0.0	1	1	
24	L S5T#55S	S5T#55S	1	S5T#55S	
25	SV "Tag_49"	%T5	1	S5T#47S600MS	
26	U "Tag_49"	%T5	1	1	S5T#47S600MS
27	= "Tag_3"	%A0.0	1	1	
28					
29	U "Tag_55"	%E0.2	1	1	
30	ZV "Tag_23"	%Z1	1	C#556	
31	U "Tag_23"	%Z1	1	1	C#556
32	= "Tag_3"	%A0.0	1	1	
33					
34	U "Tag_31"	%M10.0	0	0	
35	UN M ["Tag_51"]	%MD64	0	0	P#5.1
36	O DBX ["Tag_38"]	%MD60	1	1	P#4.0
37	LAR2 P#M10.0	P#M10.0	1	P#M10.0	

Einführung in die Programmierung mit Siemens TIA-Portal V15

8 Programm- und Anwenderstruktur

Öffnen Sie den Baustein **FC1** in der Darstellungsart **FUP** und absoluter Adressierung!

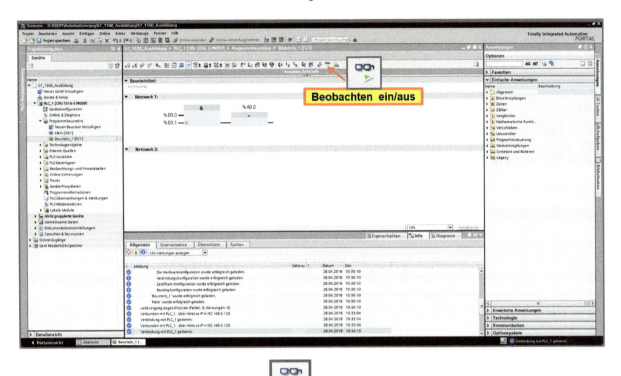

Durch einen Mausklick auf das Symbol Beobachten ein/aus können Sie beim Testen des Programms den Zustand der Ein- und Ausgangsvariablen am Baustein „FC1" beobachten.

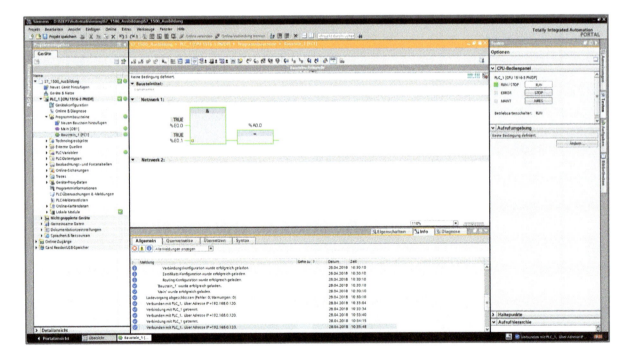

Programm- und Anwenderstruktur 8

Nach erfolgreichem Aufbau der Online-Verbindung ändert sich die Bedienoberfläche wie folgt:

- Die Titelleiste des aktiven Fensters erhält einen orangefarbenen Hintergrund.
- Die Titelleisten der inaktiven Fenster der zugehörigen Station erhalten am unteren Rand einen orangefarbenen Strich.
- Am rechten Rand der Statuszeile erscheint ein orangefarbener Balken.
- In der Projektnavigation werden bei den Objekten der zugehörigen Station Betriebszustands- bzw. Diagnosesymbole angezeigt.
- Im Inspektorfenster wird der Bereich "*Diagnose> Geräte-Information*" in den Vordergrund gebracht.
- Symbole und Kommentare sind vorhanden.

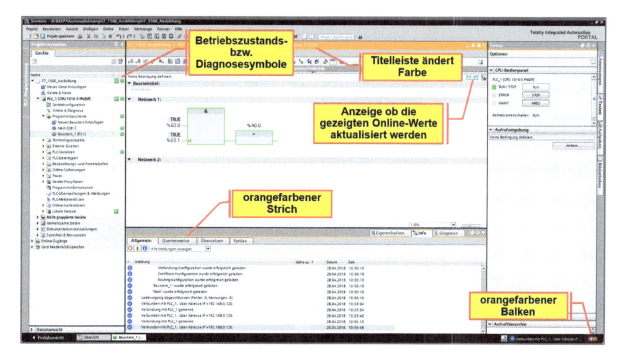

8.8.1 Diagnosesymbole in der Projektnavigation

Im Online-Betrieb werden auch in der Projektnavigation Diagnosesymbole eingeblendet.
Ist in der PLC-Station alles in Ordnung, steht hinter dem Namen ein grüner Haken.
Ein dargestellter Schraubenschlüssel signalisiert Wartungsbedarf (grün), Wartungsanforderung (gelb) oder Fehler (rot).
In der Projektnavigation wird auch das Vergleichsergebnis zwischen Offline- und Online-Projektdaten angezeigt. Ist ein oranger Kreis mit Ausrufezeichen zu sehen, enthält der Ordner Objekte, die sich in der Online-Version von der Offline-Version unterscheiden.
Bei einzelnen Objekten bedeutet die Kennzeichnung:

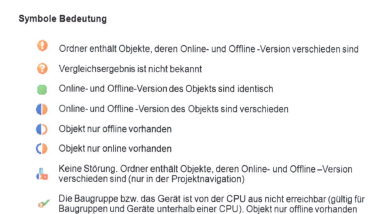

Einführung in die Programmierung mit Siemens TIA-Portal V15

8 Programm- und Anwenderstruktur

Ergänzen die Sie die „UND-Verknüpfung" um einen dritten Eingang und verwenden Sie den Taktmerker M100.3!

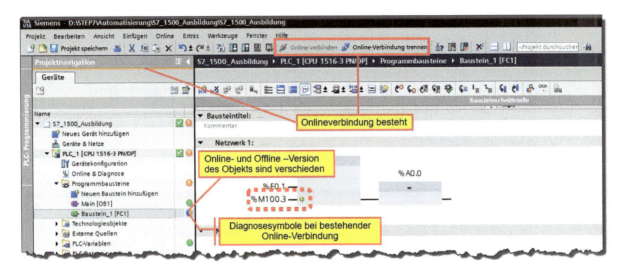

Speichern Sie den Baustein und übertragen ihn in das Gerät.
Anschließend beobachten Sie den Baustein!

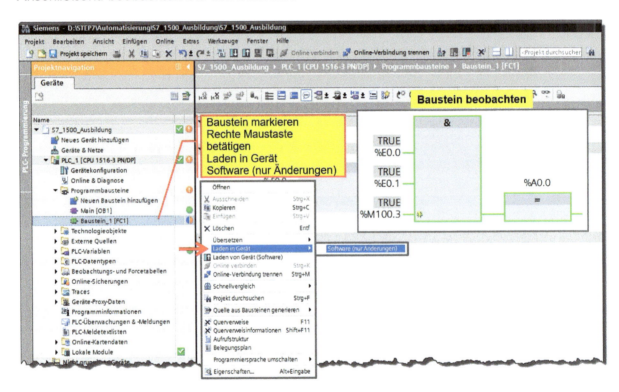

Wichtig!

Das Programm eines Bausteins kann nur in der Offline-Version geändert werden.
Wenn Sie die Online-Version ändern wollen, müssen Sie die Änderungen in der Offline-Version durchführen und anschließend den Baustein zur CPU übertragen.
Wenn Sie im Online-Betrieb das Bausteinprogramm ändern, beispielsweise beim Programmtest neue Abfrage zur Verknüpfung hinzufügen, schaltet der Programmeditor automatisch in die Offline-Version. Nach dem Ädern übertrage Sie die geänderte Offline-Version zur CPU-Baugruppe.

8.8.2 Aufrufumgebung definieren

Hinweis Fehlermeldung: Unzulässige Aufrufumgebung

Falls eine Statusbeobachtung nicht mehr möglich ist und folgende Fehlermeldung erscheint, muss die Aufrufumgebung des Bausteins neu definiert werden.

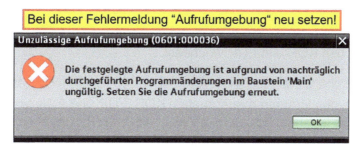

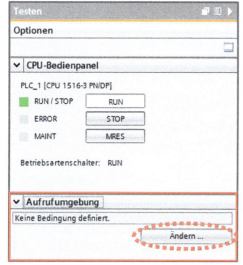
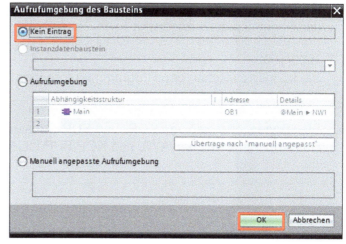

Notizen

8 Programm- und Anwenderstruktur

8.8.3 Umschalten der Darstellungsart

Beachten Sie folgende Regeln, wenn Sie die Programmiersprache für einen Baustein umstellen möchten:

Alle CPU-Familien:
- Sie können nur ganze Bausteine umschalten. Einzelne Netzwerke können nicht umgeschaltet werden.
- Bausteine, die in den Programmiersprachen SCL oder GRAPH programmiert werden, können Sie nicht umschalten. Bei GRAPH-Bausteinen können Sie aber bei der Sprache der Netzwerke zwischen KOP und FUP wechseln.

S7-300/400:
- Sie können zwischen den Programmiersprachen KOP, FUP und AWL umschalten.
- Sie können Netzwerke in einem Baustein mit einer anderen Programmiersprache erstellen und anschließend in den gewünschten Baustein kopieren.
- Einzelne Netzwerke des Bausteins, die nicht umgeschaltet werden können, werden in der Originalsprache angezeigt.

S7-1200/1500:
- Sie können zwischen den Programmiersprachen KOP und FUP umschalten.

S7-1500:
- Sie können innerhalb von KOP- und FUP-Bausteinen AWL-Netzwerke erstellen. Das Kopieren zwischen AWL und KOP/FUP ist jedoch nicht möglich.

Optimierter Maschinencode

TIA Portal und S7-1200/1500 ermöglichen eine optimierte Laufzeitperformance in jeder Programmiersprache. Alle Sprachen werden gleichermaßen direkt in Maschinencode kompiliert.

- Alle Programmiersprachen haben gleich hohe Leistung (bei gleichen Zugriffsarten)
- Keine Leistungsminderung durch zusätzliches Übersetzen mit Zwischenschritt über AWL
- Bei **S7-300/400** Steuerungen werden KOP und FUP Programme zuerst in AWL übersetzt bevor Maschinencode erstellt wird.
- Bei **S7-1200/1500** Steuerungen werden alle Programmiersprachen direkt in Maschinencode übersetzt.

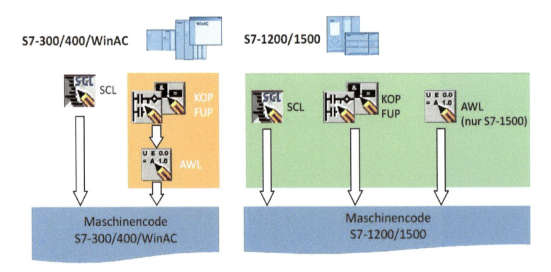

Programm- und Anwenderstruktur 8

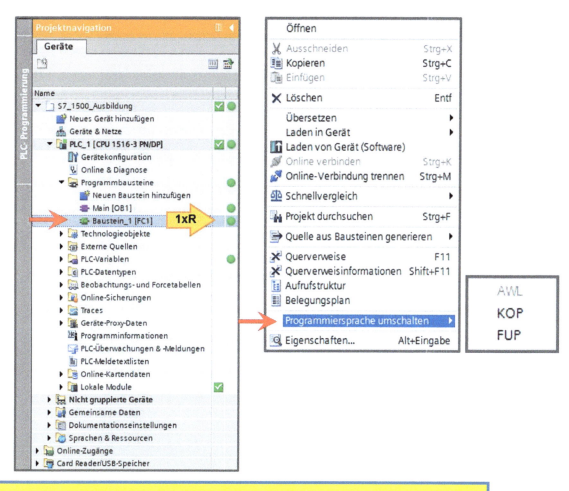

Hinweis: Es ist erforderlich bei jeder Änderung den Baustein neu zu laden!

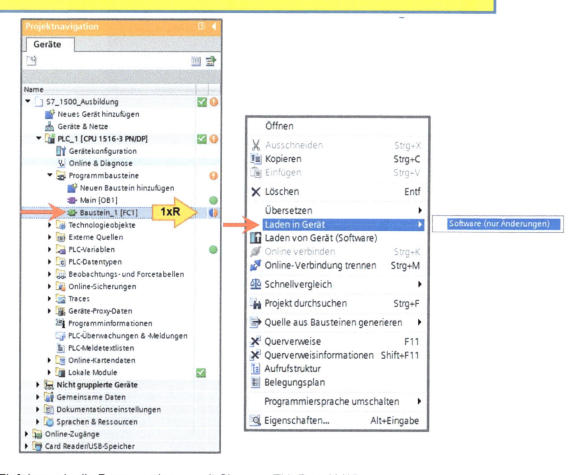

Einführung in die Programmierung mit Siemens TIA-Portal V15

8 Programm- und Anwenderstruktur

KOP

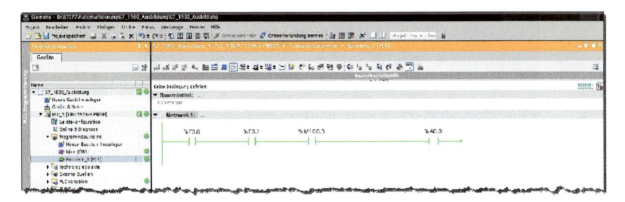

AWL-Netzwerk einfügen

Beim Erstellen eines leeren Netzwerks, automatisch oder manuell, wird ein zweizeiliges Eingabefeld innerhalb des Netzwerks erzeugt. In dieses Eingabefeld werden die AWL-Anweisungen eingegeben.

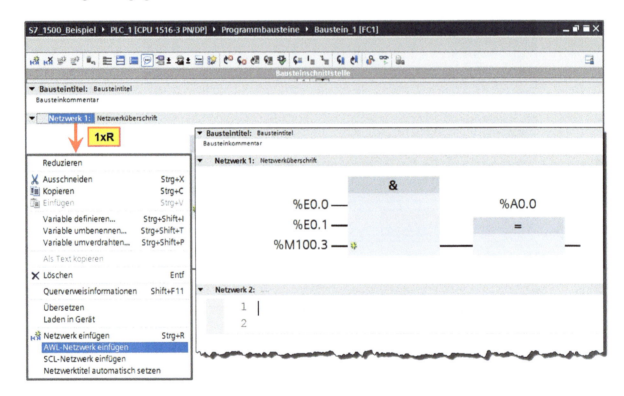

Erstellen sie bitte nachfolgendes AWL-Programm

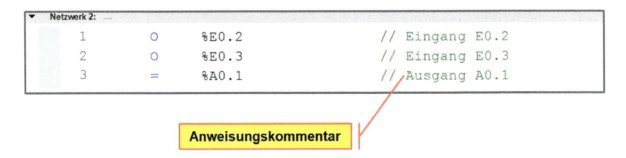

Statusbeobachtung AWL

Die Anzeige des Programmstatus wird zyklisch aktualisiert und in Tabellen dargestellt. Die Tabellen werden direkt neben dem AWL-Programm eingeblendet. Sie können für jede Programmzeile den Programmstatus ablesen.

VKE
In der Spalte "VKE" wird für jede Programmzeile das Verknüpfungsergebnis angezeigt. Den Wert des jeweiligen VKE können Sie an der Hintergrundfarbe der Tabellenzelle ablesen. Dabei bedeutet grün ein VKE von 1 und lila ein VKE von 0.

Wert
In der Spalte "Wert" wird der aktuelle Wert des Operanden angezeigt.

Extra
In der Spalte "Extra" werden zusätzliche Informationen in Abhängigkeit der jeweiligen Operation angezeigt, z.B. relevante Statusbits bei mathematischen Anweisungen, Zeit- bzw. Zählwerte bei Zeiten und Zählern oder die Speicheradressen bei der indirekten Adressierung.

Notizen

8 Programm- und Anwenderstruktur

Notizen

9. PLC-Variablen

9.1 Neue Begriffe im TIA-Portal

Manche Begriffe haben sich geändert, um Ihnen einen besseren Umgang mit dem TIA Portal zu ermöglichen.

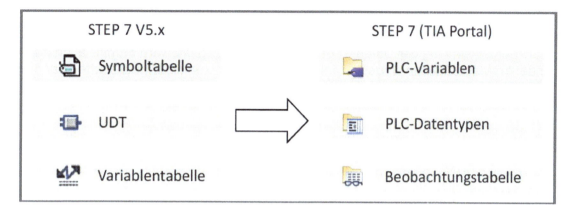

9.2 Variablen

Variable repräsentieren die Abstraktion der Wirklichkeit und erlauben das Abspeichern und Weiterverarbeiten von Werten.

Durch die Vereinbarung einer Variablen sind folgende Eigenschaften festgelegt:

- symbolischer Name
- Datentyp
- Gültigkeitsbereich
- Speicherbereich

Durch den Datentyp ist festgelegt:

- der mögliche Wertebereich (INT: -32768 ... +32767, usw.)
- die zulässigen Operationen (arithmetische Operationen: +, -, usw.)
- Datentypen abstrahieren von der zugrundeliegenden Darstellung der Bits im Speicher

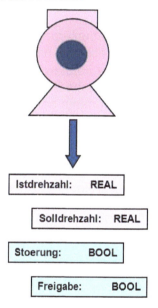

"klassische" SPS-Operanden

In der klassischen SPS-Programmierung wurde auf SPS-Speicheradressen direkt durch Angabe des Operandenbereichs (z.B.: M=Merker, E=Eingänge, usw.), der Zugriffsbreite (z.B.: B=Byte, W=Wort, usw.) und durch Angabe der Byte-/(Bit)-Adresse zugegriffen. Diese über absolute Adressen angesprochenen Speicherbereiche können innerhalb des Programms zu unterschiedlichen Zwecken genutzt werden, z.B. als Ganzzahl (z.B. DINT), als Gleitpunktzahl (z.B. REAL) oder einfach als Ansammlung einzelner Signale (z.B. WORD). Bisher lag es in den Händen des Programmierers, sich das Format und den Verwendungszweck der einzelnen Speicherorte zu merken. Dementsprechend fehlerträchtig gestaltete sich die Programmierung.

9 PLC-Variablen

Bedeutung von Variablen

Variablen sind, neben den Befehlen, die wichtigsten Elemente eines Programmiersystems. Ihre Aufgabe ist es, Werte in einem Programm zu speichern, so dass sie zu einem späteren Zeitpunkt weiterverarbeitet werden können. Der Wert einer Variablen kann "irgendwo" im Speicher der SPS abgelegt werden.

Die Daten stellen eine Abstraktion der Wirklichkeit dar, in der belanglose Eigenschaften von Objekten unberücksichtigt bleiben.

Datentypen

Die Wahl der Darstellung der Daten ist oft ziemlich schwierig und wird oftmals auch durch die vorhandenen Möglichkeiten eingeschränkt. Einerseits müssen die Eigenschaften der durch die Daten beschriebenen Objekte korrekt widergespiegelt werden, andererseits müssen mit den Daten auch die für die Prozessführung benötigten Operationen durchgeführt werden können.

Welche Werte von Daten angenommen und welche Operationen mit ihnen durchgeführt werden können, wird durch den Datentyp festgelegt. Er definiert eindeutig:
- den möglichen Wertebereich
- die zulässigen Operationen

Das Anwenderprogramm arbeitet mit Operanden, das sind z.B. Eingänge oder Ausgänge. Diese Operanden können Sie absolut adressieren (z.B. %E1.0) oder symbolisch (z.B. "Startsignal"). Die symbolische Adressierung verwendet Namen (Bezeichner) statt der Absolutadresse. Zusammen mit dem Namen legen Sie den Datentyp des Operanden fest. Die Kombination aus Operand (Absolutadresse, Speicherort), Name und Datentyp nennt man eine "Variable".

Bei der Programmierung des Anwenderprogramms wird unterschieden zwischen *lokalen* und *globalen* Variablen. Eine lokale Variable ist nur in dem Baustein bekannt, in dem sie definiert worden ist. Sie können lokale Variablen mit gleichem Namen in verschiedenen Bausteinen für unterschiedliche Zwecke verwenden. Eine globale Variable ist im gesamten Anwenderprogramm bekannt und hat in allen Bausteinen die gleiche Bedeutung. Globale Variablen definieren Sie in der PLC-Variablentabelle.

9.2.1 PLC-Variablentabellen bearbeiten

Beim Anlegen einer PLC-Station wird auch ein Ordner *PLC-Variablen* mit der PLC-Variablentabelle angelegt. Sie öffnen die PLC-Variablentabelle mit einem Doppelklick auf *Standard-Variablentabelle* im Ordner *PLC-Variablen*.

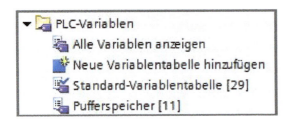

Sie können mit *Neue Variablentabelle* hinzufügen zusätzliche Variablentabellen anlegen, die PLC-Variablen und Anwenderkonstanten enthalten. Diese selbst angelegten Tabellen lassen sich umbenennen und zu Gruppen organisieren. Eine Variable oder eine Konstante können Sie nur in einer Tabelle definieren. Um einen Überblick über alle Variablen und Konstanten zu bekommen, doppelklicken Sie auf *Alle Variablen* anzeigen im Ordner *PLC-Variablen*.

> Sie können eine unvollständige oder fehlerhafte PLC-Variablentabelle jederzeit speichern und später daran weiterarbeiten. Zur Übersetzung des Anwenderprogramms muss jedoch die Variablentabelle fehlerfrei sein.

9.2.2 Standard-Variablentabelle

Die Standard-Variablentabelle besteht aus den Registern *Variablen*, *Anwenderkonstanten* und *Systemkonstanten*.

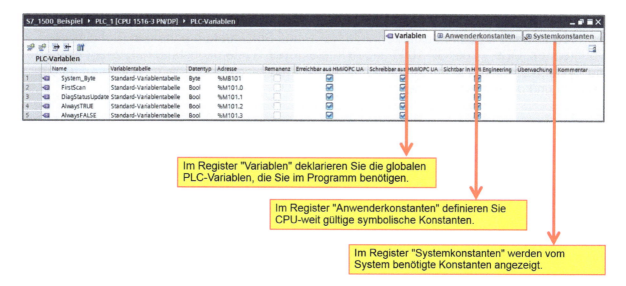

Anwenderkontanten

Die PLC-Variablentabelle enthält im Register *Anwenderkonstanten* symbolisch adressierte konstante Werte, die CPU-weit Gültigkeit haben. Sie definieren in der Tabelle eine Konstante, indem Sie ihr einen Namen, einen Datentyp und einen festen Wert geben und können dann diese Konstante im Anwenderprogramm mit der symbolischen Bezeichnung einsetzen.
Der Konstantenname darf noch nicht für eine PLC-Variable, einen PLC-Datentyp oder einen Baustein vergeben worden sein. Der Name kann Buchstaben, Ziffern und Sonderzeichen (jedoch keine Anführungszeichen) enthalten. Groß- und Kleinschreibung werden bei der Namensprüfung nicht unterschieden.

- Die Anwenderkonstanten werden durch den Programmierer festgelegt.
- Sie sind dann im gesamten Projekt sichtbar und damit auch anwendbar.
- Anwenderkonstanten können nur gelesen und nicht beschrieben werden.
- Sinnvoll für mathematische Konstanten.

9 PLC-Variablen

Systemkonstanten

Im Register *Systemkonstanten* sind die von der Gerätekonfiguration und dem Programmeditor angelegten Objekt-Kennungen aufgelistet.
Im Unterschied zur S7-300/400, wo die Identifikation der Hard- und Softwarekomponenten über logische Adressen bzw. Diagnoseadressen stattfindet, erfolgt die Identifikation bei der S7-1500 über die Systemkonstanten. Alle Hard- und Softwarekomponenten (Schnittstellen, Baugruppen, OBs, ..) der S7-1500 haben ihre eigenen Systemkonstanten. Erzeugt werden die Systemkonstanten automatisch während der Erstellung der Gerätekonfiguration für die zentrale und dezentrale Peripherie.

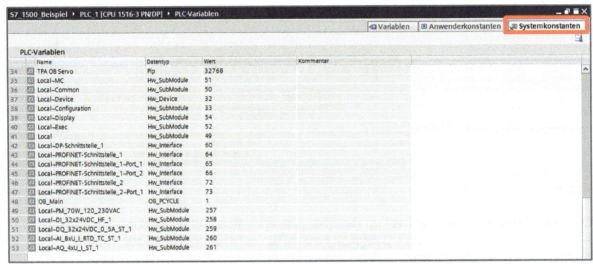

Im Register *Systemkonstanten* sind die von der Gerätekonfiguration und dem Programmeditor angelegten Objekt-Kennungen aufgelistet.

Beispiel

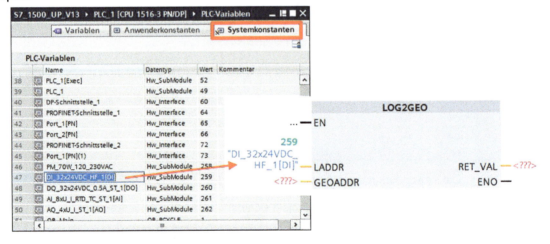

9.2.3 PLC-Variablen definieren

Im Register Variablen geben Sie die verwendeten Variablen mit Namen, Datentyp, und Adresse (Operand, Speicherort) ein. Der Name kann Buchstaben, Ziffern und Sonderzeichen (keine Anführungszeichen) enthalten. Er darf noch nicht für einen Baustein, eine andere PLC-Variable, eine symbolisch adressierte Konstante oder einen PLC-Datentyp vergeben worden sein. Groß- und Kleinschreibung werden bei der Namensprüfung nicht unterschieden.
Jeder Variablendefinition können Sie einen erläuternden Kommentar beifügen.

Zur Definition einer Variablen gehört auch der Datentyp. Er definiert bestimmte Eigenschaften der mit dem Namen gekennzeichneten Daten, im Wesentlichen die Darstellung des Dateninhalts.

In der Spalte **Remanenz** wird mit einem Häkchen gekennzeichnet, welche Merker und SIMATIC-Zeit- und -Zählfunktionen remanent eingestellt sind.

Zu den Eigenschaften einer PLC-Variablen gehören die Attribute Erreichbar aus HMI (bei Aktivierung kann eine HMI-Station zur Laufzeit auf diese Variable zugreifen) und Sichtbar in HMI (bei Aktivierung ist diese Variable in der Auswahlliste einer HMI-Station per Voreinstellung sichtbar).

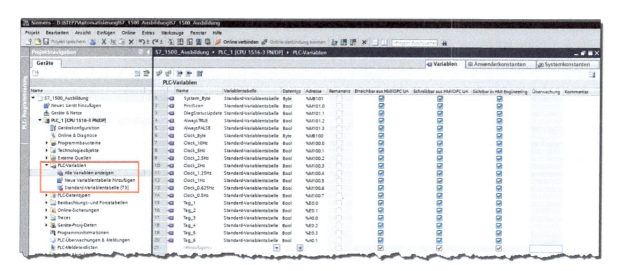

Regeln für die Variablen-Definition in der Variablentabelle

Die Bezeichnungen für die Variablen sind einigen Regeln unterworfen und sollten einem „Codestyle" (vom Programmierteam festgelegte Richtlinien) entsprechen. Empfehlungen zum Codestyle sind teilweise auch „Geschmacksache". Nennenswert ist die wohl am häufigsten verwendete Richtlinie MISRA (**M**otor **I**ndustry **S**oftware **R**eliabilitiy **A**ssociation) aus der Automobil-Industrie für Programmiersprachen wie C, C++ oder PLC-Checker. Zumindest ein Teil davon ist sehr sinnvoll, solange es in die SPS-Welt hineinpasst.

9 PLC-Variablen

9.2.4 Arbeiten mit der PLC-Variablentabelle

Mit *Zeile einfügen* aus dem Kontextmenü fügen Sie eine leere Zeile über der markierten Zeile ein. Der Befehl *Löschen* löscht die markierte Zeile. Markierte Zeilen können Sie kopieren und an das Ende der Liste anfügen. Sie können die Zeilen nach dem Spalteninhalt sortieren, wenn Sie in den Kopf der entsprechenden Spalte klicken. Beim ersten Klick wird aufsteigend sortiert, nach dem zweiten Klick absteigend und nach dem dritten Klick ist der Originalzustand wiederhergestellt.

Zum automatischen Ausfüllen der Tabelle markieren Sie den Namen der zu übertragenden Variable, stellen den Mauszeiger auf die rechte untere Ecke der Zelle und ziehen den Mauszeiger bei gedrückter linker Maustaste nach unten über die Zeilen.

Wenn Sie den gleichen Namen ein zweites Mal eingeben, beispielsweise durch Kopieren von Zeilen, wird an den Namen eine laufende Nummer in Klammern angehängt.
Beim automatischen Ausfüllen ist es ein Unterstrich mit einer laufenden Nummer.
Eine doppelte Adressen-Belegung wird farbig unterlegt dargestellt.

Auch während der Eingabe des Anwenderprogramms können Sie die PLC-Variablen ergänzen, ändern oder löschen.

Eine PLC-Variablentabelle vergleichen Sie mit einer anderen aus einem anderen Projekt, wenn Sie bei markierter Variablentabelle den Befehl *Werkzeuge > Vergleichen > Offline/Offline* wählen.

9.2.5 PLC-Variablen beobachten

PLC-Variablen aus der Standard-Variablentabelle sind direkt beobachtbar.
Dabei zeigt der „Beobachtungswert" den aktuellen Wert der Variablen in der CPU an.

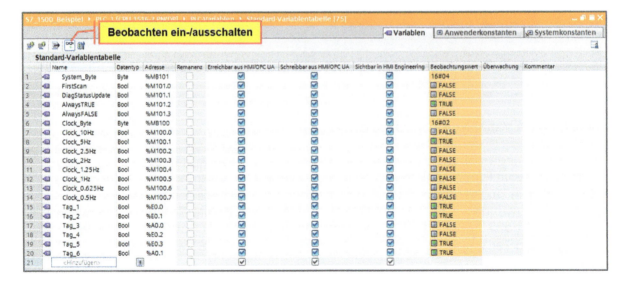

9.2.6 Variablen Namen definieren

Für die zukünftigen Übungen ist es sinnvoll nicht mit den Standard-Variablen-Namen (Tag_1, Tag_2 usw.) zu arbeiten.

Empfehlung: Bennen Sie die Variablen so wie die absoluten Ein-, Ausgänge und Merker.

Beispiel:

```
%E0.0 = E_0_0
%A0.0 = A_0_0
%M0.0 = M_0_0

%EB0 = EB_0
```

usw.

Öffnen sie die PLC-Variablen.

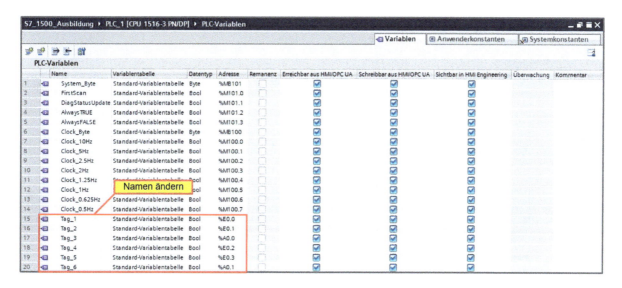

Ändern Sie die Namen.

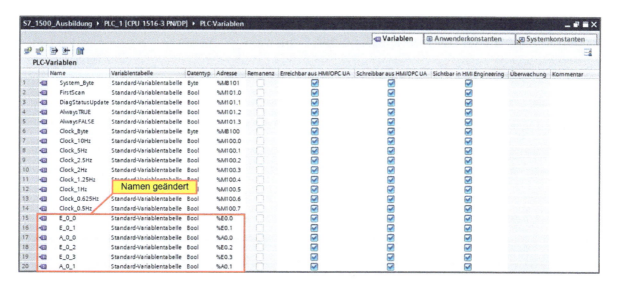

9 PLC-Variablen

9.3 Grundverknüpfungen

Werden binäre Signalzustände von Variablen funktional miteinander verbunden, so spricht man von Verknüpfungen. Alle Verknüpfungen lassen sich aus der Negation NICHT und den beiden Grundverknüpfungen UND und ODER zusammensetzen.

Erstellen Sie einen neuen Baustein FC2 „Logik" und programmieren Sie die nachfolgenden Netzwerke gemäß Vorlage. Führen Sie einen Programmtest durch und ergänzen Sie in den Unterlagen die Signal-Zeitpläne experimentell.

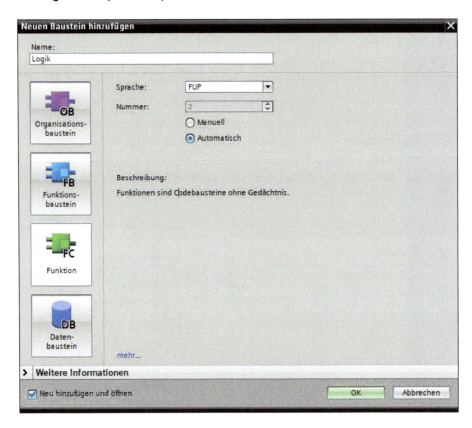

UND-Verknüpfung

Die Ausgangsvariable einer UND-Verknüpfung hat dann den Signalwert „1", wenn alle Eingangsvariablen der UND-Verknüpfung den Signalwert „1" haben.

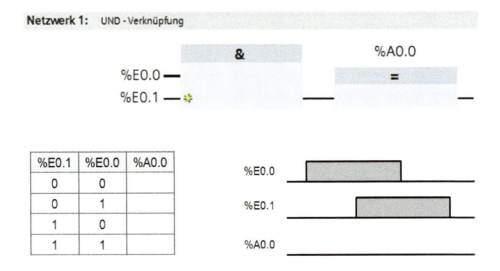

ODER-Verknüpfung

Der Ausgangssignalwert einer ODER-Verknüpfung hat dann den Signalwert „1", wenn einer der Eingangsvariablen der ODER-Verknüpfung den Signalwert „1" hat.

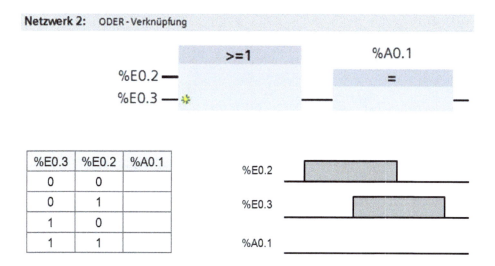

%E0.3	%E0.2	%A0.1
0	0	
0	1	
1	0	
1	1	

Negation

Der Signalwert einer Variablen wird durch die Negation invertiert. Das bedeutet, der Ausgangswert %A0.2 der Negation hat dann den Wert „1", wenn der Eingangswert %E0.4 den Wert „0" hat und umgekehrt.

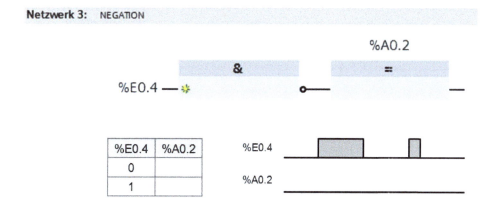

%E0.4	%A0.2
0	
1	

9 PLC-Variablen

EXKLUSIV-ODER-Verknüpfung

Der Ausgangssignalwert einer EXKLUSIV-ODER-Verknüpfung mit zwei Eingangsvariablen hat dann den Signalwert „1", wenn die beiden Eingangsvariablen unterschiedliche Signalwerte haben.

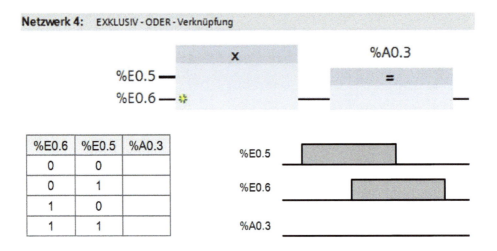

NAND – Verknüpfung

Negation einer „UND-Verknüpfung"

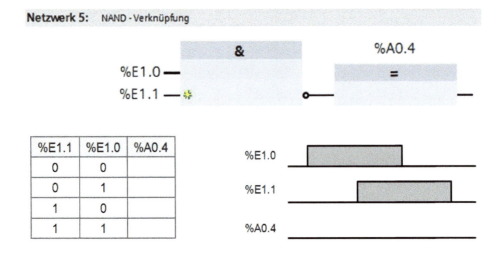

NOR – Verknüpfung

Negation einer „ODER-Verknüpfung"

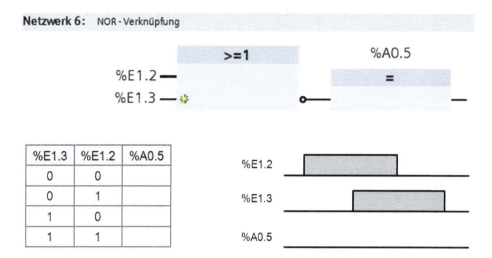

Exklusiv-ODER mit mehr als zwei Eingängen

An die Exklusiv-ODER-Verknüpfung können auch mehr als zwei Eingangsvariablen geschrieben werden. Das Verknüpfungsergebnis einer mit mehr als zwei Eingangsvariablen verwendeten Exklusiv-ODER-Verknüpfung hat dann den Signalwert „1", wenn eine ungerade Anzahl der Eingangsvariablen den Signalwert „1" liefern.
In der Praxis werden üblicherweise die XOR-Verknüpfungen mit zwei Eingängen verwendet.

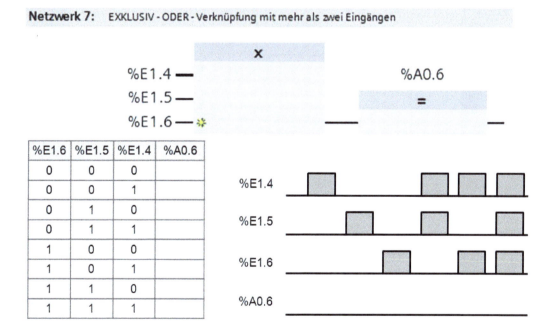

9 PLC-Variablen

Notizen

10. Speicherfunktionen

Die Speicherfunktionen werden in Verbindung mit den binären Verknüpfungen verwendet, um mit Hilfe des vom Steuerungsprozessor gebildeten Verknüpfungsergebnisses die Signalzustände von Binärvariablen zu beeinflussen.

Als Speicherfunktionen stehen zur Verfügung:

- das einzelne Setzen und Rücksetzen,
- die Speicher-Boxen (vorrangiges Setzen und Rücksetzen) und
- die Flankenauswertungen.

Die Speicherfunktionen können Sie in Verbindung mit allen Binärvariablen anwenden.
Bei der Verwendung temporärer Lokaldatenbits als Flankenmerker gibt es Einschränkungen.

Mit einem Verknüpfungsergebnis lassen sich mehrere Speicherfunktionen gleichzeitig beeinflussen. Während der Ausführung einer Speicherfunktion ändert sich das Verknüpfungsergebnis nicht.

10.1 Speicher-Boxen

In einer Speicher-Box sind die Funktionen des einzelnen Setzens und Rücksetzens zusammengefasst. Die gemeinsame Binärvariable steht über der Box.
Der Eingang S bzw. S1 entspricht dem einzelnen Setzen, der Eingang R bzw. R1 dem einzelnen Rücksetzen. Am Ausgang Q der Speicherfunktion steht der Signalzustand an, den die über der Speicherfunktion stehende Binärvariable hat.

Die Speicherfunktion gibt es in zwei Ausführungen: als SR-Box (vorrangiges Rücksetzen) und als RS-Box (vorrangiges Setzen). Außer in der Beschriftung unterscheiden sich die beiden Boxen auch in der Anordnung des Setz- und des Rücksetzeingangs.

Eine Speicherfunktion wird gesetzt (genauer: die über der Speicher-Box stehende Binärvariable), wenn der Setzeingang Signalzustand "1" und der Rücksetzeingang Signalzustand "0" führen. Eine Speicherfunktion wird rückgesetzt, wenn am Rücksetzeingang "1" und am Setzeingang "0" anliegt. Signalzustand "0" an beiden Eingängen hat keinen Einfluss auf eine Speicherfunktion. Liegt an beiden Eingängen gleichzeitig Signalzustand "1", reagieren die beiden Speicherfunktionen unterschiedlich: die SR-Speicherfunktion wird zurückgesetzt, die RS-Speicherfunktion wird gesetzt.
Beachten Sie, dass die bei einer Speicherfunktion verwendete Binärvariable im Anlauf vom Betriebssystem der CPU rückgesetzt werden kann. In einigen Fällen bleibt der Signalzustand einer Speicher-Box erhalten: Dies ist abhängig vom verwendeten Operandenbereich (z.B. statische Lokaldaten) und von Einstellungen in der CPU (z.B. Remanenzverhalten).

10 Speicherfunktionen

10.2 Flipflop-Schaltung vorrangig rücksetzen und vorrangig setzen

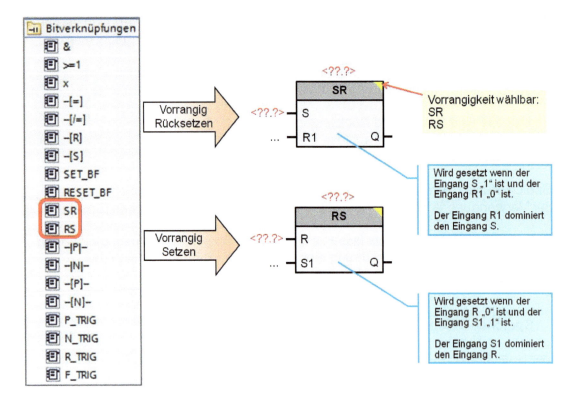

Flip Flop

Ein Flip Flop hat einen Setz- und einen Rücksetzeingang.
Je nachdem an welchem Eingang ein VKE=1 anliegt wird der Merker gesetzt oder rückgesetzt.

Wenn aber an beiden Eingängen gleichzeitig ein VKE=1 ansteht, stellt sich die Frage der Vorrangigkeit.

Vorrangigkeit

In KOP und FUP stehen unterschiedliche Symbole für vorrangig setzende bzw. vorrangig rücksetzende Speicherfunktionen zur Verfügung.

Hinweis: Programmierung mit Q-Boxen (FUP)

"Q-Boxen" steht als Abkürzung für Boxen, die einen Ausgangsparameter mit dem Namen "Q" aufweisen. Dazu gehören auch die Speicherboxen SR und RS.

Bei Q-Boxen muss der erste Binäreingang (und in einigen Fällen der damit zusammenhängende Parameter) beschaltet werden, die Beschaltung der anderen Ein- und Ausgänge ist optional.

10.2.1   Test RS-Speicherfunktion

Erstellen Sie einen entsprechenden Baustein FC3 „Speicher" mit diesen beiden Anweisungen!

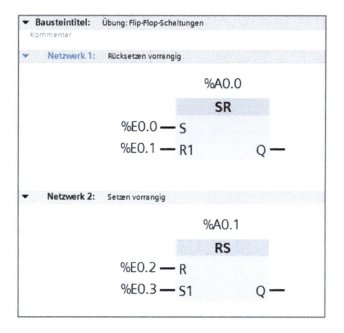

Verwenden des Ausgangs Q einer Speicherfunktion

Der Operand für eine Speicherfunktion kann ein Ausgang (A) oder ein Merker (M) sein. Dieser kann in nachfolgenden Verknüpfungen weiterverarbeitet werden.

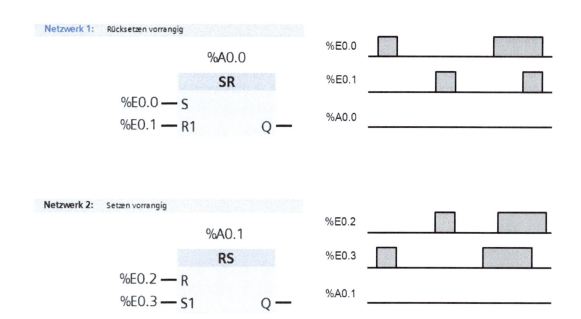

10 Speicherfunktionen

10.3 Einzelnes Setzen und Rücksetzen

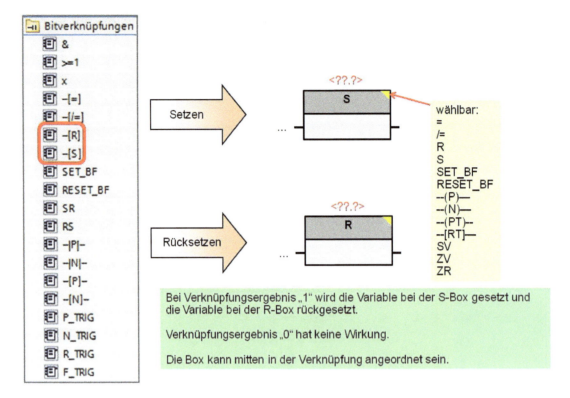

Ein einzelnes Setzen setzt eine Binärvariable auf Signalzustand "1", wenn das Verknüpfungsergebnis "1" ist. Bei Verknüpfungsergebnis "0" erfolgt keine Beeinflussung der Binärvariablen; war sie gesetzt, bleibt sie gesetzt, war sie zurückgesetzt, bleibt sie zurückgesetzt. Das einzelne Setzen wird in KOP durch die Setzen-Spule dargestellt, in FUP durch die Setzen-Box.

Ein einzelnes Rücksetzen. setzt eine Binärvariable auf Signalzustand "0", wenn das Verknüpfungsergebnis "1" ist. Bei Verknüpfungsergebnis "0" erfolgt keine Beeinflussung der Binärvariablen, war sie gesetzt, bleibt sie gesetzt, war sie zurückgesetzt, bleibt sie zurückgesetzt. Das einzelne Rücksetzen wird in KOP durch die Rücksetzen-Spule dargestellt, in FUP durch die Rücksetzen-Box.

Das einzelne Setzen und Rücksetzen beeinflussen nicht das Verknüpfungsergebnis.

10.4 Mehrfaches Setzen und Rücksetzen

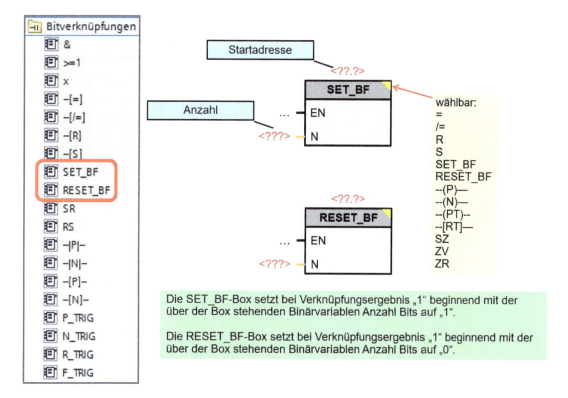

Bei mehrfachen Setzen und Rücksetzen werden die Bits im angegebenen Zielbereich auf Signalzustand "1" gesetzt (SET_BF) oder auf "0" zurückgesetzt (RESET_BF).
Die Funktion wird im Kontaktplan als Spule und im Funktionsplan als Box dargestellt.
Die Binärvariable über der Grafik bezeichnet das erste Bit im Zielbereich. Unter der Grafik bzw. am Parameter N steht die Anzahl der zu steuernden Bits. Für die Angabe der Anzahl ist nur eine Konstante im Bereich von 0 bis 65 535 zugelassen.
Das mehrfache Setzen und Rücksetzen wird ausgeführt, wenn die Spule bzw. der Freigabeeingang EN der Box mit Verknüpfungsergebnis "1" angesteuert wird.
Bei Verknüpfungsergebnis „0" erfolgt keine Beeinflussung der Binärvariablen im Zielbereich; sie behalten dann ihren aktuellen Signalzustand bei.

10 Speicherfunktionen

Ergänzen Sie den Baustein FC3 mit folgenden Anweisungen!
Testen Sie anschließend die neuen Befehle.

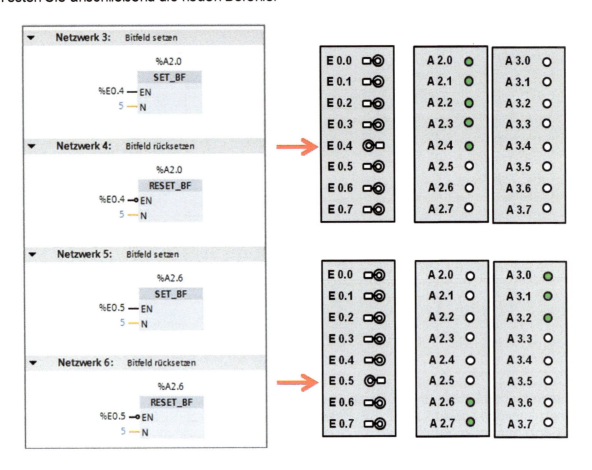

Notizen

10.5 Wendeschützschaltung

Die Wendeschützschaltung arbeitet nach folgenden Bedingungen:

- Drehrichtung „Links" -S2
- Drehrichtung „Rechts" -S3
- Motor „Stopp" -S1
- Drehrichtungsumkehr nur über -S1 „Stopp" möglich.
- Motorschutzrelais -B1 (Überstromauslöser) schaltet das jeweilige Motorschütz aus.
- Schütz -Q1 „Rechtslauf"
- Schütz -Q2 „Linkslauf"
- Leuchtmelder -P1 und -P2 zeigen die jeweilige Drehrichtung.

Laststromkreis und Beschaltung der SPS

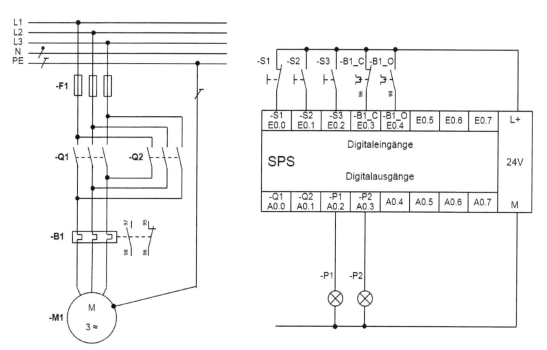

Vervollständigen Sie die den Anschlussplan!

Zuordnungsliste

Eingangsvariable	Symbol	Datentyp	Logische Zuordnung		Adresse
Stopp	S1	BOOL	betätigt	S1 = 0	%E0.0
Rechtslauf	S2	BOOL	betätigt	S2 = 1	%E0.1
Linkslauf	S3	BOOL	betätigt	S3 = 1	%E0.2
Motorschutzrelais (96)	B1	BOOL	betätigt	B1 = 0	%E0.3
Ausgangsvariable					
Schütz Rechtslauf	Q1	BOOL	Schütz angezogen	Q1 = 1	%A0.0
Schütz Linkslauf	Q2	BOOL	Schütz angezogen	Q2 = 1	%A0.1
Leuchtmelder Linkslauf	P1	BOOL	leuchtet	P1 = 1	%A0.2
Leuchtmelder Rechtslauf	P2	BOOL	Leuchtet	P2 = 1	%A0.3

Erstellen Sie einen entsprechenden Baustein FC4 „Wendeschütz"!

Einführung in die Programmierung mit Siemens TIA-Portal V15

10 Speicherfunktionen

Hinweis: Verriegelung von Speichern

Das Verriegeln von Speichern ist in der Steuerungstechnik ein immer wiederkehrendes und wichtiges Prinzip. Zwei Arten von Verriegelungen lassen sich unterscheiden.
Beim gegenseitigen Verriegeln dürfen bestimmte Speicher nicht gleichzeitig gesetzt sein.
Beispiel hierfür ist eine Wendeschützschaltung, bei der Rechts- und Linkslaufschütz niemals gleichzeitig angezogen sein dürfen.

Gegenseitiges Verriegeln

Am Beispiel von zwei RS-Speicherfunktionen sollen die beiden Möglichkeiten der gegenseitigen Verriegelung gezeigt werden. Ist eines der beiden Speicherglieder gesetzt, kann das andere nicht mehr gesetzt werden. Für diese Verriegelung gibt es zwei Realisierungsmöglichkeiten.

Verriegelung über den Rücksetz-Eingang:

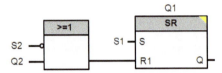 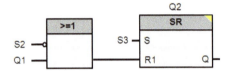

Ist beispielsweise die Speicherfunktion Q2 gesetzt und wird über S1 ein "1"-Signal an den Setzeingang der Speicherfunktion Q1 gelegt, so wird durch die sequentielle Programmabarbeitung der Operand im Prozessabbild der Ausgänge gesetzt und sofort wieder nach Abarbeiten der Rücksetzoperation zurückgesetzt. Am Ende des Programmzyklus ist dann die Speicherfunktion Q1 im Prozessabbild der Ausgänge zurückgesetzt.

Verriegelung über den Setz-Eingang:

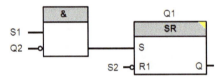 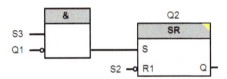

Über die UND-Verknüpfung an den Setz-Eingängen der Speicherglieder wird der Setz-Befehl nur wirksam, wenn der jeweils andere Speicher ein "0"-Signal hat, also nicht gesetzt ist.
Der Unterschied der beiden Verriegelungsarten besteht darin, dass bei der Verriegelung über die Rücksetzeingänge ein bereits gesetzter Speicher durch eine Verriegelungsbedingung zurückgesetzt werden kann. Dieser Fall kommt bei Schrittkettenprogrammierung mit Hilfe von Speicherfunktionen sehr häufig vor.
Der Folgeschritt setzt dabei stets den vorangegangenen Schritt zurück. Die Verriegelung über den Rücksetzeingang wird in den meisten Fällen bei Steuerungsprogrammen bevorzugt.

Hinweis: Schutzbeschaltung

Freilaufdiode	RC-Glied	Varistor
- nur einsetzbar in Gleichstromkreisen - Abschaltspannung 0,7 V bei Si-Dioden - preisgünstig - platzsparend	- hohe Stromspitzen - hoher Platzbedarf - einsetzbar bei DC und AC	- große Überspannung - hoher Platzbedarf - einsetzbar bei DC und AC

Speicherfunktionen 10

Programmtesthilfe

Notizen

10 Speicherfunktionen

10.6 Flankenauswertung

10.6.1 Funktionsweise einer Flankenauswertung

Eine Flankenauswertung erfasst die Änderung eines Signalzustands, eine Signalflanke. Eine positive (steigende) Flanke liegt vor, wenn das Signal von Zustand "0" nach Zustand "1" wechselt. Im umgekehrten Fall spricht man von einer negativen (fallenden) Flanke.

Im Stromlaufplan ist das Äquivalent einer Flankenauswertung ein Wischkontakt. Gibt dieser Wischkontakt beim Einschalten des Relais einen Impuls ab, entspricht dies der steigenden Flanke. Ein Impuls des Wischkontakts beim Abschalten entspricht einer fallenden Flanke.

Die Erfassung einer Signalflanke - die Änderung eines Signalzustands - wird programmtechnisch realisiert. Die CPU vergleicht bei der Bearbeitung einer Flankenauswertung das aktuelle Verknüpfungsergebnis, z.B. das Abfrageergebnis eines Eingangs, mit einem gespeicherten Verknüpfungsergebnis. Sind beide Signalzustände unterschiedlich, liegt eine Signalflanke vor.

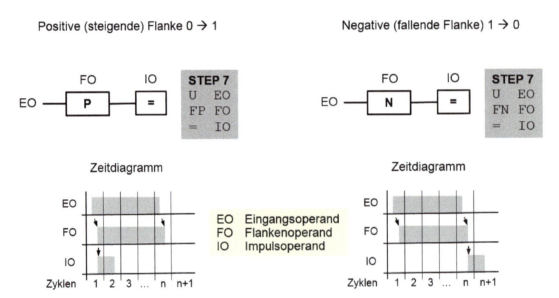

Das gespeicherte Verknüpfungsergebnis (VKE) liegt in einem so genannten "Flankenmerker" (es muss nicht unbedingt ein Merker sein). Es muss eine Binärvariable sein, deren Signalzustand bei der nächsten Bearbeitung der Flankenauswertung (im nächsten Programmzyklus) wieder zur Verfügung steht und die Sie sonst nicht weiter im Programm verwenden. Als Binärvariablen geeignet sind Merkerbits, Datenbits in Global-Datenbausteinen und statische Lokaldatenbits in Funktionsbausteinen.

Dieser Flankenmerker speichert das "alte" VKE, nämlich das Verknüpfungsergebnis, mit dem die CPU die Flankenauswertung zuletzt bearbeitet hat. Wenn nun eine Signalflanke vorliegt, d.h. wenn das aktuelle VKE unterschiedlich zum Signalzustand des Flankenmerkers ist, führt die CPU den Signalzustand des Flankenmerkers nach, indem sie ihm das nun aktuelle VKE zuweist. Bei der nächsten Bearbeitung der Flankenauswertung (in der Regel im nächsten Programmzyklus) ist der Signalzustand des Flankenmerkers gleich dem aktuellen VKE (wenn es sich bis dahin nicht wieder geändert hat) und die CPU erkennt keine Flanke mehr.

10.6.2 Flankenauswertung des Verknüpfungsergebnisses

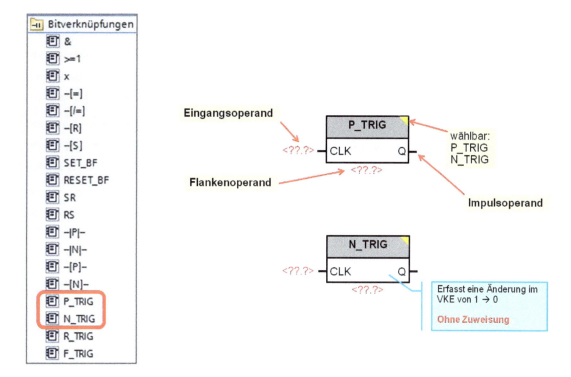

Diese Flankenauswertung erzeugt einen Impuls bei der Änderung des Verknüpfungsergebnisses. Hierfür stehen die P_TRIG-Box für die Auswertung einer positiven Flanke und die N_TRIG-Box für die Auswertung einer negativen Flanke zur Verfügung.

Die positive Flankenauswertung erzeugt den Impuls bei einem Signalzustandswechsel von "0" nach "1" (steigende Flanke) am Eingang CLK, die negative bei einem Signalzustandswechsel von „1" nach „0" (fallende Flanke). Der Impuls steht am Ausgang Q der Flankenauswertung zur Verfügung.

Platzierung

Die Operation "Ausgang bei positiver Signalflanke setzen" kann innerhalb oder am Ende der Verknüpfungskette angeordnet werden.

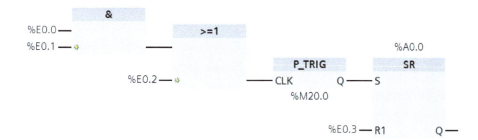

10 Speicherfunktionen

10.6.3 Flankenauswertung einer Binärvariablen

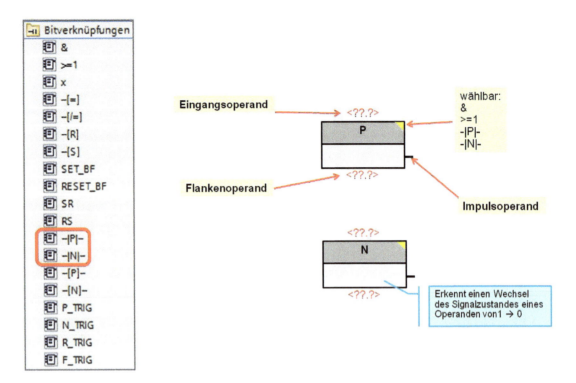

Im Funktionsplan steht die Binärvariable über der Flankenauswertung-Box, darunter ist der Flankenmerker angegeben. Der Ausgang Q entspricht dem Impulsmerker. Mit der P-Box wird eine positive, steigende Flanke erkannt, mit der N-Box eine negative, fallende Flanke.

Platzierung

Die Operation "Positive Signalflanke eines Operanden abfragen" kann an jeder Stelle in der Verknüpfungskette angeordnet werden.

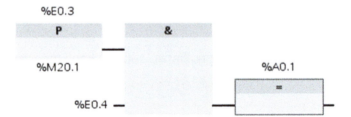

10.6.4 Flankenauswertung mit Impulsausgabe

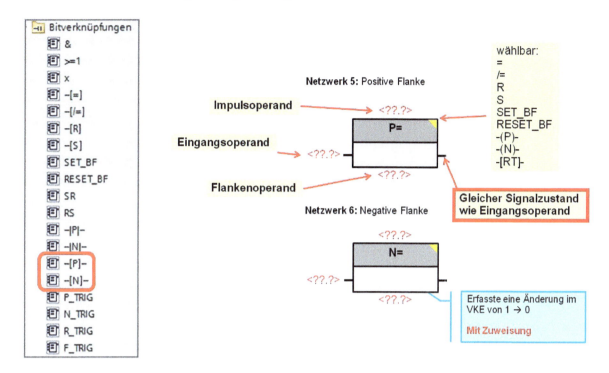

Die Flankenauswertung mit Impulsausgabe erzeugt aus der Änderung des Verknüpfungsergebnisses (des "Stromflusses") einen Impuls an einer Binärvariablen.
Die positive Flankenauswertung (P-Spule, bzw. P=-Box) erzeugt den Impuls bei einem Signalzustandswechsel von "0" nach "1" (steigende Flanke), die negative Flankenauswertung (N-Spule bzw. N=-Box) bei einem Signalzustandswechsel von "1" nach "0" (fallende Flanke). Die Binärvariable führt bei einer Flanke einen Bearbeitungszyklus lang Signalzustand "1".
Das Verknüpfungsergebnis nach dem Kontakt bzw. am Ausgang der Box entspricht dem Verknüpfungsergebnis vor dem Kontakt bzw. vor der Box, es wird einfach "durchgereicht".

Platzierung

Die Operation "Operand bei positiver Signalflanke setzen" kann entweder innerhalb oder am Ende der Verknüpfungskette angeordnet werden.

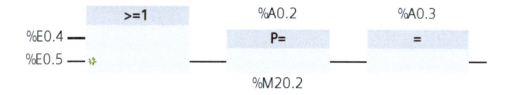

10 Speicherfunktionen

10.6.5 R_TRIG / F_TRIG

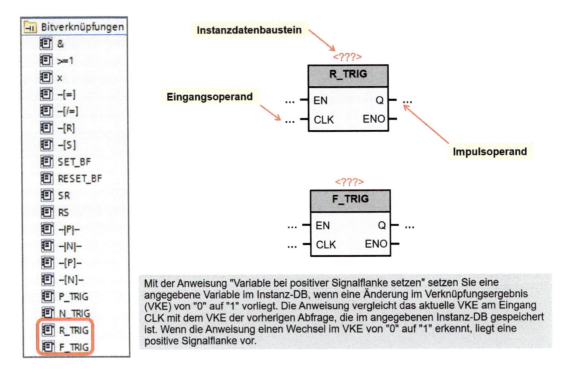

Mit der Anweisung "Variable bei positiver Signalflanke setzen" setzen Sie eine angegebene Variable im Instanz-DB, wenn eine Änderung im Verknüpfungsergebnis (VKE) von "0" auf "1" vorliegt. Die Anweisung vergleicht das aktuelle VKE am Eingang CLK mit dem VKE der vorherigen Abfrage, die im angegebenen Instanz-DB gespeichert ist. Wenn die Anweisung einen Wechsel im VKE von "0" auf "1" erkennt, liegt eine positive Signalflanke vor.

Wenn eine positive Signalflanke erfasst wird, wird die Variable im Instanz-DB auf den Signalzustand "1" gesetzt und der Ausgang Q liefert den Signalzustand "1". In allen anderen Fällen ist der Signalzustand am Ausgang der Anweisung "0".

Beim Einfügen der Anweisung im Programm wird automatisch der Dialog "Aufrufoptionen" geöffnet, in dem Sie festlegen können, ob der Flankenmerker in einem eigenen Datenbaustein (Einzelinstanz) oder als lokale Variable (Multiinstanz) in der Bausteinschnittstelle abgelegt wird. Falls Sie einen eigenen Datenbaustein erstellen, finden Sie diesen in der Projektnavigation im Ordner "Programmressourcen" unter "Programmbausteine > Systembausteine".

10.6.6 Test Flankenauswertung

Sichtbarmachen der Impulsoperanden.
Erzeugen Sie einen neuen Baustein FC5 „Flankenauswertung" und programmieren Sie nachfolgendes Programm.

▼ **Bausteintitel:** Flankenauswerung
   Kommentar

▼ **Netzwerk 1:** VKE auf positive / negative Signalflanke abfragen

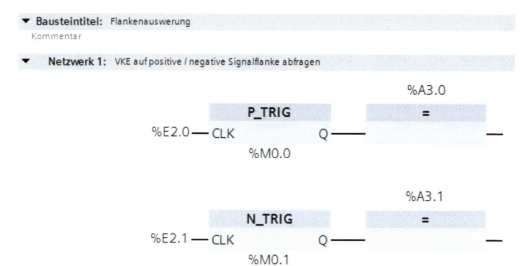

▼ **Netzwerk 2:** Operand auf positive / negative Signalflanke abfragen

▼ **Netzwerk 3:** Operand bei positiver / negativer Signalflanke setzen

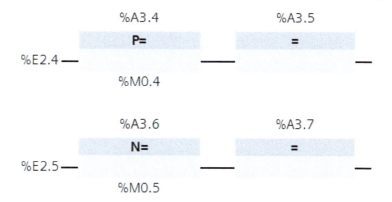

10 Speicherfunktionen

Programmergänzung: Wendeschützschaltung

Ändern Sie den Baustein FC4 „Wendeschütz" so, dass die beiden Eingänge „Rechtslauf" S2 und „Linkslauf" S3 flankenausgewertet werden.
Beachten Sie die Merkerauswahl!

Zuordnungsliste

Eingangsvariable	Symbol	Datentyp	Logische Zuordnung		Adresse
Stopp	S1	BOOL	betätigt	S1 = 0	%E0.0
Rechtslauf	S2	BOOL	betätigt	S2 = 1	%E0.1
Linkslauf	S3	BOOL	betätigt	S3 = 1	%E0.2
Motorschutzrelais (96)	B1	BOOL	betätigt	B1 = 0	%E0.3
Ausgangsvariable					
Schütz Rechtslauf	Q1	BOOL	Schütz angezogen	Q1 = 1	%A0.0
Schütz Linkslauf	Q2	BOOL	Schütz angezogen	Q2 = 1	%A0.1
Leuchtmelder Linkslauf	P1	BOOL	leuchtet	P1 = 1	%A0.2
Leuchtmelder Rechtslauf	P2	BOOL	Leuchtet	P2 = 1	%A0.3

Programmtesthilfe

	Eingänge		Ausgänge	
	E 0.0	S1	A 0.0	Q1
positive Flanke	E 0.1	S2	A 0.1	Q2
positive Flanke	E 0.2	S3	A 0.2	P1
	E 0.3	B1	A 0.3	P2
	E 0.4		A 0.4	
	E 0.5		A 0.5	
	E 0.6		A 0.6	
	E 0.7		A 0.7	

11. Zeitfunktionen

11.1 IEC – Zeitfunktionen

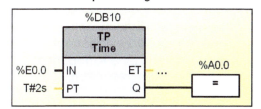
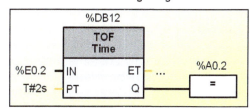
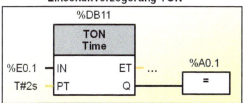
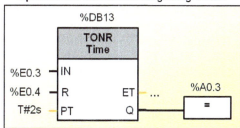

Mit den Zeitoperationen können Sie programmierte Zeitverzögerungen einrichten:

- **TP** (**T**imer **P**uls) - Impulsbildung: Der Impulszeitgeber erzeugt einen Impuls mit einer voreingestellten Dauer.
- **TON** (**T**imer **ON** delay) - Einschaltverzögerung: Ausgang Q der Einschaltverzögerung wird nach einer voreingestellten Zeit auf EIN gesetzt.
- **TONR** (**T**imer **ON** delay **R**eset) - Speichernde Einschaltverzögerung: Der Ausgang der Operation Zeit akkumulieren wird nach einer voreingestellten Zeit auf EIN gesetzt.
  Die abgelaufene Zeit wird über mehrere Zeitintervalle kumuliert, bis Eingang R zum Zurücksetzen der abgelaufenen Zeit angestoßen wird.
- **TOF** (**T**imer **OF**F delay) - Ausschaltverzögerung: Ausgang Q der Ausschaltverzögerung wird nach einer voreingestellten Zeit auf AUS gesetzt.
- **RT** (**R**eset **T**imer) - Setzt eine Zeit zurück, indem die Zeitdaten im angegebenen Instanz-Datenbaustein der Zeit gelöscht werden

Die Anzahl der Zeiten, die Sie in Ihrem Anwenderprogramm verwenden können, ist lediglich durch den Speicherplatz in der CPU begrenzt. Jede Zeit nutzt die 16 Byte im Speicher.

Eine Zeitfunktion ist eine Anweisung mit eigenen Daten. Beim Programmieren einer Zeitfunktion geben Sie an, in welchem Datenbaustein die Daten abgelegt werden sollen. Wählen Sie die Schaltfläche Einzelinstanz, muss es jedes Mal ein anderer Datenbaustein sein.
Programmieren Sie eine Zeitfunktion in einem Funktionsbaustein, können Sie auch Multiinstanz wählen. Dann werden die Daten der Zeitfunktion als Lokalinstanz im Instanz-Datenbaustein des Funktionsbausteins abgelegt. Dadurch verringert sich die Verarbeitungszeit und der für die Verwaltung der Zeiten erforderliche Datenspeicher.

11 Zeitfunktionen

Beim Aufruf einer Zeitfunktion müssen Sie den Starteingang IN und die vorgegebenen Zeitdauer PT (Preset Time) mit Variablen versorgen. Die Versorgung des Zeitstatus Q und der laufenden Zeit ET (Elapsed Time) ist freigestellt.

Die Datenstruktur einer Zeitfunktion ist im Systemdatentyp (SDT) IEC TIMER abgebildet. Wird beim Programmieren einer Zeitfunktion *Einzelinstanz* gewählt, dann erhält der zugeordnete Datenbaustein die Struktur dieses Systemdatentyps. Eine einzelne SDT-Komponente kann dann mit dem Namen *„Datenbaustein".Komponente* abgefragt werden.
Wird die Zeitfunktion als Lokalinstanz angelegt, kann man eine einzelne Komponente innerhalb des Funktionsbausteins mit *#Instanzname.Komponente* adressieren.
Die Komponenten einer Zeitfunktion sind schreibgeschützt.
Die Zeitfunktionen laufen in den Betriebszuständen STARTUP und RUN.
Die Funktion RT (Reset Timer) setzt eine Zeitfunktion zurück.
Die Zeitfunktionen werden auch "IEC-Zeitfunktionen" genannt, um sie von den bei SIMATIC S7-300/400 zusätzlich vorhandenen "SIMATIC-Zeitfunktionen" zu unterscheiden.

Beschaltung der Zeitfunktionen:

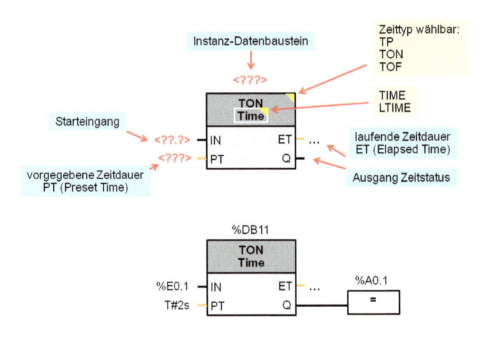

Name	Deklaration	Datentyp	Beschreibung
IN	INPUT	BOOL	Starteingang
PT	INPUT	TIME/LTIME	Vorgegebene Zeitdauer
Q	OUTPUT	BOOL	Zeitstatus
ET	OUTPUT	TIME	laufende Zeitdauer

Der Inhalt eines Operanden vom Datentyp TIME wird als Millisekunden interpretiert.
Die Darstellung enthält Angaben für Tage (d), Stunden (h), Minuten (m), Sekunden (s) und Millisekunden (ms).

Max. Zeitdauer TIME: T#-24d20h31m23s648ms bis T#+24d20h31m23s647ms

Max. Zeitdauer LTIME: T# LT#-106751d23h47m16s854ms775µs808ns bis
LT#+106751d23h47m16s854ms775µs807ns

Am PT Eingang muss der LTIME-Wert positiv sein.

Zeitfunktionen 11

IEC-Zeiten benötigen einen Datenbaustein, genannt „Instanzdatenbaustein".
Dieser beinhaltet eine Struktur vom Datentyp der angewendeten Timerart.

Notizen

11 Zeitfunktionen

11.2 Impulsbildung TP

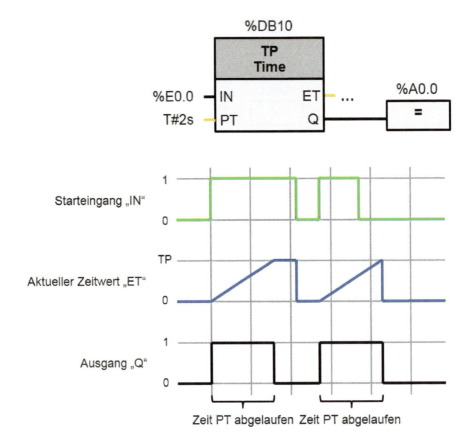

Die Impulsbildung verkürzt oder verlängert ein Eingangssignal auf die programmierte Zeitdauer. Wechselt der Signalzustand am Starteingang IN der Zeitfunktion von "0" nach "1", startet die Zeitfunktion. Sie läuft mit der am Eingang PT programmierten Zeitdauer ab, unabhängig vom weiteren Verlauf des Signalzustands am Starteingang.
Der Ausgang Q liefert Signalzustand "1", solange die Zeit läuft.

Der Ausgang ET liefert die Zeitdauer, mit der die Zeit bereits gelaufen ist. Diese Zeitdauer beginnt bei T#0s und endet an der eingestellten Zeitdauer PT. Ist die Zeit abgelaufen, bleibt ET so lange auf dem abgelaufenen Wert stehen, bis der Signalzustand am Eingang IN wieder nach "0" wechselt. Führt der Eingang IN vor Ablauf von PT Signalzustand "0", wechselt der Ausgang ET sofort nach Ablauf von PT auf T#0s.

Die RT-Funktion (das Rücksetzen einer Zeitfunktion) stoppt bei Bearbeitung mit Signalzustand "1" die laufende Zeit und setzt den aktuellen Zeitwert auf Null zurück. Wenn während des Rücksetzens Signalzustand "0" am Starteingang liegt, wird auch der Ausgang Q zurückgesetzt. Wenn während des Rücksetzens der Starteingang IN mit Signalzustand "1" belegt ist, bleibt der Ausgang Q auf "1". Nachdem - bei Signalzustand "1" am Starteingang - das Rücksetzen wieder zurückgenommen wurde, läuft die Zeit wieder an.

11.3 Einschaltverzögerung TON

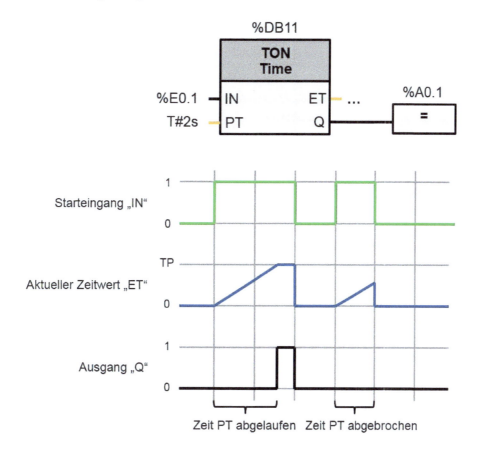

Die Einschaltverzögerung verzögert ein Eingangssignal um die programmierte Zeitdauer.

Wechselt der Signalzustand am Starteingang IN der Zeitfunktion von "0" nach "1", startet die Zeitfunktion. Sie läuft mit der am Eingang PT programmierten Zeitdauer ab. Der Ausgang Q liefert Signalzustand "1", wenn die Zeit abgelaufen ist und solange der Starteingang noch "1" führt. Wechselt vor Ablauf der Zeit der Signalzustand am Starteingang IN von "1" nach "0", wird die laufende Zeit rückgesetzt. Mit der nächsten positiven Flanke am Eingang IN startet sie wieder.

Der Ausgang ET liefert die Zeitdauer, mit der die Zeit bereits gelaufen ist. Diese Zeitdauer beginnt bei T#0s und endet an der eingestellten Zeitdauer PT. Ist PT abgelaufen, bleibt ET solange auf dem abgelaufenen Wert stehen, bis der Eingang IN wieder nach "0" wechselt. Führt der Eingang IN vor Ablauf von PT Signalzustand "0", wechselt der Ausgang ET sofort auf T#0s.

Die RT-Funktion (das Rücksetzen einer Zeitfunktion) stoppt bei Bearbeitung mit Signalzustand "1" die laufende Zeit und setzt den aktuellen Zeitwert auf Null zurück. Die Zeitfunktion bleibt so lange angehalten, wie das Rücksetzen Signalzustand "1" führt. Wenn der Starteingang IN mit Signalzustand "1" belegt ist nachdem das Rücksetzen wieder Signalzustand "0" führt, läuft die Zeitfunktion wieder an. Ist die Zeitdauer bereits abgelaufen und das Rücksetzen führt "1", wird der Ausgang Q auf Signalzustand "0" zurückgesetzt.

11 Zeitfunktionen

11.4 Speichernde Einschaltverzögerung TONR

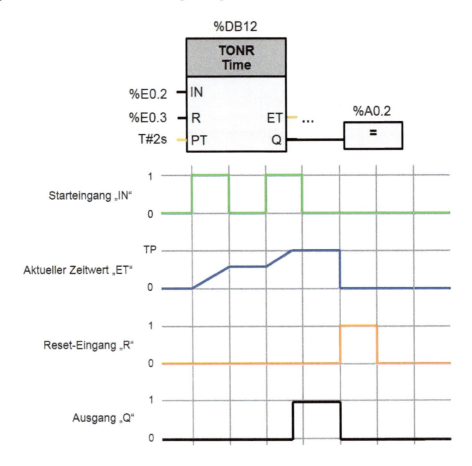

Die speichernde Einschaltverzögerung verzögert ein Eingangssignal um die programmierte Zeitdauer, wobei eine Unterbrechung des Eingangssignals auch den Ablauf der Zeitdauer unterbricht.

Wechselt der Signalzustand am Starteingang IN der Zeitfunktion von "0" nach "1", startet die Zeitfunktion. Sie läuft mit der am Eingang PT programmierten Zeitdauer ab. Der Ausgang Q liefert Signalzustand "1", wenn die Zeit abgelaufen ist, unabhängig vom weiteren Verlauf des Signalzustands am Starteingang. Wechselt der Signalzustand am Starteingang IN von "1" nach "0" während die Zeit läuft, wird die Zeitfunktion angehalten, aber nicht zurückgesetzt. Wechselt nun der Signalzustand am Starteingang erneut nach "1", läuft die Zeitfunktion ab der unterbrochenen Zeitdauer weiter.

Der Rücksetzeingang R setzt mit Signalzustand "1" den Ausgang Q auf Signalzustand "0" zurück und löscht die Zeitdauer ET. Das Rücksetzen von Q und das Löschen von ET findet unabhängig vom Signalzustand am Starteingang statt. Führt der Rücksetzeingang R wieder "0", während am Starteingang IN noch "1" ansteht, läuft die Zeit erneut an. Wechselt der Signalzustand am Starteingang von "0" nach "1", während der Rücksetzeingang R Signalzustand "1" führt, wird die Zeitfunktion nicht gestartet.

Die RT-Funktion (das Rücksetzen einer Zeitfunktion) hat die gleiche Wirkung wie der Rücksetzeingang R. Sie stoppt bei Bearbeitung mit Signalzustand "1" die laufende Zeit und setzt den aktuellen Zeitwert auf Null zurück.

11.5 Ausschaltverzögerung TOF

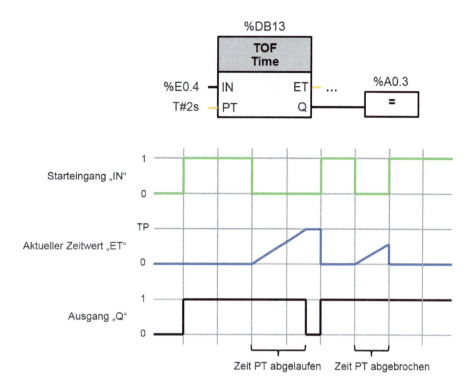

Die Ausschaltverzögerung verzögert das Ausschalten eines Eingangssignals um die programmierte Zeitdauer.

Wechselt der Signalzustand am Starteingang IN der Zeitfunktion von "0" nach "1", führt der Ausgang Q Signalzustand "1". Wechselt der Signalzustand am Starteingang zurück nach "0", läuft die Zeit mit der am Eingang PT programmierten Zeitdauer an. Solange die Zeit läuft, bleibt der Ausgang Q auf Signalzustand "1". Ist die Zeit abgelaufen, wird der Ausgang Q zurückgesetzt. Wechselt vor Ablauf der Zeit der Signalzustand am Starteingang erneut auf "1", wird die Zeitdauer zurückgesetzt und der Ausgang Q bleibt "1".

Der Ausgang ET liefert die Zeitdauer, mit der die Zeit bereits gelaufen ist. Diese Zeitdauer beginnt bei T#0s und endet an der eingestellten Zeitdauer PT. Ist PT abgelaufen, bleibt ET so lange auf dem abgelaufenen Wert stehen, bis der Eingang IN oder das Rücksetzen RT Signalzustand "1" führen. Führt der Eingang IN vor Ablauf von PT Signalzustand "1", wechselt der Ausgang ET sofort nach T#0s.

Die RT-Funktion (das Rücksetzen einer Zeitfunktion) stoppt bei Bearbeitung mit Signalzustand "1" die laufende Zeit und setzt den aktuellen Zeitwert auf Null zurück. Während am Starteingang IN Signalzustand "1" anliegt, hat Signalzustand "1" beim Rücksetzen keine Wirkung. Wenn der Starteingang IN nach "0" wechselt und die Zeitfunktion noch läuft, setzt das Rücksetzen mit Signalzustand "1" die Zeitdauer zurück und der Ausgang Q wird ebenfalls auf Signalzustand "0" zurückgesetzt.

11.6 RT-Funktion, Rücksetzen einer Zeitfunktion

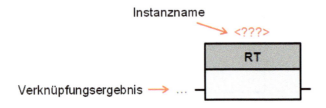

> Bei Verknüpfungsergebnis "1" wird die Zeitfunktion gestoppt.
> Die laufende Zeit wird zurückgesetzt. Dies hat Auswirkungen
> auf den Status Q der Zeitfunktion.
> Verknüpfungsergebnis "0" hat keine Wirkung.

Die RT-Funktion setzt eine Zeitfunktion zurück, wenn das Verknüpfungsergebnis "1" ist. Bei Verknüpfungsergebnis "0" erfolgt keine Beeinflussung der Zeitfunktion. Die RT-Funktion wird in KOP durch eine spezielle RT-Spule dargestellt, in FUP durch die RT-Box.

Die Zeitfunktion wird durch ihren Instanznamen spezifiziert. Wird die Zeitfunktion als Lokalinstanz in einem Funktionsbaustein (Multiinstanz) aufgerufen, steht hier der Name der Lokalinstanz. Wird die Zeitfunktion als Einzelinstanz mit einem eigenen Datenbaustein aufgerufen, steht hier der Name des Datenbausteins.

Die RT-Funktion kann sowohl als Abschluss einer Verknüpfung (eines Strompfads) als auch mitten in einer Verknüpfung (mitten im Strompfad) programmiert werden.
Das Verknüpfungsergebnis wird nicht beeinflusst.

11.7.1 Test IEC-Zeitfunktionen

Erstellen Sie einen neuen Baustein FC6 „Zeiten" und testen Sie die IEC-Zeitfunktionen.

Da die Zeitfunktion eine Anweisung mit eigenen Daten ist, muss beim Programmieren angegeben werden in welchem Datenbaustein die Daten abgelegt werden sollen.
Der Datenbaustein erhält standardmäßig einen symbolischen Namen den man ändern kann.

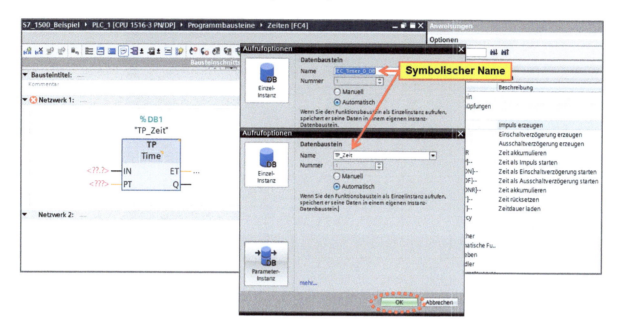

Ablage des Zeitwertes im DB1 als „Einzelinstanz"

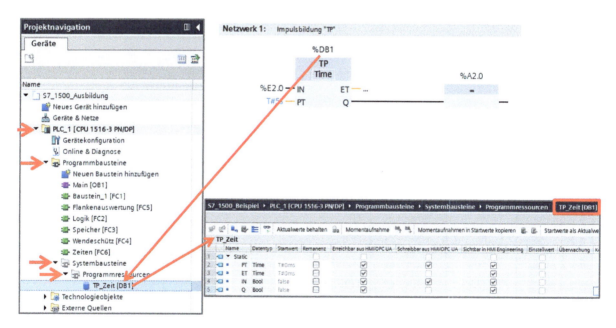

Die Datenstruktur des Timers ist im Instanz-Datenbaustein enthalten.

11 Zeitfunktionen

Programmausdruck

▼ **Bausteintitel:** Zeiten
Kommentar

▼ **Netzwerk 1:** Impulsbildung "TP"

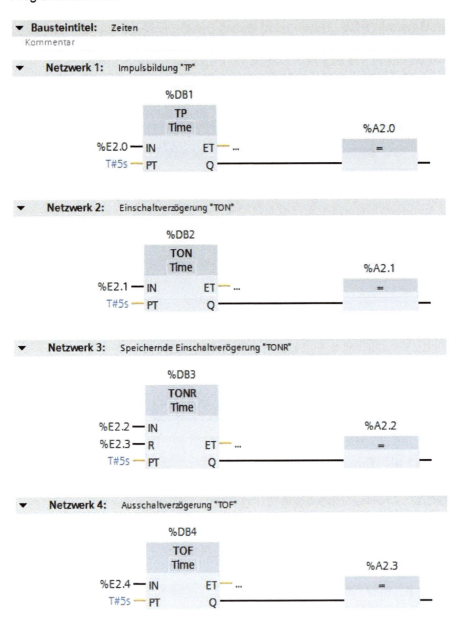

▼ **Netzwerk 2:** Einschaltverzögerung "TON"

▼ **Netzwerk 3:** Speichernde Einschaltverögerung "TONR"

▼ **Netzwerk 4:** Ausschaltverzögerung "TOF"

Programmtesthilfe

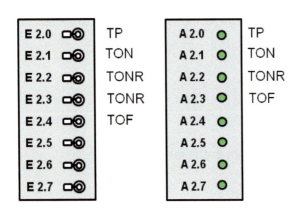

Zeitfunktionen 11

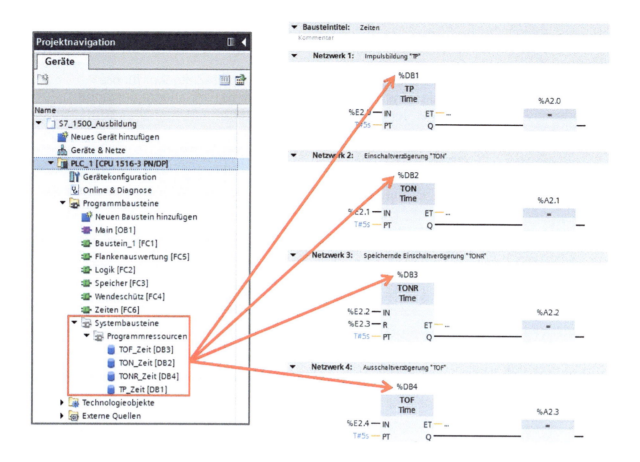

Vervollständigen Sie die Diagramme!

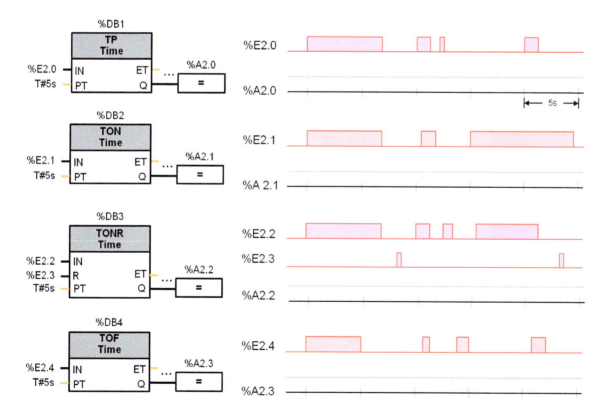

Einführung in die Programmierung mit Siemens TIA-Portal V15

11 Zeitfunktionen

11.7.2 Taktgeber

Mit Hilfe von Zeitfunktionen können Taktgeber im Steuerungsprogramm programmiert werden.
Soll das Puls-Pause-Verhältnis einstellbar sein, sind zwei Impuls-Zeitgeber für die Realisierung erforderlich. Ist der eine Zeitgeber abgelaufen wird der andere gestartet. Nach dessen Ablauf wird wieder der erste Zeitgeber gestartet.

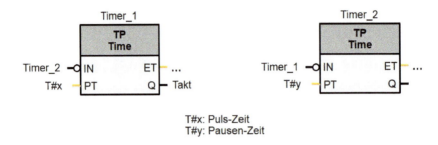

T#x: Puls-Zeit
T#y: Pausen-Zeit

Erstellen Sie einen neuen Baustein FC7 „Taktgeber" und testen Sie das Programm!

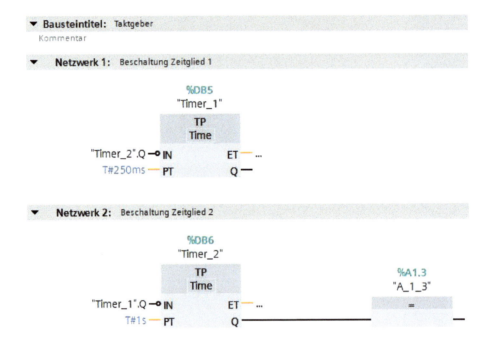

Hantierung IEC-Timer

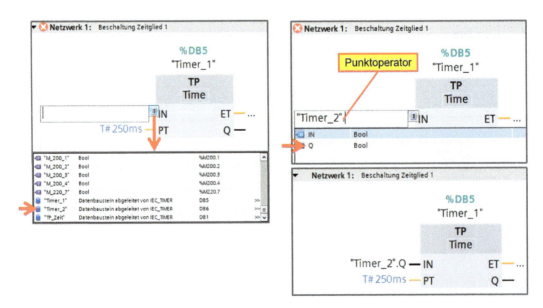

11.7.3 IEC-Zeiten mit Datenbaustein

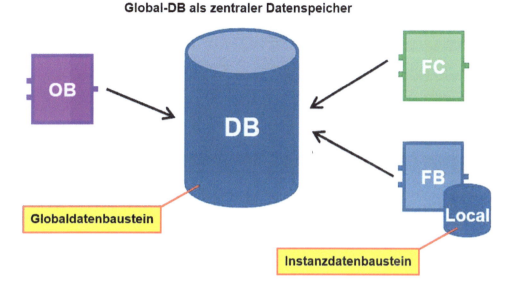

Datenbausteine dienen zur Aufnahme von Anwenderdaten. Datenbausteine belegen Speicherplatz im Anwenderspeicher der CPU. In Datenbausteinen stehen variable Daten (z.B. Zahlenwerte, mit denen das Anwenderprogramm arbeitet.

Datenbausteine können, abhängig von ihrem Inhalt, vom Anwender unterschiedlich eingesetzt werden. Man unterscheidet:

- **Globale Datenbausteine:** Sie enthalten Informationen, auf die von allen Codebausteinen des Anwenderprogramms zugegriffen werden kann.
- **Instanz-Datenbausteine:** Sie sind immer einem FB zugeordnet. Die Daten dieses DBs sollten nur vom zugehörigen FB bearbeitet werden.

Die Anzahl und die Länge von Datenbausteinen ist CPU-spezifisch. Die Nummerierung der Datenbausteine beginnt bei 1; ein Datenbaustein DB0 ist nicht vorhanden. Sie können jeden Datenbaustein entweder als Global-Datenbaustein oder als Instanz-Datenbaustein verwenden.

- Datenbausteine dienen der Speicherung von Anwenderdaten
- Die maximale Größe der Datenbausteine ist vom Arbeitsspeicher der CPU abhängig.
- Unterscheidung:
  - globale DBs, auf die von allen Codebausteinen aus zugegriffen werden kann, die Struktur der globalen Datenbausteine ist frei wählbar
  - Instanz-Datenbausteine sind einem bestimmten FB zugeordnet, die Struktur von Instanz-DBs entspricht der Schnittstelle des FBs

DB	
Anzahl, max.	6000; Nummernband: 1 bis 65535
Größe, max.	5 Mbyte

11 Zeitfunktionen

Datenbaustein anlegen

Voraussetzung zum Anlegen eines neuen Datenbausteins ist ein geöffnetes Projekt mit einer PLC-Station. Einen neuen Datenbaustein können Sie sowohl in der Portalansicht als auch in der Projektansicht anlegen.

In der Portalansicht klicken Sie auf *PLC-Programmierung* und anschließend auf *Neuen Baustein hinzufügen*. In der *Projektansicht* doppelklicken Sie im Ordner *Programmbausteine* auf *Neuen Baustein hinzufügen*. Im Fenster für das Anlegen eines neuen Bausteins wählen Sie das Symbol für Datenbaustein.

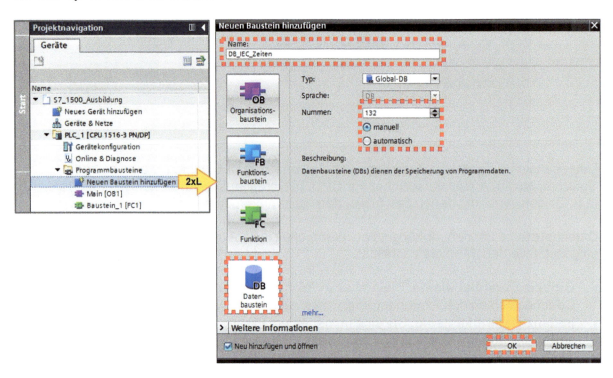

In der Aufklappliste *Typ* sind die bereits programmierten und damit aktuell zur Verfügung stehenden Bausteine und Datentypen angegeben. Wählen Sie aus der Liste den Eintrag, mit dem Sie den anzulegenden Datenbaustein strukturieren wollen. Für einen Datenbaustein, dessen Inhalt Sie frei gestalten möchten, wählen Sie den Eintrag *Global-DB*.

Die Sprache ist bei einem Datenbaustein fest mit DB vorgegeben. Bei der automatischen Vergabe der Bausteinnummer wird die jeweils niedrigste freie Nummer angezeigt, schalten Sie auf manuell, können Sie eine andere Nummer eingeben.

Ist das Kontrollkästchen *Neu hinzufügen und öffnen* aktiviert, wird bei einem Klick auf die Schaltfläche *OK* der Programmeditor gestartet und man kann die Programmierung des neu angelegten Bausteins beginnen.

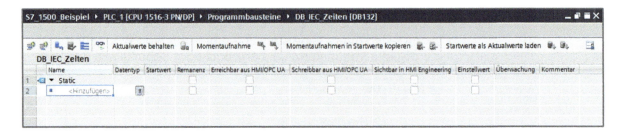

Zeitfunktionen 11

Erstellen Sie den Datenbaustein mit folgendem Inhalt:

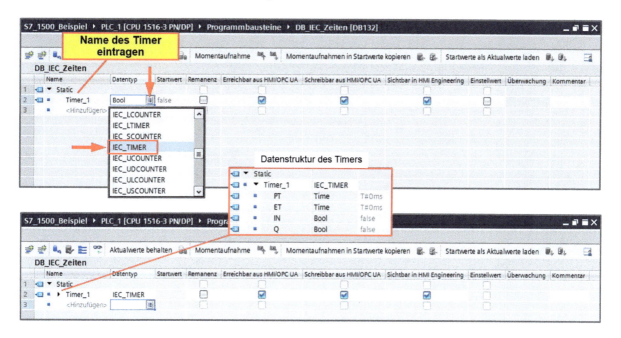

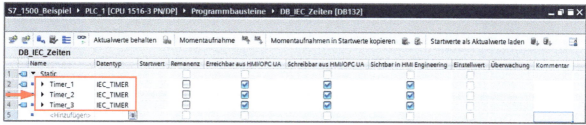

Funktion FC132 „FC_IEC_Zeiten" erstellen

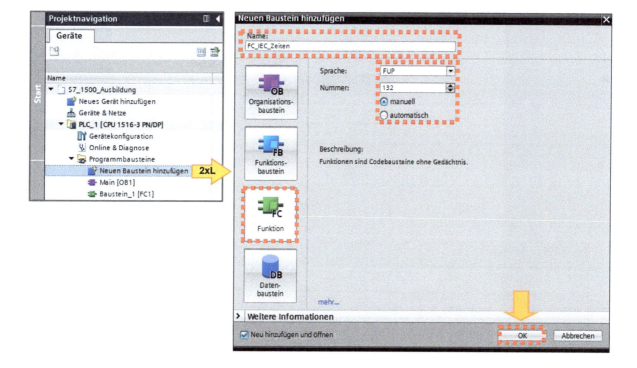

11 Zeitfunktionen

Aufruf „TP-Zeit" im Netzwerk 1.
Keine „Einzelinstanz" anlegen lassen → Abbrechen betätigen!

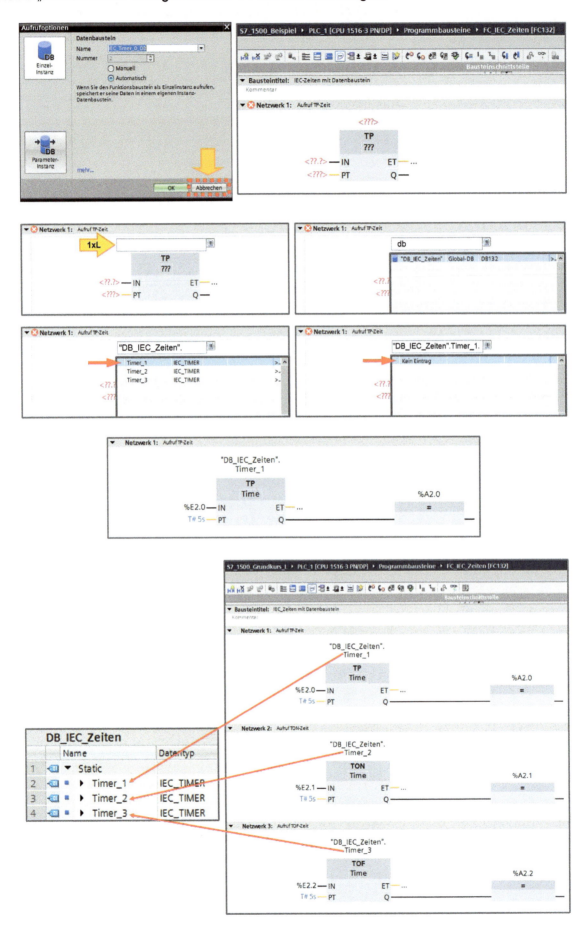

Zeitfunktionen 11

Datenbaustein: DB_IEC_Zeiten [DB132]

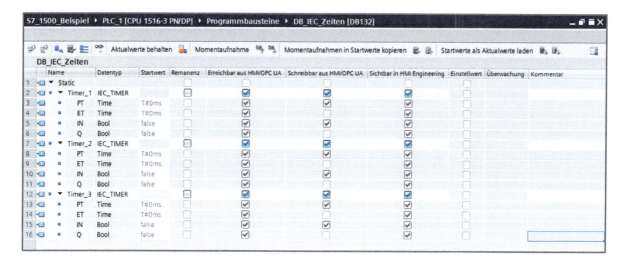

Beobachtung des Datenbausteins

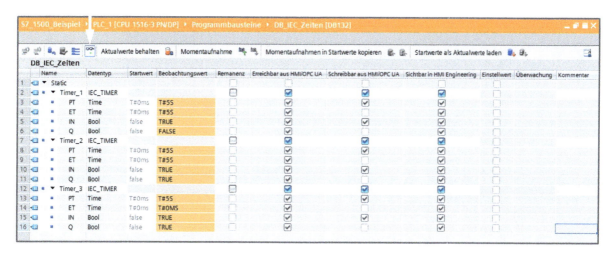

Notizen

11 Zeitfunktionen

Notizen

12. Zählfunktionen

12.1 IEC-Zähler

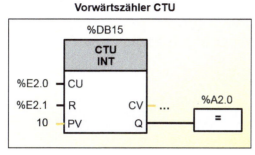
Vorwärtszähler CTU

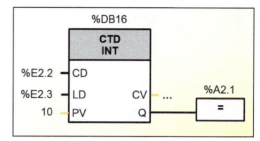
Rückwärtszähler CTD

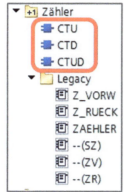

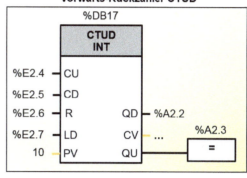
Vorwärts-Rückzähler CTUD

Mit den Zählfunktionen können Sie Zählaufgaben direkt durch den Zentralprozessor ausführen lassen. Die Zählfunktionen können sowohl vorwärts als auch rückwärts zählen; der Zählbereich entspricht dem eingestellten Datentyp. Die Zählfrequenz der Zählfunktionen richtet sich nach der Bearbeitungszeit Ihres Programms! Um zählen zu können, muss die CPU einen Signalzustandswechsel des Eingangsimpulses erkennen, d.h. der Eingangsimpuls und die Pause müssen mindestens einen Programmzyklus lang anstehen. Je größer die Programmbearbeitungszeit ist, desto niedriger ist also die Zählfrequenz.

Folgende Zählfunktionen stehen zur Verfügung:

- CTU   Vorwärtszähler
- CTD   Rückwärtszähler
- CTUD   Vorwärts-Rückwärtszähler

Eine Zählfunktion ist eine Anweisung mit eigenen Daten. Beim Programmieren einer Zählfunktion geben Sie an, in welchem Datenbaustein die Daten abgelegt werden sollen. Wählen Sie die Schaltfläche *Einzelinstanz*, muss es jedes Mal ein anderer Datenbaustein sein. Programmieren Sie eine Zählfunktion in einem Funktionsbaustein, können Sie auch *Multiinstanz* wählen. Dann werden die Daten der Zählfunktion als Lokalinstanz im Instanz-Datenbaustein des Funktionsbausteins abgelegt.

Der Zählbereich entspricht dem Datenformat INT und geht von -32768 bis + 32767.

Beim Aufruf einer Zählfunktion müssen Sie einen Starteingang und den vorgegebenen Zählwert PV (**P**reset **V**alue) mit Variablen versorgen. Die Versorgung des Zählerstatus Q und des aktuellen Zählwerts CV (**C**ount **V**alue) ist freigestellt.

12 Zählfunktionen

Die Zählfunktionen laufen in den Betriebszuständen STARTUP und RUN.

Die Zählfunktionen werden auch "IEC-Zählfunktionen" genannt, um sie von den zusätzlich vorhandenen "SIMATIC-Zählfunktionen" zu unterscheiden.

Zusätzlich zu den Zählfunktionen sind schnelle Zähler in der CPU-Baugruppe integriert. Diese Zähler zählen unabhängig von der Programmbearbeitungszeit.

Beschaltung der Zählfunktionen:

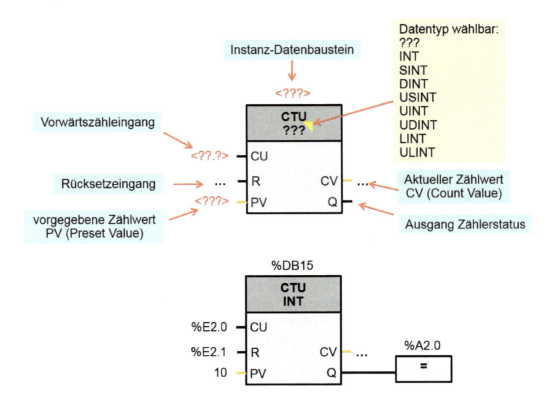

Notizen

12.1.1 Vorwärtszähler CTU

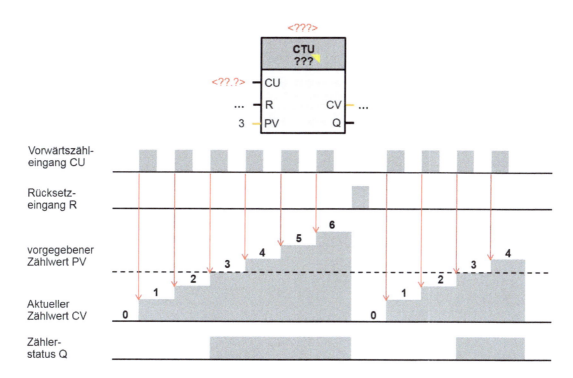

Wechselt der Signalzustand am Vorwärtszähleingang CU von "0" nach "1" (positive Flanke), wird der aktuelle Zählwert um 1 erhöht und am Ausgang CV angezeigt. Erreicht der aktuelle Zählwert den oberen Grenzwert des eingestellten Datentyps, wird er nicht mehr erhöht. Eine positive Flanke an CU bleibt dann ohne Wirkung.

Der Zählwert wird auf Null zurückgesetzt, wenn der Rücksetzeingang R Signalzustand "1" führt. Solange der Eingang R Signalzustand "1" führt, bleibt eine positive Flanke an CU ohne Wirkung.

Der Ausgang Q führt Signalzustand "1", wenn der aktuelle Zählwert größer oder gleich dem vorgegebenen Zählwert (CV ≥ PV) ist.

12 Zählfunktionen

12.1.2 Rückwärtszähler CTD

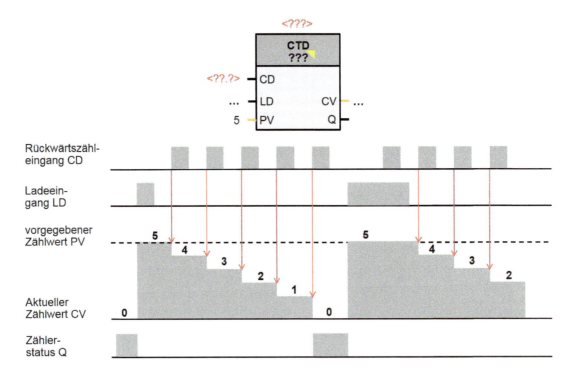

Wechselt der Signalzustand am Rückwärtszähleingang CD von "0" nach "1" (positive Flanke), wird der aktuelle Zählwert um 1 verringert und am Ausgang CV angezeigt. Erreicht der aktuelle Zählwert den unteren Grenzwert des gewählten Datentyps, wird er nicht mehr verringert.
Eine positive Flanke an CD bleibt dann ohne Wirkung.

Der Zählwert CV wird auf den vorgegebenen Zählwert PV gesetzt, wenn der Ladeeingang LD Signalzustand "1" führt. Solange der Eingang LOAD Signalzustand "1" führt, bleibt eine positive Flanke am Eingang CD ohne Wirkung.

Der Ausgang Q führt Signalzustand "1", wenn der aktuelle Zählwert kleiner oder gleich Null ist (CV ≤ 0).

12.1.3 Vorwärts-Rückwärtszähler CTUD

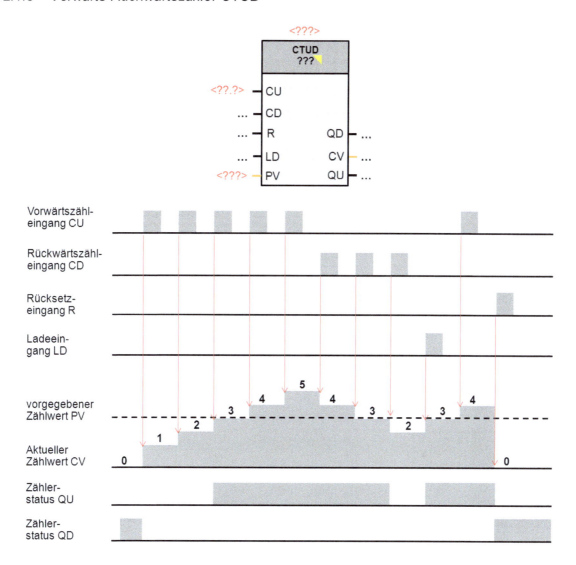

Wechselt der Signalzustand am Vorwärtszähleingang CU von "0" nach "1" (positive Flanke), wird der Zählwert um 1 erhöht und am Ausgang CV angezeigt. Wechselt der Signalzustand am Rückwärtszähleingang CD von "0" nach "1" (positive Flanke), wird der Zählwert um 1 verringert und am Ausgang CV angezeigt. Zeigen beide Zähleingänge eine. positive Flanke, ändert sich der aktuelle Zählwert nicht.

Erreicht der aktuelle Zählwert den oberen Grenzwert des gewählten Datentyps, wird er nicht mehr erhöht. Eine positive Flanke am Vorwärtszähleingang CU bleibt dann ohne Wirkung. Erreicht der aktuelle Zählwert den unteren Grenzwert des gewählten Datentyps, wird er nicht mehr verringert. Eine positive Flanke am Rückwärtszähleingang CD bleibt dann ohne Wirkung.

Der aktuelle Zählwert CV wird auf den vorgegebenen Zählwert PV gesetzt, wenn der Ladeeingang LD Signalzustand "1" führt. Solange der Eingang LD "1" führt, bleiben positive Signalflanken an den Zähleingängen CU und CD ohne Wirkung.

12 Zählfunktionen

Der Zählwert wird auf Null zurückgesetzt, wenn der Rücksetzeingang R Signalzustand "1" führt. Solange der Eingang R Signalzustand "1" führt, bleiben positive Signalflanken an den Zähleingängen CU und CD und Signalzustand "1" am Ladeeingang LOAD ohne Wirkung.

Der Ausgang QU führt Signalzustand "1", wenn der aktuelle Zählwert größer oder gleich dem vorgegebenen Zählwert ist (CV ≥ PV).

Der Ausgang QD führt Signalzustand "1", wenn der aktuelle Zählwert kleiner oder gleich Null ist (CV ≤ 0).

Name	Deklaration	Datentyp	Beschreibung
CU	INPUT	BOOL	Vorwärtszähleingang
CD	INPUT	BOOL	Rückwärtszähleingang
R	INPUT	BOOL	Rücksetzeingang
LD	INPUT	BOOL	Ladeeingang
PV	INPUT	INT	vorgegebener Zählwert
QU	OUTPUT	BOOL	Status vorwärtszählen
QD	OUTPUT	BOOL	Status rückwärtszählen
CV	OUTPUT	INT	aktueller Zählwert

Legende

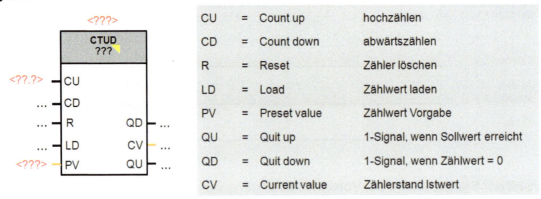

CU	=	Count up	hochzählen
CD	=	Count down	abwärtszählen
R	=	Reset	Zähler löschen
LD	=	Load	Zählwert laden
PV	=	Preset value	Zählwert Vorgabe
QU	=	Quit up	1-Signal, wenn Sollwert erreicht
QD	=	Quit down	1-Signal, wenn Zählwert = 0
CV	=	Current value	Zählerstand Istwert

12.1.4 Test IEC-Zähler

Erstellen Sie einen Baustein FC8 „Zähler".
Führen Sie einen Programmtest durch.

Programmausdruck

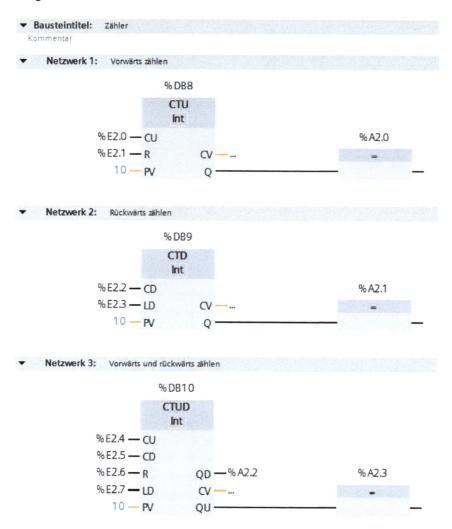

Programmtesthilfe

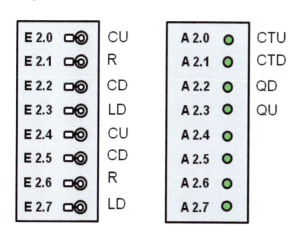

12 Zählfunktionen

Beobachten sie den Instanzdatenbaustein DB8.

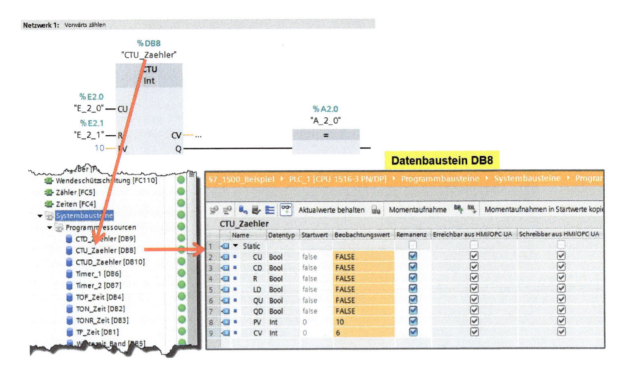

Notizen

13. Lade- und Transferoperationen

13.1 Wert übertragen (MOVE-Box)

Mit der Operation Wert übertragen können Sie Variablen mit spezifischen Werten vorbelegen.

Der Wert, der an Eingang IN angegeben ist, wird in den Operanden kopiert, der an Ausgang OUT angegeben ist.
Wenn am Eingang IN eine Variable mit elementarem Datentyp anliegt, kann die MOVE-Box mit dem Befehl Ausgang einfügen aus dem Kontextmenü mit zusätzlichen Ausgängen OUT2, OUT3 usw. erweitert werden. Der Inhalt der Eingangsvariablen wird dann zu allen Boxenausgängen übertragen. ENO hat den gleichen Signalzustand wie EN.

Die Operation Wert übertragen kann mit der Box MOVE alle Datentypen kopieren.
Beim Anordnen der Box Wert übertragen müssen Sie bestimmte Einschränkungen beachten.

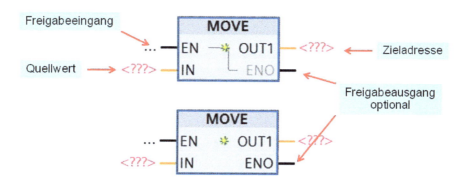

Freigabeausgang ENO flexibel einsetzen

Bei einzelnen Anweisungen und Bausteinaufrufen haben Sie die Möglichkeit, mit Hilfe des EN-/ENO-Mechanismus Laufzeitfehler zu erkennen und einen Programmabbruch zu vermeiden.
Bei mathematischen Funktionen werden z.B. Überläufe über den Freigabeausgang ENO gemeldet.

In STEP 7 TIA-Portal ist in den Programmiersprachen KOP und FUP der Freigabeausgang ENO per Voreinstellung deaktiviert. Bei Bedarf können Sie den Freigabeausgang aktivieren und damit gezielt steuern, bei welchen Anweisungen Sie eine Fehlerauswertung haben möchten.

Dadurch haben Sie die folgenden Vorteile:

- Bei deaktiviertem ENO erhöht sich die Performance.
- Bei aktiviertem ENO führen Laufzeitfehler nicht zum STOP der CPU.

13 Lade- und Transferoperationen

Um den EN-/ENO-Mechanismus einer Anweisung zu aktivieren, gehen Sie folgendermaßen vor:

1. Klicken Sie in Ihrem Programm mit der rechten Maustaste auf die Anweisung, für die Sie den EN-/ENO-Mechanismus aktivieren möchten.
2. Wählen Sie im Kontextmenü den Befehl "ENO generieren".

Für die Anweisung wird der ENO-Wert generiert. Weitere Anweisungen werden mit dem Freigabeausgang eingefügt.

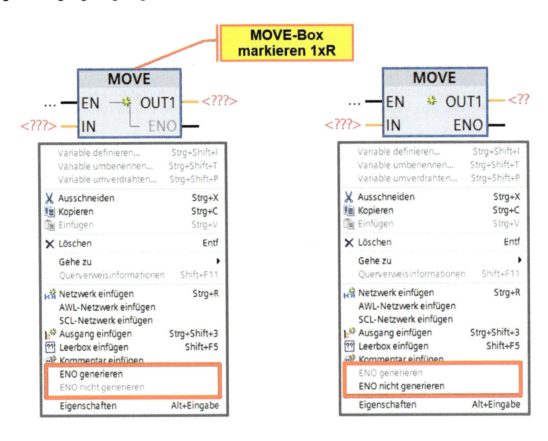

Erstellen Sie einen neuen Baustein FC9 „Wert_MOVE" mit folgendem Programm.

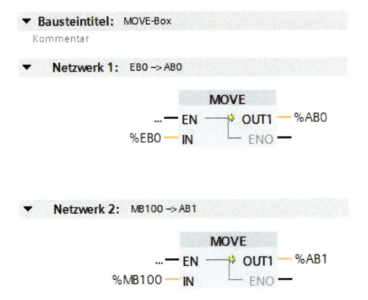

Datenübertragung: EB0 –> AB0

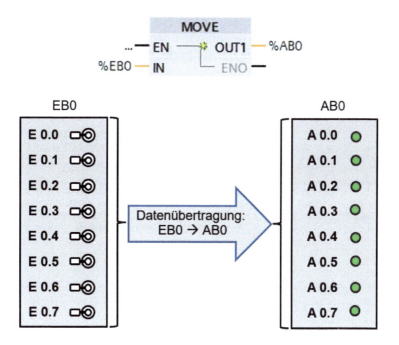

Datenübertragen MB100 (Taktmerkerbyte) → AB1

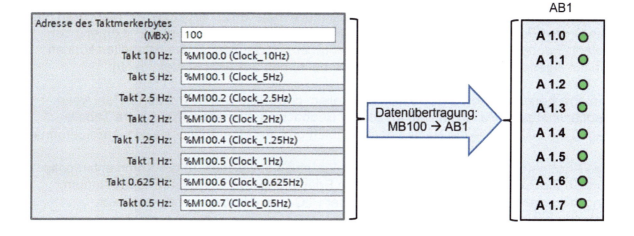

13 Lade- und Transferoperationen

13.2 Testen mit Beobachtungstabellen

Beobachtungstabellen enthalten Variablen, deren Werte man zur Laufzeit beobachten und steuern kann. Die Variablen können in beliebiger Kombination zusammengestellt werden, so dass sich für jeden Testfall eine speziell darauf zugeschnittene Beobachtungstabelle anlegen lässt.

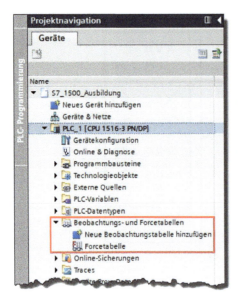

Beobachten von Variablen

Damit lassen sich die aktuellen Werte einzelner Variablen eines Anwenderprogramms bzw. einer CPU am PG/PC anzeigen.

Folgende Variablen können beobachtet bzw. gesteuert werden:

- Eingänge, Ausgänge und Merker
- Inhalte von Datenbausteinen
- Peripherie

13.2.1 Beobachtungstabelle anlegen

Unter einer PLC-Station in der Projektnavigation befindet sich der Ordner *Beobachtungs- und Forcetabellen* mit den Beobachtungstabellen. In diesem Ordner können weitere Unterordner angelegt werden, um die Beobachtungstabellen zu strukturieren: Markieren Sie den Ordner *Beobachtungs- und Forcetabellen* und wählen Sie aus dem Kontextmenü den Befehl *Gruppe hinzufügen*. Die neuen Unterordner und die Beobachtungstabellen können Sie mit eigenen Namen versehen (Befehl Umbenennen aus dem Kontextmenü).

Um eine neue Beobachtungstabelle zu erstellen, doppelklicken Sie auf den Befehl *Neue Beobachtungstabelle hinzufügen* im Ordner Beobachtungstabellen. In die leere Tabelle tragen Sie zeilenweise die Namen der Variablen und aus einer Klappliste das Anzeigeformat ein.
Das Anzeigeformat kann vom Datentyp der Variablen abweichen. In der Kommentarspalte können Sie zu jeder Variablen einen kurzen Erläuterungstext eingeben. Die mit Namen eingetragenen Variablen müssen zuvor in der PLC-Variablentabelle oder in einem Datenbaustein definiert worden sein.
Die global gültigen Variablen (Peripherie, Eingänge, Ausgänge und Merker) und Datenvariablen aus Datenbausteinen, bei denen das Attribut *Nur symbolisch adressierbar* nicht aktiviert ist, können mit ihrer Speicheradresse (Absolutadresse) auch in der Spalte Adressen eingetragen werden.

Lade- und Transferoperationen 13

Sie schaffen in der Beobachtungstabelle zwischen belegten Zeilen eine leere Zeile, indem Sie eine leere Zeile kopieren und einfügen.

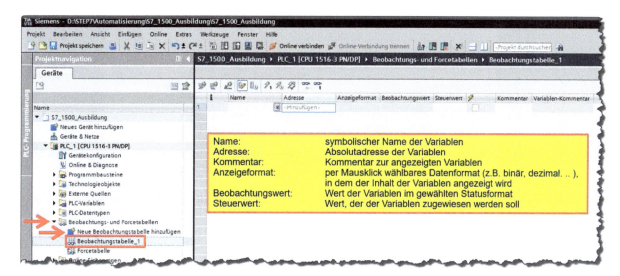

Die angezeigten Spalten der Beobachtungstabelle sind über das Menü *Ansicht* wählbar.

Tragen Sie bitte, wie im Bild dargestellt, die Variablen mit dem entsprechenden Anzeigeformat ein.
Um das Anzeigeformat der Variablen auszuwählen, gehen Sie folgendermaßen vor:

- Tragen Sie die gewünschte Adresse in die Beobachtungstabelle ein.
- Klicken Sie in der Spalte "Anzeigeformat" auf die gewünschte Zelle und öffnen Sie die Klappliste.
  Die zulässigen Anzeigeformate werden in der Klappliste angezeigt.
- Wählen Sie aus der Klappliste das gewünschte Anzeigeformat aus.

Adresse: EB0

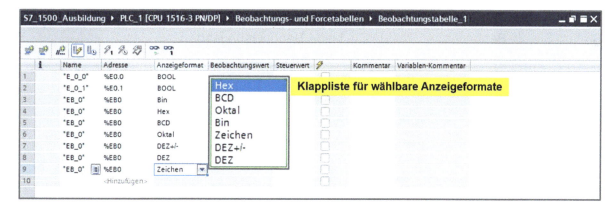

Hinweis
Falls das ausgewählte Anzeigeformat nicht übernommen werden kann, wird automatisch das Anzeigeformat "Hexadezimal" angezeigt.

Einführung in die Programmierung mit Siemens TIA-Portal V15

13 Lade- und Transferoperationen

Bedeutung der Steuerungssymbole

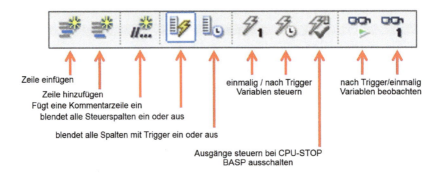

Klicken Sie dann auf [icon], Beobachtet alle Variablen „einmalig und sofort" oder auf [icon] ‚alle beobachten'.

[icon] **Alle beobachten**

[icon] **Beobachtet alle Variablen „einmalig und sofort"**

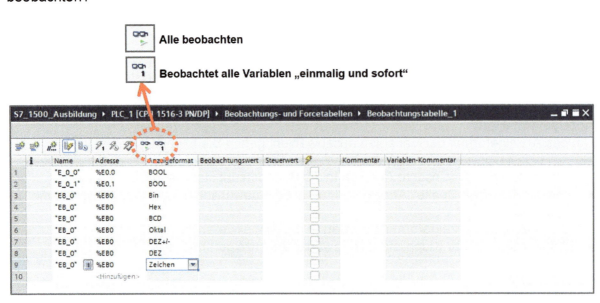

Starten Sie die Beobachtung. Testen Sie beide Beobachtungsarten!

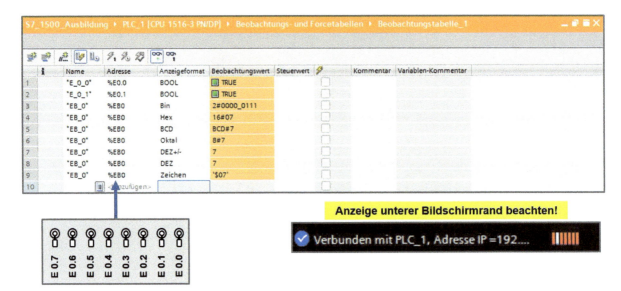

Anzeige unterer Bildschirmrand beachten!

✓ Verbunden mit PLC_1, Adresse IP =192....

Ändern Sie bitte, wie im Bild dargestellt, die Variablen mit dem entsprechenden Anzeigeformat.
Adresse: EW0 = EB0, EB1

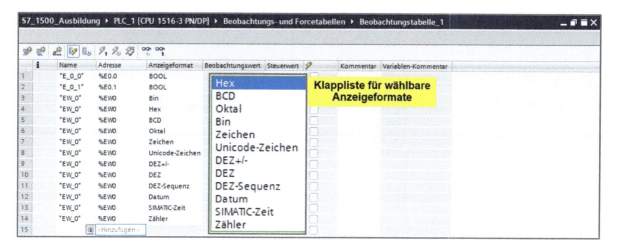

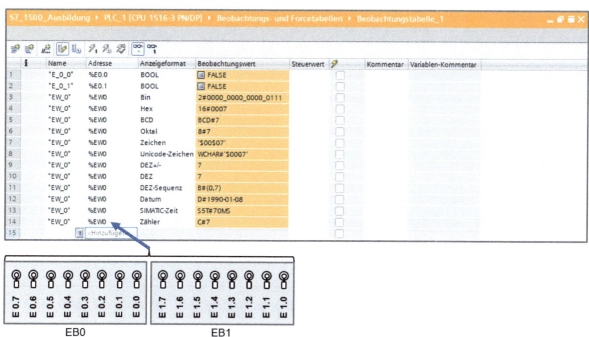

13 Lade- und Transferoperationen

Ändern Sie bitte, wie im Bild dargestellt, die Variablen mit dem entsprechenden Anzeigeformat.
Adresse: ED0 = EB0, EB1, EB2, EB3

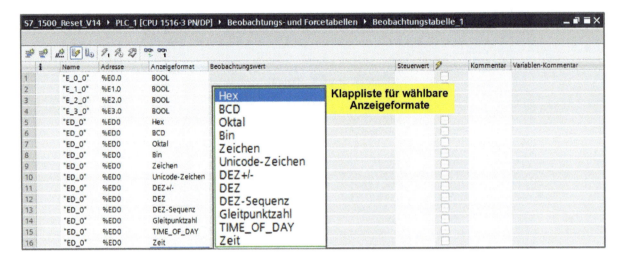

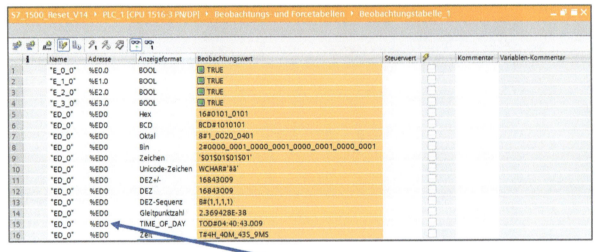

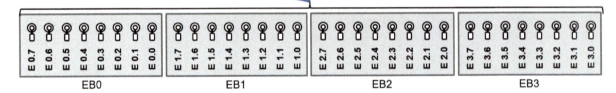

Lade- und Transferoperationen 13

Beobachtungstabelle detailliert.

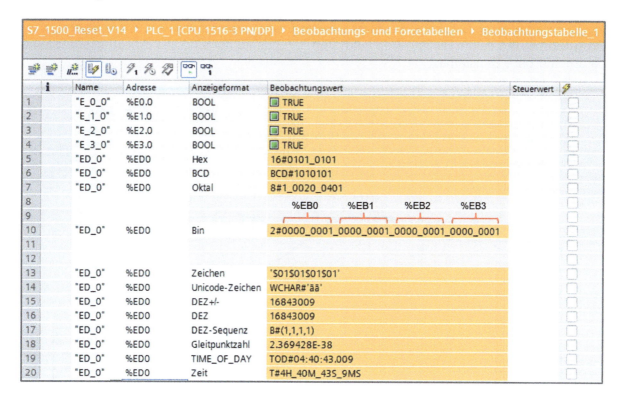

Ändern Sie die Beobachtungstabelle und testen Sie das Programm im FC9 „Wert_MOVE".

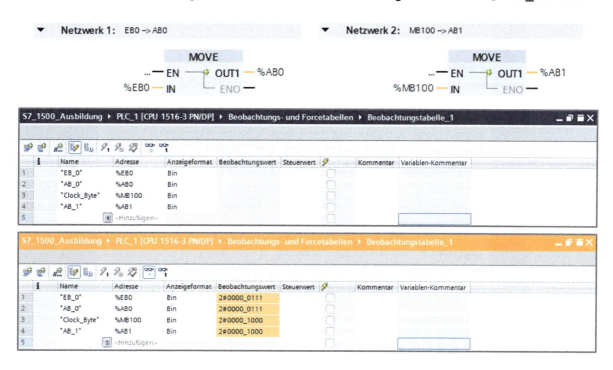

Einführung in die Programmierung mit Siemens TIA-Portal V15

13 Lade- und Transferoperationen

13.3 Parametrierbare Bausteine

Mit parametrierbaren Bausteinen schafft sich der Programmierer **wiederverwendbare Programme**, wie es die Bibliotheken sind. Vom Grundsatz her sind alle Bibliotheksbausteine parametrierbare Bausteine.

> Sowohl Funktionen als auch Funktionsbausteine können ohne jeglichen Hardwarebezug und ohne Bezug auf konkrete Operanden und Parameter allein mit Variablen der Typen Input, Output und InOut geschrieben werden.
> Es entstehen parametrierbare Bausteine mit formalen Operanden.
> Beim Aufruf eines solchen Bausteins werden ihm konkrete aktuelle Operanden und Parameter übergeben.

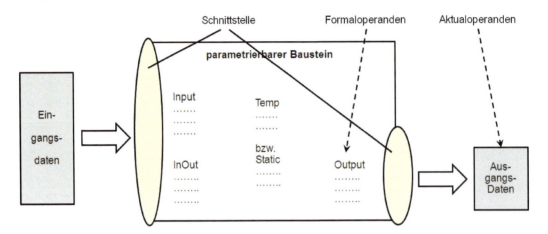

Die Variablen der Typen Input, Output und InOut stellen die **Schnittstelle** eines parametrierbaren Bausteins zu anderen Programmteilen dar

Variablen Typ	Funktion der Variablen
Input	**von außen kommend (gelesen), im Baustein nicht änderbar**
	Diese Variablen dienen zur Parameterübergabe beim Aufruf einer Funktion oder eines Funktionsbausteins. In der graphischen Darstellung stehen diese Variablen auf der linken Seite des Baustein-Symbols. Es können nur Werte des deklarierten Datentyps übergeben werden.
Output	**vom Baustein nach außen geliefert (geschrieben)**
	Mit diesen Variablen gibt der parametrierbare Baustein Informationen zurück. In der graphischen Darstellung stehen diese Variablen auf der rechten Seite des Baustein-Symbols
InOut	**von außen kommend (gelesen), kann innerhalb des Bausteins geändert werden**
	Mit diesen Variablen erhält der Baustein Eingangsinformationen und gibt diese ggf. geändert zurück. In der graphischen Darstellung stehen diese Variablen mit besonderer Kennzeichnung auf der linken Seite des Baustein-Symbols wie die Variablen des Typs Input.

13.3.1 Bausteinschnittstelle

Die Bausteinschnittstelle enthält die Deklaration der lokalen Variablen, die nur innerhalb des Bausteins verwendet werden. Bei den Organisationsbausteinen (OB) sind das - sofern vorhanden - die *Startinformation* und die *temporären Lokaldaten*. Bei Funktionsbausteinen (FB) und Funktionen (FC) sind das die *Bausteinparameter*, die beim Aufruf des Bausteins die Schnittstelle zum aufrufenden Baustein bilden, und die *Lokaldaten* zum Speichern von Zwischenergebnissen.

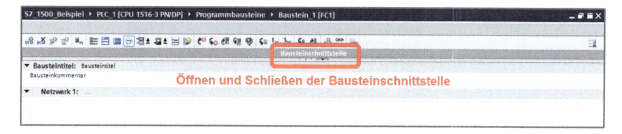

Ansicht der Schnittstelle im FC und FB.

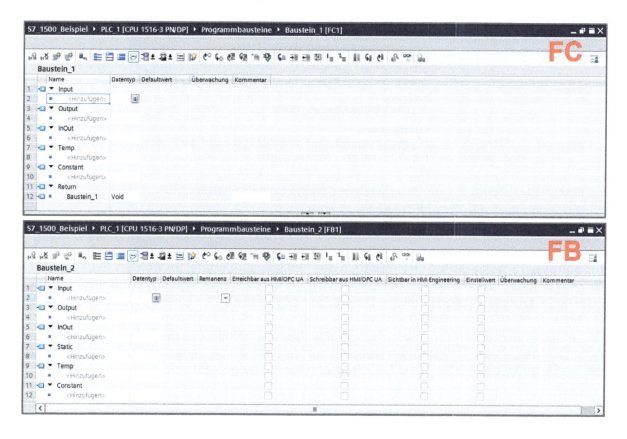

13 Lade- und Transferoperationen

Die Bausteinschnittstelle wird als Tabelle im oberen Teil des Arbeitsfensters dargestellt und enthält - abhängig von Bausteintyp - die in der Tabelle gezeigten Abschnitte.
Je nach Art des geöffneten Bausteins können weitere Abschnitte angezeigt werden.

Abschnitt	Datentyp	Typ, Funktion	Enthalten in
Input	E, Z, S, STRING[ ] STRING	Eingangsparameter dürfen im Programm des Bausteins nur gelesen werden Datentyp STRING mit beliebiger Länge Datentyp STRING mit der Standardlänge von 254 Zeichen	FC, FB und einigen OB FB FC
Output	E, Z, STRING[ ] STRING	Ausgangsparameter dürfen im Programm des Bausteins nur beschrieben werden Datentyp STRING mit beliebiger Länge Datentyp STRING mit der Standardlänge von 254 Zeichen	FC und FB FB FC
InOut	E, Z, S STRING	Durchgangsparameter dürfen im Programm des Bausteins gelesen und beschrieben werden Datentyp STRING mit der Standardlänge von 254 Zeichen	FC und FB FC und FB
Temp	E, Z	Temporäre Lokaldaten sind nur während der aktuelle Bausteinbearbeitung gültig	FC, FB und OB
Constant	Konstante	Konstanten mit deklariertem symbolischem Namen, die innerhalb des Bausteins verwendet werden.	FC, FB und OB
Static	E, Z, S	Statische Lokaldaten werden im Instanz-Datenbaustein gespeichert und bleiben auch nach der Bausteinbearbeitung gültig	FB
Return	E, DTL, STRING (V), VOID	Funktionswert Ausgangsparameter mit dem Rückgabewert der Funktion (für KOP und FUP nicht relevant)	FC

E = Elementarer Datentyp, Z = Zusammengesetzter Datentyp (außer STRING),
S= Systemdatentypen, z.B. IEC TIMER oder IEC COUNTER;
FC= Funktion, FB = Funktionsbaustein, OB = Organisationsbaustein

Eingangsparameter dürfen im Programm des Bausteins nur gelesen werden. Es sind alle elementaren und zusammengesetzten Datentypen, Systemdatentypen wie z.B. IEC TIMER oder IEC COUNTER, alle Hardware-Datentypen zugelassen. Bei einer Funktion (FC) hat der Datentyp STRING eines Bausteinparameters immer die Standardlänge von 254 Zeichen. Eingangsparameter werden in der Reihenfolge ihrer Deklaration an der linken Seite der Aufrufbox dargestellt. Einige Organisationsbausteine haben so genannte Startinformationen, die als Eingangsparameter in der Bausteinschnittstelle aufgelistet sind.

Ausgangsparameter dürfen im Baustein nur beschrieben werden. Es sind alle elementaren und zusammengesetzten Datentypen und bei Funktionen (FC) zugelassen. Bei einer Funktion hat der Datentyp STRING eines Bausteinparameters immer die Standardlänge von 254 Zeichen. Ausgangsparameter werden in der Reihenfolge ihrer Deklaration an der rechten Seite der Aufrufbox dargestellt.

*Achtung: Ausgangsparameter, die nicht mit einem Defaultwert vorbelegt werden können, **müssen** bei jeder Bausteinbearbeitung beschrieben werden. Das betrifft beispielsweise alle Ausgangsparameter und damit auch den Funktionswert einer Funktion. Hinweis: Setzen- und Rücksetzen-Anweisungen führen bei Verknüpfungsergebnis ="0" keine Aktion aus, beschreiben also einen Ausgangsparameter dann auch nicht!*

Durchgangsparameter dürfen im Baustein gelesen und beschrieben werden. Es sind alle elementaren und zusammengesetzten Datentypen, Systemdatentypen, wie z.B. IEC TIMER oder IEC COUNTER zugelassen. Der Datentyp STRING eines Durchgangsparameters hat bei einer Funktion (FC) und einem Funktionsbaustein immer die Standardlänge von 254 Zeichen. Durchgangsparameter werden in der Reihenfolge ihrer Deklaration unter den Eingangsparametern auf der linken Seite der Aufrufbox dargestellt.

Der **Funktionswert** bei Funktionen ist ein besonders behandelter Ausgangsparameter. Standardmäßig trägt er den Namen Ret_Val mit der Deklaration RETURN und dem Datentyp VOID (= typlos). Der Funktionswert kommt bei der textorientierten Programmiersprache SCL (**S**tructured **C**ontrol **L**anguage) zum Einsatz. Hier ist es möglich, selbst geschriebene Funktionen in Formeln (in Ausdrücken) einzubinden. Der Funktionswert entspricht dann dem Wert, mit dem in der Formel gerechnet wird. Bei KOP und FUP können Sie den Funktionswert in der Schnittstellenbeschreibung ignorieren. Er wird nicht angezeigt, wenn der Datentyp VOID eingestellt ist. Sie können aber auch dem Funktionswert einen anderen Namen und einen anderen Datentyp geben, dann wird er als erster Ausgangsparameter dargestellt.

Temporäre Lokaldaten werden im Systemspeicher der CPU abgelegt. Sie stehen nur während der Bausteinbearbeitung zur Verfügung. Es sind alle elementaren und zusammengesetzten Datentypen erlaubt. Damit temporäre Lokaldaten definierte Daten enthalten, müssen sie im Baustein vor dem Lesen mit Werten beschrieben werden. Temporäre Lokaldaten werden beim Aufruf nicht dargestellt.

Statische Lokaldaten werden im Instanz-Datenbaustein abgelegt. Es sind alle elementaren und zusammengesetzten Datentypen, Systemdatentypen, wie z.B. IEC TIMER oder IEC COUNTER erlaubt. Sie können gelesen und beschrieben werden. Statische Lokaldaten behalten ihren Wert so lange bei, bis sie neu beschrieben werden. Sie werden beim Aufruf nicht dargestellt.

Mit einem **Defaultwert** können Sie in der Schnittstelle eines Funktionsbausteins die Bausteinparameter und statischen Lokaldaten vorbelegen;
Ausnahmen: Bei Durchgangsparametern mit zusammengesetztem Datentyp ist keine Vorbelegung möglich. Die Defaultwerte stehen im Ladespeicher und werden bei einem Anlauf der CPU in den Arbeitsspeicher übertragen, wo sie dann die Aktualwerte überschreiben.

Mit **Remanenz** stellen Sie ein, dass ein Bausteinparameter oder ein statisches Lokaldatum auch nach einem Warmstart seinen Wert behält. Diese Angabe ist nur bei Funktionsbausteinen möglich und nur, wenn beim Erstellen des Bausteins das Attribut *Nur symbolisch adressierbar* aktiviert worden ist.

Sichtbar in HMI zeigt an, ob die Variable in der Auswahlliste von HMI per Voreinstellung sichtbar ist.

Erreichbar aus HMI zeigt an, ob HMI zur Laufzeit auf diese Variable zugreifen kann.

Die Spalte **Einstellwert** kennzeichnet die Variable als Einstellwert. Einstellwerte sind die Werte, die bei der Inbetriebnahme voraussichtlich feinjustiert werden müssen.
Die Spalte ist nur in der Schnittstelle von Funktionsbausteinen vorhanden.

13 Lade- und Transferoperationen

13.4 Bausteinauswahl: FB oder FC

SPS-Programme werden in Bausteine geschrieben. Ausgangspunkt der Auswahlentscheidung zwischen FC und FB sind die Anforderungen der im Baustein zu deklarierenden Variablen.

Einsatz und Deklaration einer Funktion FC

FCs sind parametrierbare Programmbausteine ohne eigenen Datenbereich. FCs genügen, wenn keine interne Speicherfunktion nötig ist oder die Speicherung eines Variablenwertes nach außen verlagert werden kann.

Einsatz und Deklaration eines Funktionsbausteins FB

FBs sind parametrierbare Programmbausteine, denen beim Aufruf ein eigener Speicherbereich (Instanz-DB) zugewiesen wird. FBs sind notwendig, wenn ein speicherndes Verhalten einer bausteininternen Variablen nötig ist.

Variablendeklaration in FC- und FB-Bausteinen

Deklarationstypen für lokale (nur im betreffenden Baustein geltende) Variablen:

IN:	Der Eingangsparameter kann innerhalb des Code-Bausteins nur abgefragt werden.
OUT:	Der Ausgangsparameter soll innerhalb des Code-Bausteins nur beschrieben werden.
IN_OUT:	Der Durchgangsparameter kann innerhalb des Code-Bausteins abgefragt und beschrieben werden.
STAT:	Interne Zustandsvariable zum Abspeichern von Daten (Gedächtnisfunktion) über den Zyklus einer Bausteinbearbeitung hinaus. Nur bei Funktionsbausteinen FB mit Instanz-Datenbausteinen DB.
TEMP:	Interne temporare Variable zum Zwischenspeichern von Ergebnissen innerhalb eines Zyklus der Bausteinbearbeitung.
Constant:	Konstanten haben immer den in der Bausteinschnittstelle deklarierten Defaultwert. Sie werden in Instanzdatenbausteinen nicht angezeigt und können dort nicht mit instanzspezifischen Werten belegt werden.

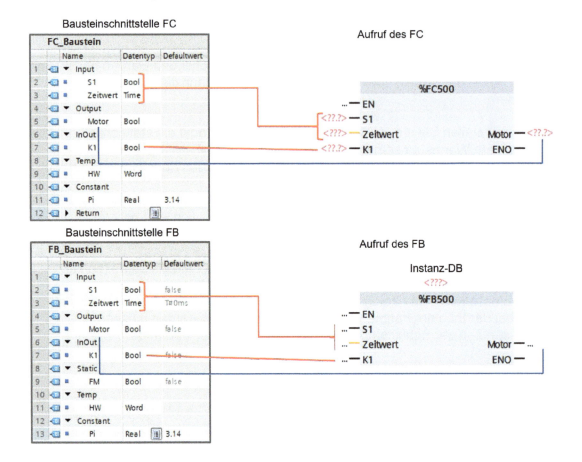

13.4.1 Parametrierbaren Baustein erstellen

Erstellen Sie einen neuen FC50 „FC_param".
Tragen Sie zuerst die Namen der Variablen mit Datentyp in die Schnittstelle des Bausteins ein.
Im Netzwerk 1 des Bausteins beschalten Sie eine UND-Verknüpfung mit diesen Namen.
Die Namen bekommen automatisch eine „#" vorangestellt. Dies ist die Kennzeichnung für eine Baustein-interne Variable.

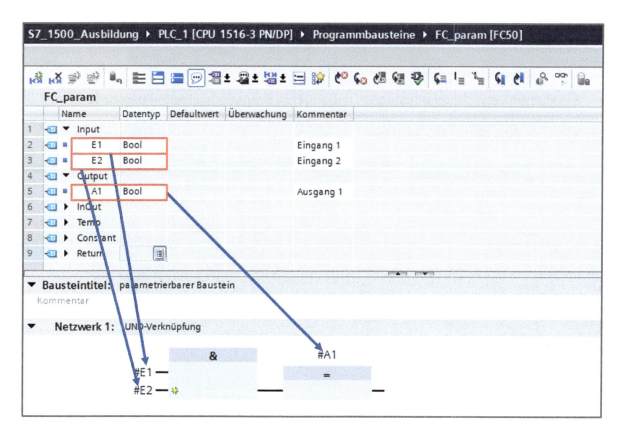

Bausteinaufruf im OB1.

Führen Sie einen Programmtest durch!

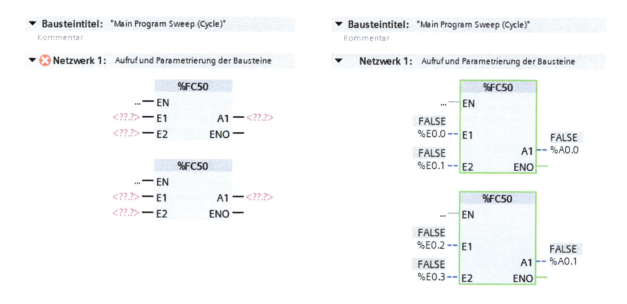

13 Lade- und Transferoperationen

13.5 Parameterinstanzen

Eine besondere Möglichkeit der Instanziierung bietet die Parameterinstanz:

Hier geben Sie zum Zeitpunkt der Programmerstellung keine feste Instanz zur Speicherung der Bausteindaten an. Stattdessen übergeben Sie zur Laufzeit die Instanz des Bausteins, der aufgerufen werden soll, als Durchgangsparameter (InOut) an den aufrufenden Baustein.

Vorteile

Die Verwendung von Parameterinstanzen bietet folgende Vorteile:

- Sie können zur Laufzeit definieren, welche Instanz aktuell verwendet wird.
- Sie können verschiedene Instanzen iterierend in Programmschleifen bearbeiten.

Erstellen Sie eine neuen FC-Baustein!

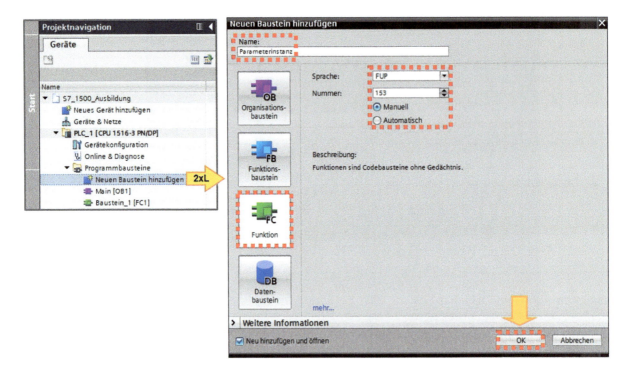

13.5.1 IEC-Timer im FC als Parameterinstanz

Taktgeber mit einstellbarem Puls-Pause Verhältnis

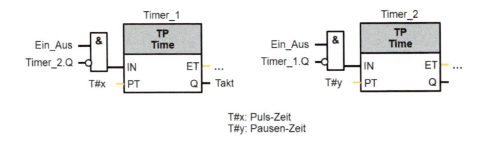

T#x: Puls-Zeit
T#y: Pausen-Zeit

Bausteinschnittstelle des FC

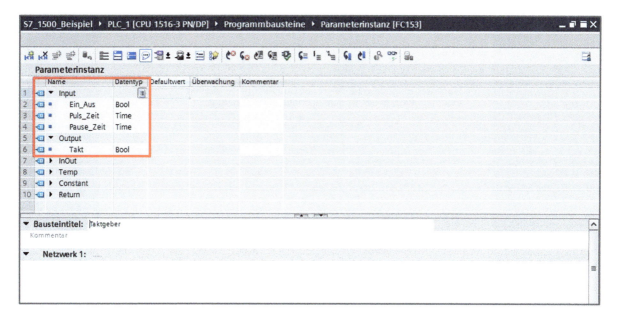

Der Name *Zeitglied_1* wird in der *InOut*-Schnittstelle des Bausteins deklariert. In dieser Phase liegt noch keine Instanz vor. Bestätigen Sie nach der Namenseingabe mit OK.

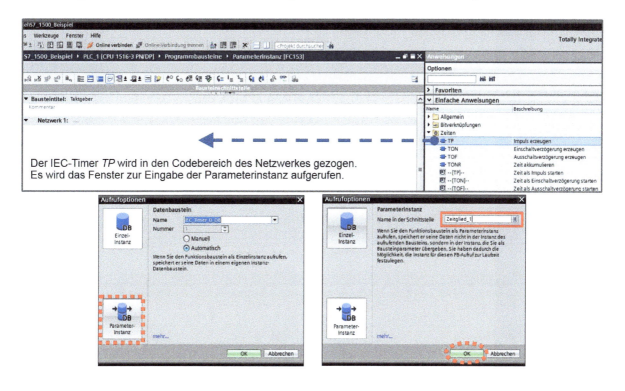

Der IEC-Timer *TP* wird in den Codebereich des Netzwerkes gezogen. Es wird das Fenster zur Eingabe der Parameterinstanz aufgerufen.

13 Lade- und Transferoperationen

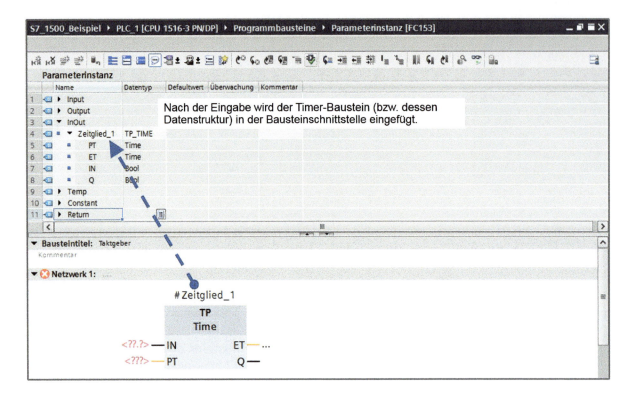

Nach der Eingabe wird der Timer-Baustein (bzw. dessen Datenstruktur) in der Bausteinschnittstelle eingefügt.

Erstellen Sie das nachfolgende Programm!

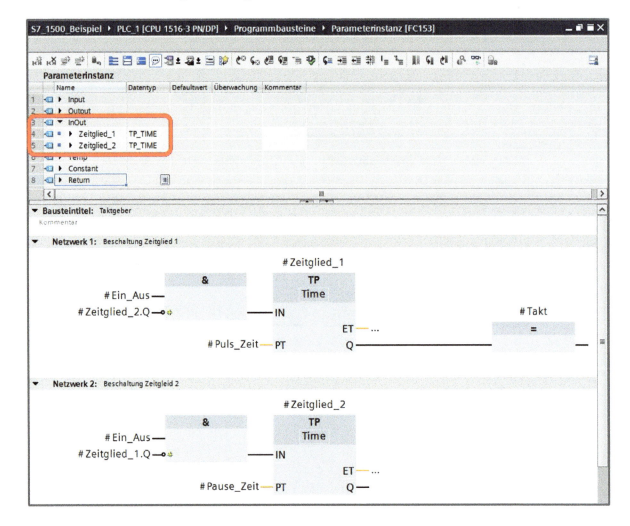

Lade- und Transferoperationen 13

Datenbaustein erstellen

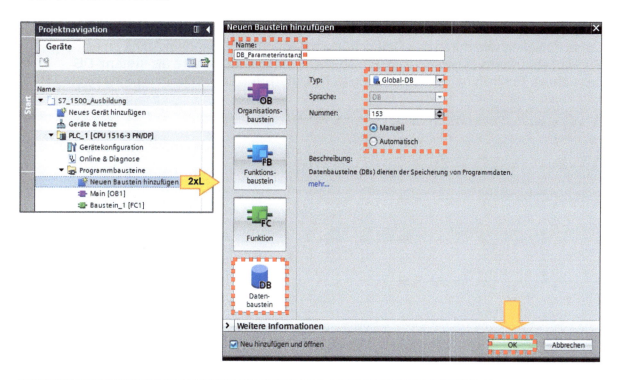

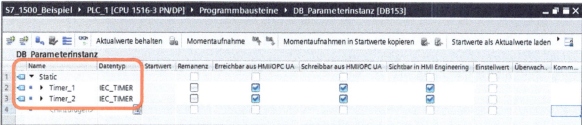

Baustein im OB1 parametrieren.

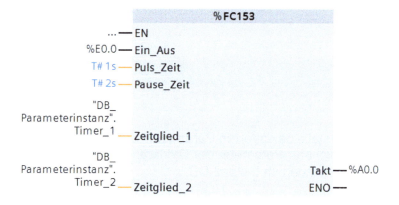

13 Lade- und Transferoperationen

13.6 Funktionsbaustein erstellen

Im Gegensatz zu Funktionen haben Funktionsbausteine die Möglichkeit, Daten zu speichern. Diese Fähigkeit wird durch den Datenbaustein (DB) erreicht, der dem Aufruf eines Funktionsbausteins zugeordnet ist. Ein solcher Datenbausteine wird als **Instanz-DB** bezeichnet. Ein Instanz-DB besitzt die gleiche Datenstruktur wie der ihm zugeordnete FB.

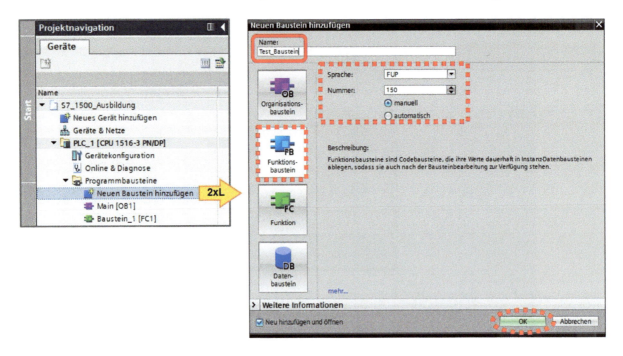

Bausteinschnittstelle eines FB

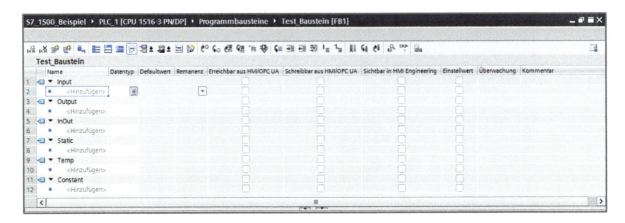

Die in der Bausteinschnittstelle deklarierten Parameter des FBs geben den Aufbau des Instanz-DB vor. Das gilt nicht für Parameter der Deklarationsbereiche *Temp* und *Constant*. Diese haben keine Entsprechung im Instanz-DB.

Die Inhalte der Parameter sind im Instanz-DB bis zu nächsten Bearbeitung des FBs zwischengespeichert. Aus diesem Grund müssen bei einem FB-Aufruf (im Gegensatz zum FC-Aufruf) die Parameter nicht angegeben werden. Ein nicht versorgter Formalparameter wird mit dem gespeicherten Wert im Instanz-DB vorbelegt. Ausnahmen sind Formalparameter vom Typ Pointer, Any, Variant und IO-Parameter mit strukturieren Datentypen. Hier sind auch bei FBs die Aktualparameter notwendig. Der Editor symbolisiert diesen Sachverhalt mit der Anzeige von drei Fragezeichen am Formalparater.

Ein Funktionsbaustein kann sog. Statische Variablen besitzen (Deklarationsbereich *Static*), die innerhalb des FBs in der Bausteinschnittstelle definiert werden können und ebenfalls im Instanz-DB abgelegt sind.

Auf diese Werte kann dann beim nächsten Aufruf (mit dem gleichen Instanz-DB) wiederum zugegriffen werden. Da ein Instanz-DB nur eine spezielle Form eines Datenbausteins darstellte, ist es auch möglich, außerhalb des FBs auf dessen Daten zuzugreifen.

Wird ein Funktionsbaustein aus einem anderen Funktionsbaustein heraus aufgerufen, so besteht die Möglichkeit, dass der aufgerufene FB seine Daten im Instanz-DB des aufrufenden FBs ablegt. Man legt also in den statischen Lokaldaten (Deklarationsbereich *Static*) beispielsweise eine Variable mit dem Typ „FB1" an.
Dies wird als **Multiinstanz** bezeichnet. Damit haben beide FBs den gleichen Instanz-DB.

13.6.1 IEC-Timer im FB als Multiinstanz

Taktgeber mit einstellbarem Puls-Pause Verhältnis

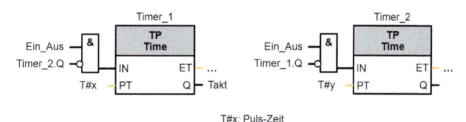

	Name	Datentyp
Input	EIN_AUS	Bool
Output	Takt	Bool

13 Lade- und Transferoperationen

Der IEC-Timer *TP* wird in den Codebereich des Netzwerkes gezogen.
Es wird das Fenster zur Eingabe der Multiinstanz aufgerufen. Damit der Timer-Baustein innerhalb des FB deklariert wird, muss die Multiinstanz ausgewählt werden.

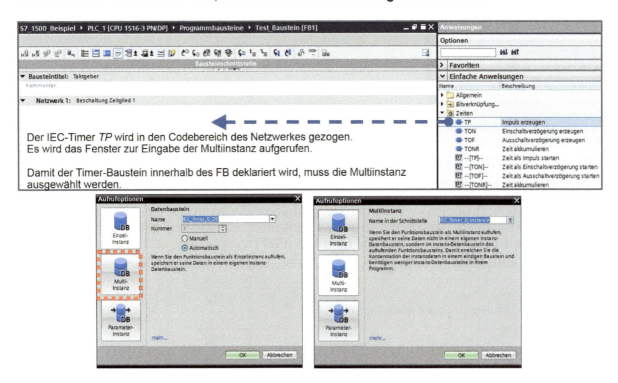

Der Name *Zeitglied_1* soll in der Bausteinschnittstelle im Bereich *Static* deklariert werden.
In dieser Phase liegt noch keine Instanz im Bereich *Static* vor.
Bestätigen Sie anschließend mit ‚OK'.

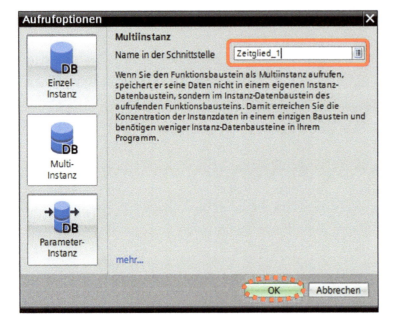

Nach der Eingabe wird der Timer-Baustein (bzw. dessen Datenstruktur) in der Bausteinschnittstelle eingefügt.

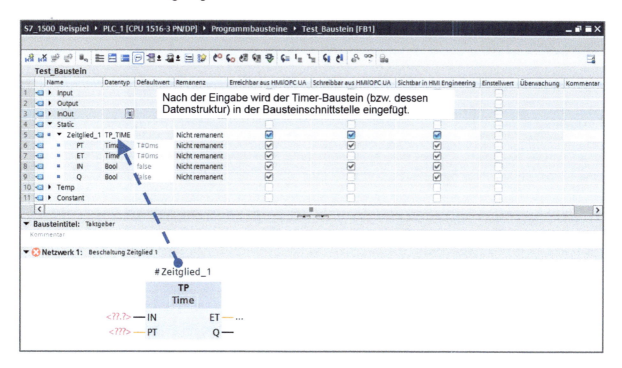

Fügen Sie auch noch *Zeitglied_2* hinzu!

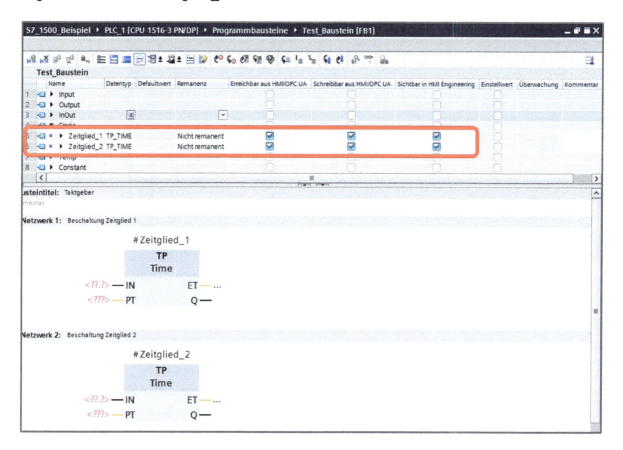

13 Lade- und Transferoperationen

Ergänzen Sie die Input-Variable mit den beiden Variablen für die Zeit-Vorgabe.

Name   *Datentyp*
Puls_Zeit   Time
Pause_Zeit   Time

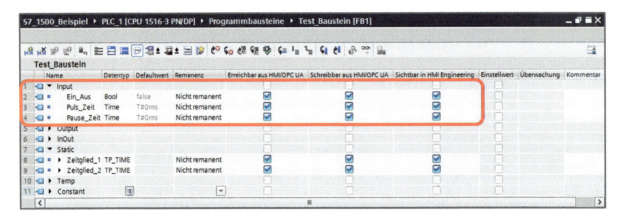

Erstellen Sie das nachfolgende Programm!

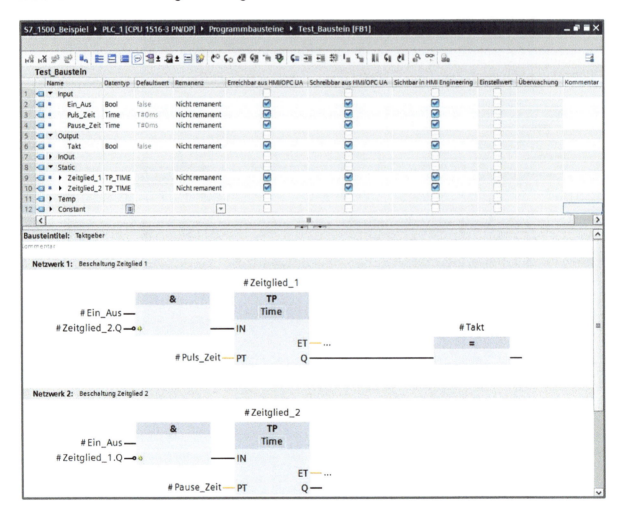

Lade- und Transferoperationen 13

Aufruf und Parametrierung im OB1!

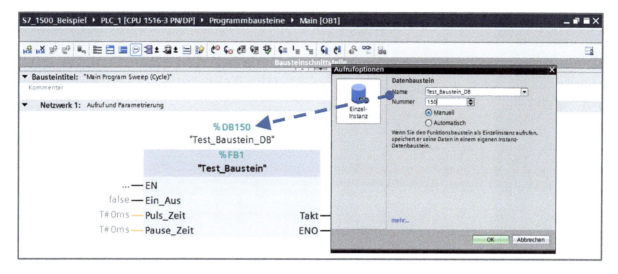

Baustein im OB1 parametriert.

Instanz-Datenbaustein DB150

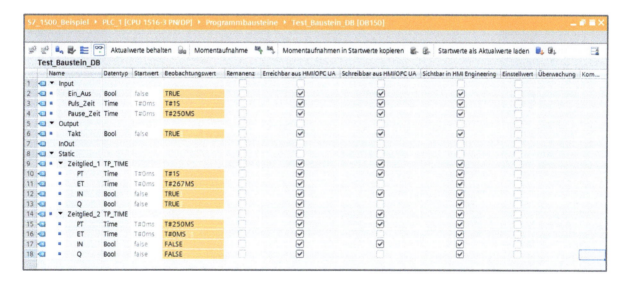

13 Lade- und Transferoperationen

Notizen

14. Vergleichsfunktionen

Eine Vergleichsfunktion vergleicht die Werte zweier Digitalvariablen und liefert das binäre Vergleichsergebnis „1" bzw. TRUE bei „Vergleich ist erfüllt" oder „0" bzw. FALSE bei „Vergleich ist nicht erfüllt".

Als Vergleichsfunktionen stehen zur Verfügung:

- Vergleich zweier Variablenwerte auf

    gleich
    ungleich
    größer
    größer-gleich
    kleiner
    kleiner-gleich

- Bereichsvergleich

Vergleichsergebnis nach einer Vergleichsfunktion

Die Relation der verglichenen Werte	liefert folgendes Vergleichsergebnis					
	==	<>	>	>=	<	<=
Eingangswert 1 > Eingangswert 2	0	1	1	1	0	0
Eingangswert 1 = Eingangswert 2	1	0	0	1	0	1
Eingangswert 1 < Eingangswert 2	0	1	0	0	1	1

Vergleichbare Datentypen

Int, Dint, Real, Byte, Word, DWord, LWord, USint, UInt, UDint, ULint, String, Char, Date, Time, LTime, S5Time, Date_And_Time, DTL, Time_Of_Day, LTime_Of_Day, LDT, LReal

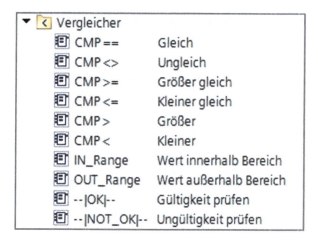

14 Vergleichsfunktionen

14.1 Vergleich zweier Variablenwerte

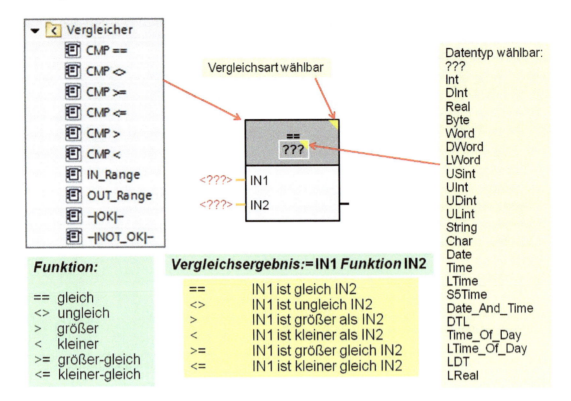

Die Vergleichsfunktion für zwei Variablenwerte vergleicht die Inhalte beider Eingangsvariablen und bildet das Vergleichsergebnis entsprechend der Vergleichsfunktion. Das Vergleichsergebnis ist "1", wenn der Vergleich erfüllt ist, andernfalls "0".

Die bei der Vergleichsfunktion zugelassenen Datentypen sind im Bild aufgelistet. Variablen mit den Datentypen BYTE, WORD und DWORD können mit den Digitalverknüpfungen auf gleich bzw. ungleich verglichen werden: Bei einer Exklusiv-ODER-Verknüpfung von zwei Variablen ist bei Gleichheit der Bitfolgen das Ergebnis Null.

Der Vergleich von Zahlenwerten mit den Datentypen USINT, UINT, UDINT, SINT, INT, DINT, REAL und LREAL erfolgt im Rahmen des angegebenen Datentyps. Voraussetzung für einen erfüllten Vergleich bei Gleitpunktzahlen ist, dass die gültig sind. Wird eine ungültige Gleitpunktzahl verglichen, ist der Vergleich in jedem Fall ungültig.

Der Vergleich von Zeichenwerten CHAR und STRING erfolgt im Rahmen der ASCII-Codierung. Zwei Zeichenketten sind gleich, wenn die relevanten (belegten) Zeichen gleich sind und die aktuelle Länge gleich ist. Eine Zeichenkette gilt als größer, wenn sie bei Gleichheit der ersten Zeichen länger ist. Die Maximallängen der Zeichenketten gehen in den Vergleich nicht mit ein.

Der Vergleich von Zeitwert TIME erfolgt im Rahmen des angegebenen Datentyps.
Ein Zeitpunkt (Datum, Uhrzeit) gilt als kleiner, wenn der Zahlenwert kleiner ist, d.h. wenn der Zeitpunkt älter ist.

Vergleichsfunktionen 14

14.1.1 Test Vergleicher

Erstellen Sie einen Baustein FC10 „Vergleicher" und testen Sie die Funktionen.

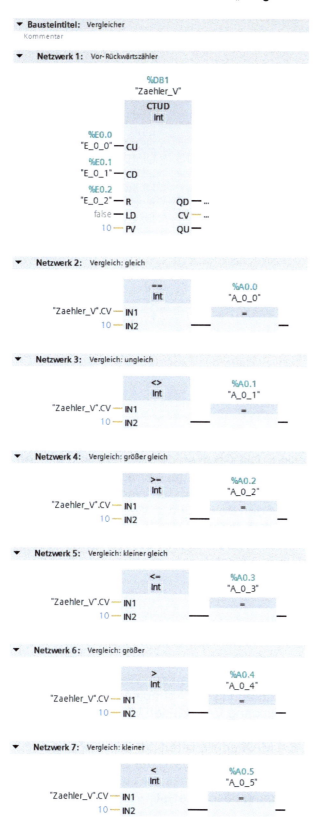

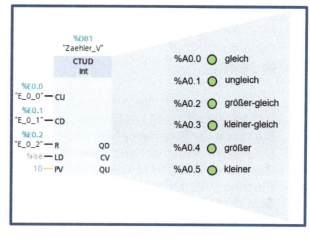

14 Vergleichsfunktionen

14.2 Bereichsvergleich

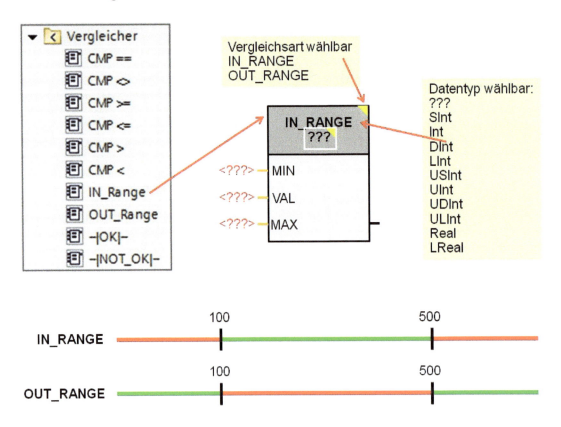

IN_RANGE

Mit der Operation "Wert innerhalb Bereich" können Sie abfragen, ob der Wert am Eingang VAL innerhalb eines bestimmten Wertebereichs liegt. Die Grenzen des Wertebereichs legen Sie durch die Parameter MIN und MAX fest. Bei der Bearbeitung der Abfrage vergleicht die Operation "Wert innerhalb Bereich" den Wert am Eingang VAL mit den Werten der Parameter MIN und MAX und führt das Ergebnis auf den Boxausgang, Wenn der Wert am Eingang VAL den Vergleich MIN <= VAL <= MAX erfüllt, liefert der Boxausgang den Signalzustand "1", Bei nicht erfülltem Vergleich steht am Boxausgang der Signalzustand "0", Für die Bearbeitung der Vergleichsfunktion wird vorausgesetzt, dass die zu vergleichenden Werte vom gleichen Datentyp sind und der Boxausgang beschaltet ist.

OUT_RANGE

Mit der Operation "Wert außerhalb Bereich" können Sie abfragen, ob der Wert am Eingang VAL außerhalb eines bestimmten Wertebereichs liegt. Die Grenzen des Wertebereichs legen durch die Parameter MIN und MAX fest. Bei der Bearbeitung der Abfrage vergleicht die Operation "Wert außerhalb Bereich" den Wert am Eingang VAL mit den Werten der Parameter MIN und MAX und führt das Ergebnis auf den Boxausgang. Wenn der Wert am Eingang VAL den Vergleich MIN > VAL oder VAL > MAX erfüllt, liefert der Boxausgang den Signalzustand "1". Bei nicht erfülltem Vergleich steht am Boxausgang der Signalzustand "0". Für die Bearbeitung der Vergleichsfunktion wird vorausgesetzt, dass die zu vergleichenden Werte vom gleichen Datentyp sind und der Boxausgang beschaltet ist.

14.2.1 Test Bereichsvergleich

Ergänzen Sie den Baustein FC10 „Vergleicher" entsprechend.

Notizen

14 Vergleichsfunktionen

Notizen

15. Diverses

15.1 Bausteine löschen

Bausteine können nur offline im Projekt gelöscht werden. Markieren Sie den Baustein und wählen Sie aus dem Kontextmenü den Befehl *Löschen*. Die Online-Version des Bausteins bleibt zunächst im Anwenderspeicher erhalten. Beim nächsten Ladevorgang wird dann auch die Online-Version gelöscht.
Bei einem Ladevorgang werden alle Bausteine des Anwenderspeichers gelöscht, die nur online vorhanden sind.

In Verbindung mit dem Löschen eines Codebausteins sollten Sie auch dessen Aufruf löschen, d.h. im aufrufenden Baustein den Aufruf des gelöschten Bausteins entfernen, denn sonst wird beim Übersetzen ein Fehler gemeldet.

Erstellen Sie einen neuen Bausteine FC180 „Beispiel" mit nachfolgendem Programm.

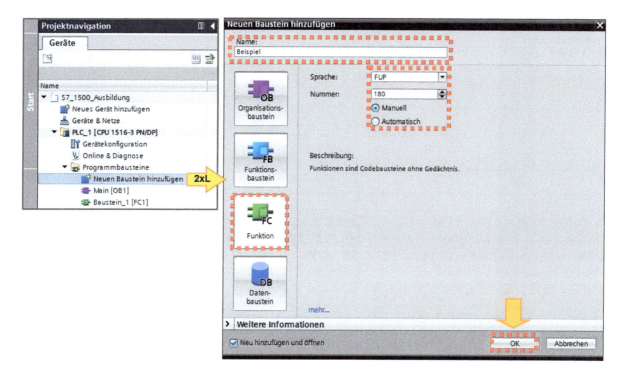

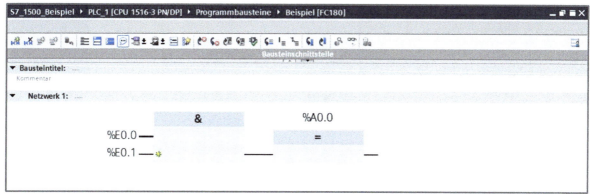

15 Diverses

Rufen Sie den Baustein FC180 im OB1 auf.

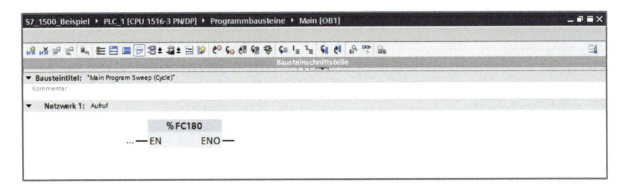

Laden Sie beide Bausteine in die SPS und führen Sie einen Programmtest durch!

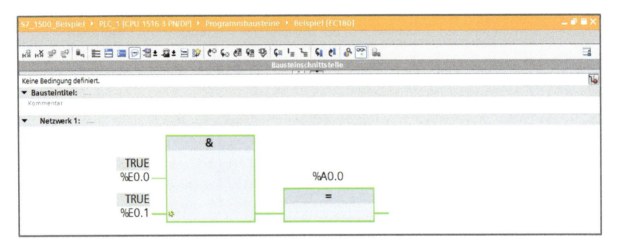

In Verbindung mit dem Löschen eines Codebausteins sollten Sie auch dessen Aufruf löschen, d.h. im aufrufenden Baustein den Aufruf des gelöschten Bausteins entfernen, denn sonst wird beim Übersetzen ein Fehler gemeldet.

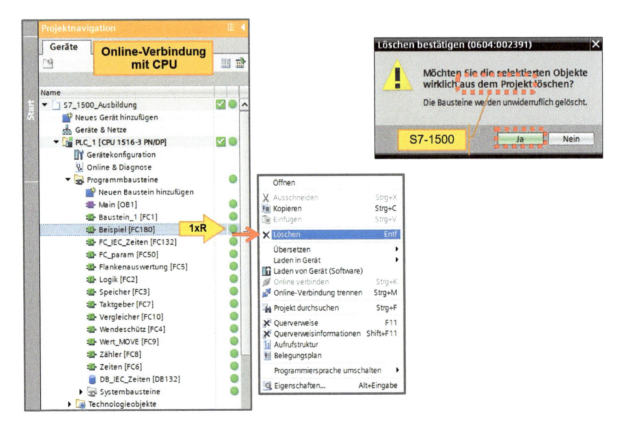

Diverses 15

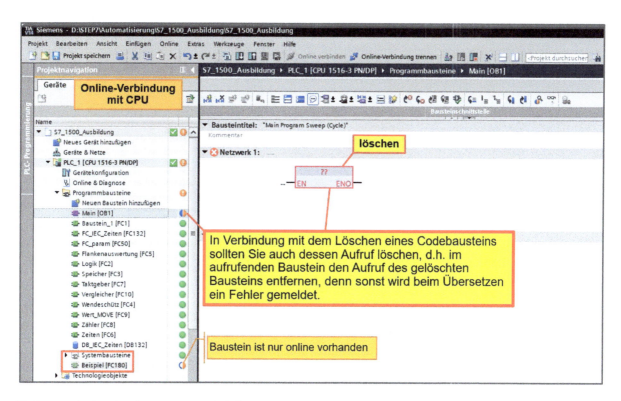

Beim nächsten Ladevorgang wird dann auch die Online-Version gelöscht.

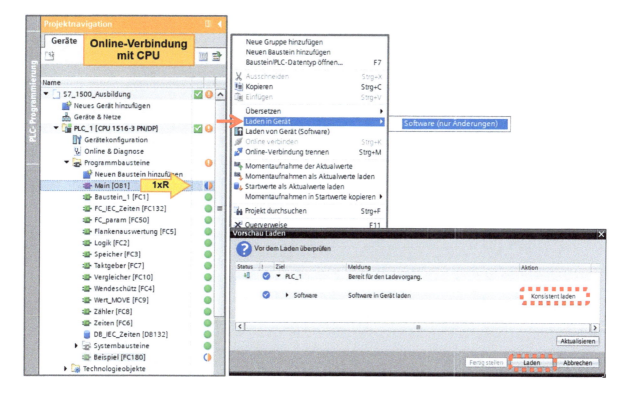

15 Diverses

Projektansicht nach dem Laden.

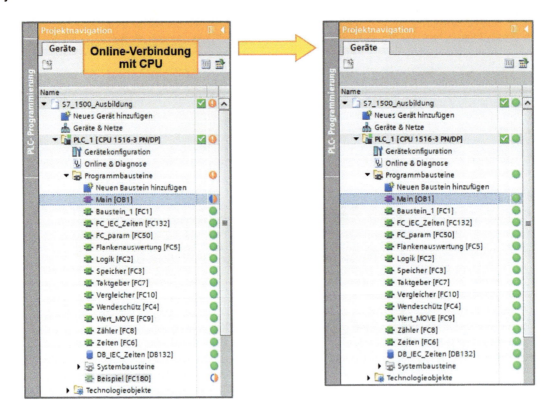

Notizen

15.2 Projekte archivieren und dearchivieren

15.2.1 Archivierung und Weitergabe von Projekten

Wenn Sie längere Zeit mit einem Projekt arbeiten, kann dies insbesondere bei umfangreichen Hardware-Aufbauten zu großen Dateien führen. Daher können Sie die Projektgröße reduzieren, wenn Sie ein Projekt beispielsweise auf einer externen Festplatte archivieren möchten, oder wenn Sie ein Projekt per E-Mail verschicken möchten und daher auf eine geringe Dateigröße angewiesen sind.

Um die Projektgröße zu reduzieren, erstellen Sie ein Projektarchiv. TIA Portal-Projektarchive sind komprimierte oder unkomprimierte Dateien, die jeweils ein ganzes Projekt inklusive der gesamten Ordnerstruktur des Projekts enthalten. Bevor das Projektverzeichnis zur Archivdatei gepackt wird, werden sämtliche Dateien auf ihre wesentlichen Bestandteile reduziert, um die Projektgröße zusätzlich zu verringern.

Projektarchive besitzen die Dateiendung ".zap[Versionsnummer des TIA Portals]". Projekte, die mit dem TIA Portal V15 erstellt wurden, haben die Dateiendung ".zap15".

Um ein Projektarchiv zu öffnen, dearchivieren Sie das Projektarchiv. Mit dem Dearchivieren wird die Archivdatei zur ursprünglichen Projektverzeichnisstruktur mit den darin enthaltenen Projektdateien entpackt.

15.2.2 Projektarchiv erstellen

Sie können den Speicherplatzbedarf des gerade geöffneten Projekts reduzieren, indem Sie das Projekt in einer komprimierten Datei archivieren.

Hinweis
Beim Archivieren wird der zuletzt gespeicherte Stand des Projekts verwendet. Speichern Sie daher das Projekt ab bevor Sie die Archivieren-Funktion nutzen. So sind auch Ihre letzten Änderungen im archivierten Projekt enthalten.

Vorgehen

Um ein Projekt zu archivieren, gehen Sie folgendermaßen vor:

1. Wählen Sie im Menü "Projekt" den Befehl "Archivieren...".
   Der Dialog "Projekt archivieren" wird geöffnet.

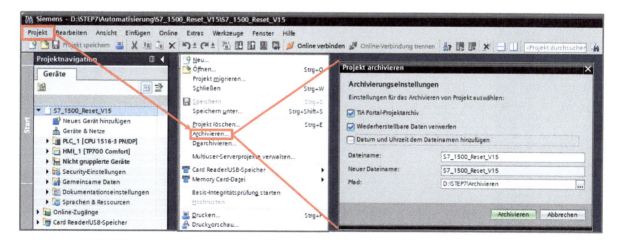

15 Diverses

2. Um eine komprimierte Archivdatei zu erzeugen, wählen Sie die Option "TIA Portal Projektarchiv" aus.

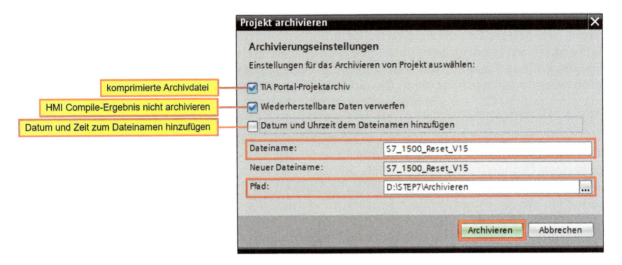

3. Wenn Sie den Suchindex und das HMI Compile-Ergebnis nicht archivieren wollen, wählen Sie die Option "Wiederherstellbare Daten verwerfen" aus.
   Die verworfenen Daten können Sie bei Bedarf wiederherstellen.

4. Um Datum und Zeit automatisch hinzuzufügen, wählen Sie die Option "Datum und Zeit zum Dateinamen hinzufügen" aus.
   Die Erweiterung wird im Feld "Resultierender Dateiname" hinter dem gewählten Dateinamen angezeigt.

5. Geben Sie einen Dateinamen in das Feld "Dateiname" ein.

6. Wählen Sie den Pfad zur der Archivdatei aus.
   Das Standardverzeichnis können Sie unter "Extras > Einstellungen > Allgemein > Speicherort für Projektarchive" einstellen.

7. Klicken Sie auf "Archivieren".

Ergebnis

Eine komprimierte Datei mit der Endung ".zap15" wird erzeugt.
Die Archivdatei enthält das komplette Projektverzeichnis. Die einzelnen Dateien des Projekts wurden zusätzlich auf die wesentlichen Bestandteile reduziert, um Speicherplatz zu sparen.

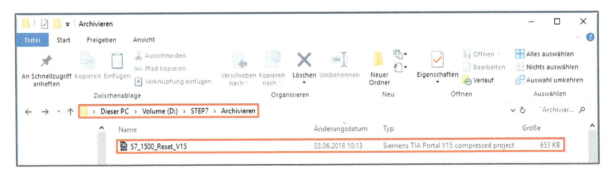

15.2.3 Komprimiertes Projekt dearchivieren

Projektarchive des TIA Portals entpacken Sie mit der Funktion "Dearchivieren". Dabei wird die enthaltene Projektverzeichnisstruktur inklusive aller Projektdateien wiederhergestellt.

Voraussetzung: **Kein Projekt ist geöffnet.**

Vorgehen

Um ein Projektarchiv zu entpacken, gehen Sie folgendermaßen vor:

1. Wählen Sie den Befehl "Dearchivieren" im Menü "Projekt".
   Der Dialog "Archiviertes Projekt dearchivieren" wird geöffnet.

2. Wählen Sie das Projektarchiv aus.

3. Klicken Sie auf Öffnen.

4. Der Dialog "Ordner suchen" wird geöffnet.

5. Wählen Sie das Zielverzeichnis aus, in dem das archivierte Projekt entpackt werden soll.

6. Klicken Sie auf "OK".

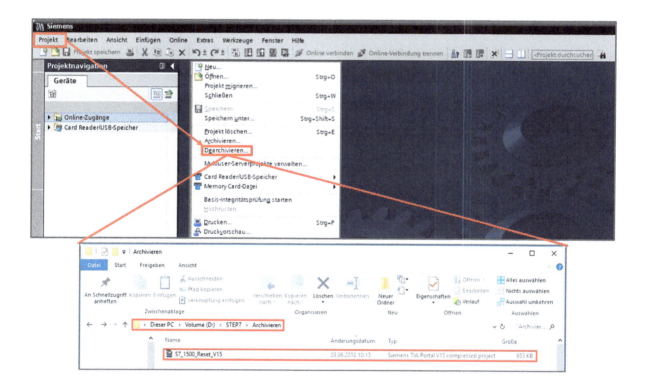

Einführung in die Programmierung mit Siemens TIA-Portal V15

15 Diverses

Ergebnis

Das Projekt wird im gewählten Verzeichnis entpackt und sofort geöffnet. Wenn Sie ein Projektarchiv entpacken, das ein Projekt aus der Produktversion V13 SP1 enthält, müssen Sie das Projekt hochrüsten. Eine entsprechende Aufforderung erhalten Sie automatisch, sobald das Projekt geöffnet wird. Suchindex und HMI Compile-Ergebnis werden automatisch im Hintergrund wiederhergestellt.

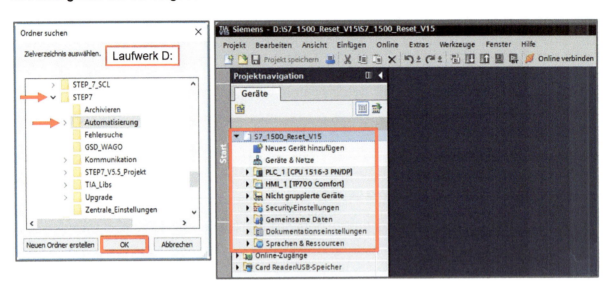

Notizen

15.3 Dokumentationsfunktion

Nach dem Erstellen eines Projekts lassen sich die Inhalte in übersichtlicher Form drucken. Sie können entweder das gesamte Projekt drucken oder einzelne Objekte. Ein sinnvoll strukturierter Ausdruck erleichtert sowohl die weitere Bearbeitung des Projekts als auch Service-Arbeiten. Der Ausdruck kann ebenso als Präsentation für Ihre Kunden dienen oder als komplette Anlagendokumentation.
Sie können das Projekt in Form von standardisierten Schaltbüchern aufbereiten und mit einem einheitlichen Layout ausdrucken. Den Umfang des Drucks können Sie eingrenzen. Entweder Sie drucken das gesamte Projekt, einzelnen Objekten mit ihren Eigenschaften oder einen kompakten Überblick des Projekts. Außerdem können Sie die Inhalte eines geöffneten Editors drucken.

Den Ausdruck mit Rahmen und Deckblättern verbessern

Sie haben die Möglichkeit, das Aussehen des Drucks nach eigenen Vorgaben zu gestalten, z.B. um Ihr eigenes Firmenlogo einzufügen oder um das Corporate Design Ihres Unternehmens in der Projektdokumentation umzusetzen. Sie können beliebig viele Design-Varianten als Rahmen und Deckblätter anlegen. Die Rahmen und Deckblätter werden in der Projektnavigation unter dem Eintrag "Dokumentationseinstellungen" abgelegt und sind Teil des Projekts. Innerhalb der Rahmen und Deckblätter können Sie Platzhalter für Daten aus zuvor hinterlegten Dokument-Informationen einfügen. Diese werden beim Druck automatisch mit den entsprechenden Meta-Daten befüllt.
Möchten Sie auf die freie Gestaltung verzichten, stehen fertige Rahmen und Deckblätter zur Verfügung. Darunter befinden sich auch Vorlagen nach dem ISO-Standard für technische Produktdokumentation.

Modularer Aufbau eines Ausdrucks

Ein Ausdruck besteht allgemein aus folgenden Bestandteilen:

- Deckblatt (nur beim Druck aus der Projektnavigation)
- Inhaltsverzeichnis (nur beim Druck aus der Projektnavigation)
- Name und Pfad eines Objekts innerhalb der Projektnavigation
- Objektdaten

15 Diverses

15.3.1 Deckblätter und Vorlagen in Bibliotheken

Vorgefertigte Rahmen und Deckblätter nutzen

Mit dem TIA Portal werden bereits einige Rahmen und Deckblätter mitgeliefert.
Diese können Sie nach Ihren Wünschen ändern.
Um mitgelieferte Rahmen und Deckblätter einzufügen und zu bearbeiten, gehen Sie folgendermaßen vor:

In der Systembibliothek "Dokumentationsvorlagen" sind einige Deckblätter und Vorlagen gespeichert, die in jedem Projekt zur Verfügung stehen. Die Deckblätter und Vorlagen lassen sich von dort per Drag & Drop in die Projektnavigation ziehen. In der Projektnavigation können Sie die Deckblätter und Vorlagen anschließend auf das Projekt anpassen.

- Öffnen Sie in der Task Card "Bibliotheken" die Palette "Globale Bibliotheken".
- Öffnen Sie die Bibliothek "Documentation templates«.
- Öffnen Sie im Ordner "Kopiervorlagen" den Ordner "Document information".

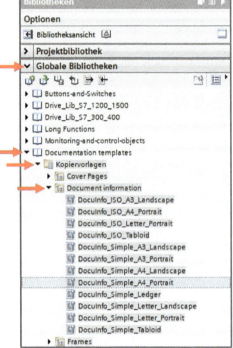

Ziehen Sie aus dem Ordner "Document information" per Drag&Drop die Datei "DocuInfo_Simple_A4_Protrait" in die Projektnavigation Ordner "Dokumentationseinstellungen" nach "Dokument-Information".

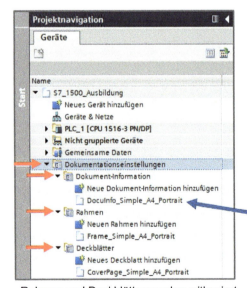

Rahmen und Deckblätter werden mitkopiert

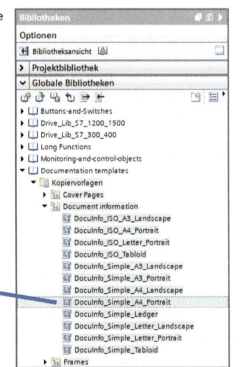

Doppelklicken Sie in der Projektnavigation auf den neuen Eintrag, um den Rahmen anzusehen.

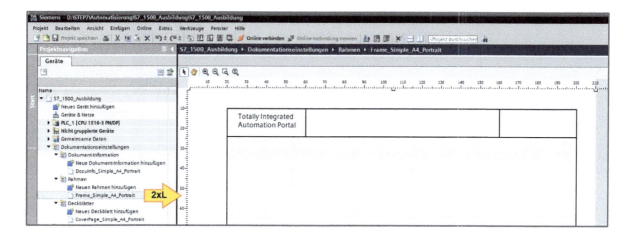

Doppelklicken Sie in der Projektnavigation auf den neuen Eintrag im Ordner Dokument-Informationen.

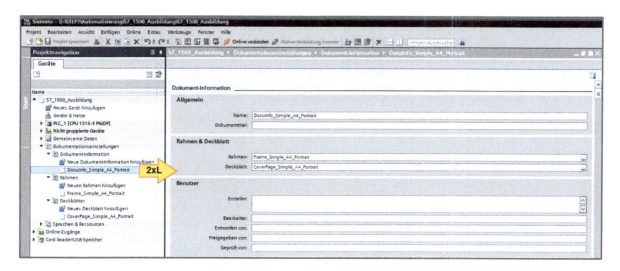

Benennen Sie die Standardnamen um!

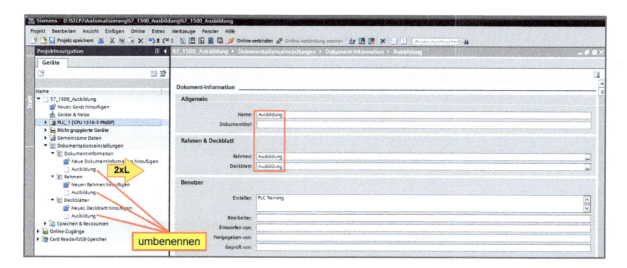

15 Diverses

Öffnen Sie den Rahmen und ziehen per Drag&Drop den Freitext in das obere Rahmenfenster.

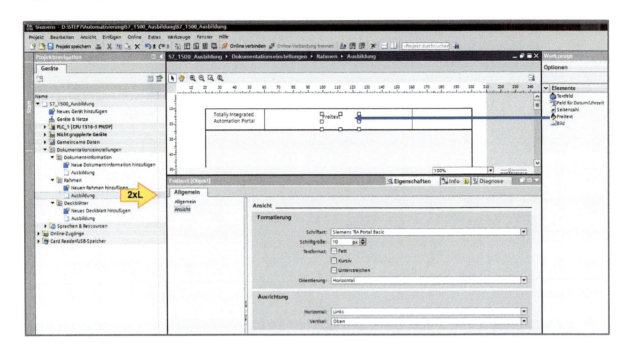

Gestaltungsmöglichkeiten für den Freitext.

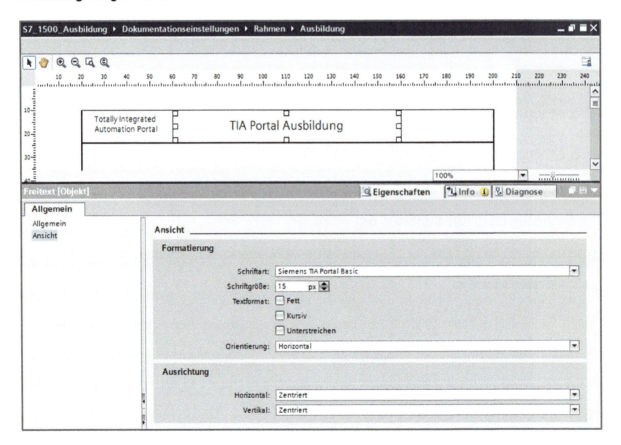

Ebenso können die anderen Felder des Rahmens ausgefüllt und gestaltet werden.

Testen Sie die Druckvorschau mit dem Baustein FC1.

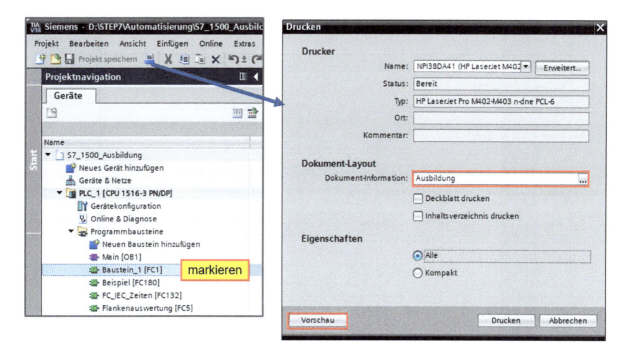

Druckvorschau

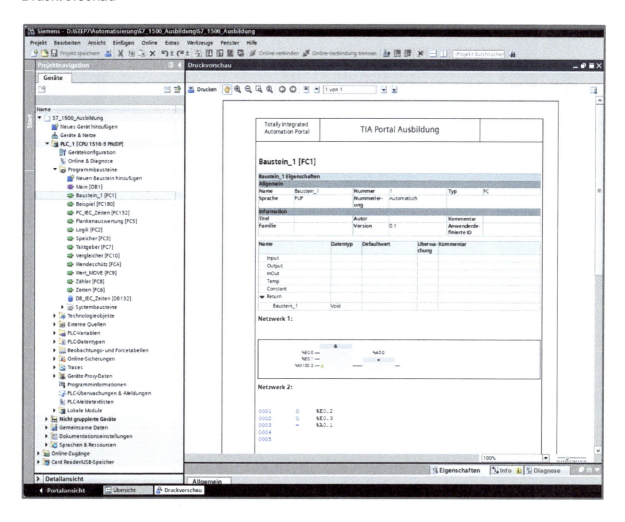

15 Diverses

Ausdruck

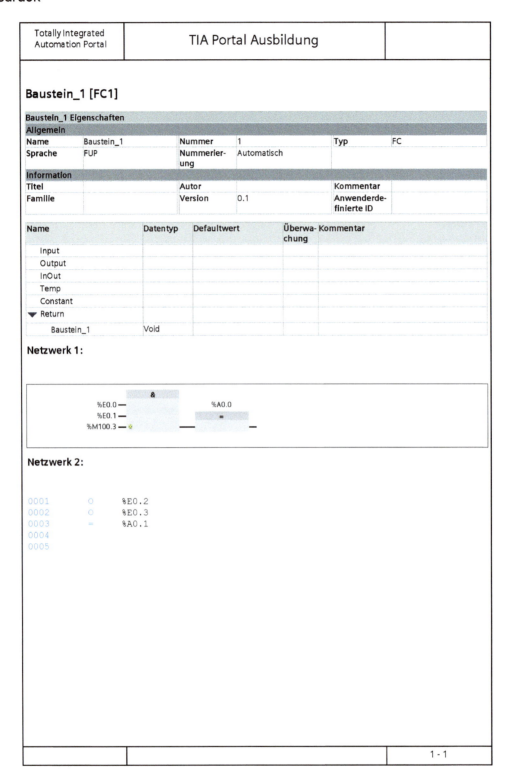

Totally Integrated Automation Portal	TIA Portal Ausbildung	

Baustein_1 [FC1]

Baustein_1 Eigenschaften					
Allgemein					
Name	Baustein_1	Nummer	1	Typ	FC
Sprache	FUP	Nummerierung	Automatisch		
Information					
Titel		Autor		Kommentar	
Familie		Version	0.1	Anwenderdefinierte ID	

Name	Datentyp	Defaultwert	Überwachung	Kommentar
Input				
Output				
InOut				
Temp				
Constant				
▼ Return				
Baustein_1	Void			

Netzwerk 1:

```
            &
%E0.0 ──          %A0.0
%E0.1 ──            =
%M100.3 ──
```

Netzwerk 2:

```
0001    O    %E0.2
0002    O    %E0.3
0003    =    %A0.1
0004
0005
```

1 - 1

16. Analogwertverarbeitung

Es müssen häufig neben digitalen Signalen auch analoge Signale überwacht und verarbeitet werden. Analoge Signale sind z.B. Temperatur- oder Drucksensoren, Thermoelemente oder Tachogeneratoren zur Drehzahlerfassung sowie Drehmomentenmessungen mit Dehnungsmessstreifen. Analoge Messfühler besitzen häufig einen Ausgangspegel von 0 bis 10 Volt, der von digital arbeitenden Steuereinrichtungen verarbeitet wird. Die analogen Eingangssignale werden in der digital arbeitenden Steuereinrichtung einem Analog-Digital-Umsetzer (AD-Umsetzer) zugeführt. Bei der Ausgabe von Analogwerten werden die digitalen Werte einem Digital-Analog-Umsetzer (DA-Umsetzer) zugeführt und von der Steuerung ausgegeben.

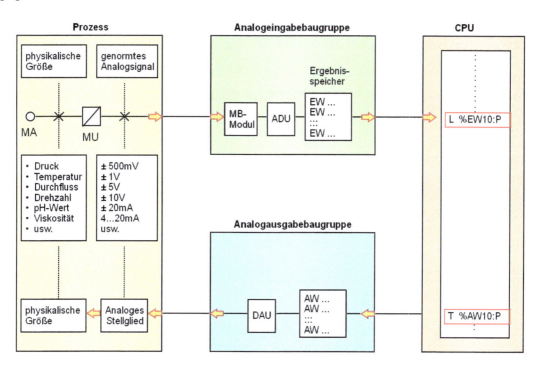

Prinzip
In einem Fertigungsprozess gibt es verschiedene physikalische Größen (Druck, Temperatur, Geschwindigkeit, Drehzahl, pH-Wert, Viskosität, usw.) die für die Lösung der Automatisierungsaufgabe in der SPS verarbeitet werden müssen.

MA
Die Messwertaufnehmer reagieren auf Veränderungen der zu erfassenden Größe durch Längenausdehnung, Winkelverformung, Änderung der elektrischen Leitfähigkeit, usw.

MU
Messwertumformer wandeln obengenannte Veränderungen in genormte Analogsignale um, wie z.B.: ± 500mV, ± 10V, ± 20mA, 4...20mA.
Diese Signale werden an die Analog-Eingabebaugruppen angelegt.

ADU (Analog-Digital-Wandlung)
Eine CPU verarbeitet Informationen nur in digitaler Form. Daher wird der analoge Wert in ein Bitmuster gewandelt. Die Wandlung erfolgt durch einen in das Analogeingabemodul integrierten ADU (Analog-Digital-Umsetzer). Bei den SIMATIC Produkten ist das Ergebnis dieser Wandlung immer ein Wort von 16 Bit. Der eingesetzte ADU digitalisiert das zu erfassende Analogsignal und nähert dessen Wert in Form einer Treppenkurve an.
Die wichtigsten Parameter eines ADU sind dessen Auflösung und Wandlungsgeschwindigkeit.

16 Analogwertverarbeitung

Ergebnisspeicher
Das Wandlungsergebnis wird in dem sogenannten Ergebnisspeicher abgelegt und bleibt dort solange erhalten, bis es von einem neuen Wert überschrieben wird.
Der umgewandelte Analogwert kann mit der Ladeoperation "L %EW... :P" gelesen werden.

Analogausgabe
Nach der Verarbeitung des digitalen Signals in der CPU wandelt ein in das Analogausgabemodul integrierter DAU (Digital-Analog-Umsetzer) das Ausgabesignal wieder in einen analogen Strom- oder Spannungswert. Der resultierende Wert ist die Ausgangsgröße, mit der die analogen Stellglieder (die Aktoren) angesteuert werden. Dabei kann es sich z.B. um kleine Servoantriebe oder Proportionalventile handeln
Die vom Anwenderprogramm berechneten Analogwerte werden über die Transferoperation "T %AW... :P" zu einer Analog-Ausgabebaugruppe geschrieben, wo ein DAU (Digital-Analog-Umsetzer) die Umwandlung in ein genormtes Analogsignal vornimmt.

Analoge Aktoren
mit genormten Analogeingangssignalen können direkt an die Analog-Ausgabebaugruppen angeschlossen werden.

Wichtige Kenngrößen von Analogmodulen
Für die Auswahl des geeigneten Analogmoduls sind neben der Messart und des Messbereichs vor allem seine Genauigkeit, Auflösung und Wandlungszeit von Bedeutung. Für manche Einsatzbereiche, z.B. Anlagen mit großer räumlicher Ausdehnung, spielen auch noch die Gleichtaktspannung (Common Mode) bzw. Potenzialtrennung zwischen den Kanälen eine Rolle.

16.1 Genauigkeit/Auflösung

Die Auflösung eines Analogmoduls ist abhängig vom eingesetzten Wandler und dessen externer Beschaltung. Das zu erfassende bzw. auszugebende Analogsignal wird durch eine Treppenkurve angenähert. Die Auflösung gibt an, in wie viele Inkremente sich der Analogwert auf dieser Treppenkurve unterteilt. Je höher die Auflösung eines Moduls, desto kleiner sind die Inkremente und desto feiner wird das analoge Signal digitalisiert.

Annäherung eines Analogwerts

Die folgenden Bilder zeigen die Annäherung des Analogwerts durch eine Treppenkurve.
Bei niedriger Auflösung nähert sich das Analogsignal dem wahren Verlauf nur grob an (linkes Bild), während bei höherer Auflösung die Annäherung besser ist (rechtes Bild).

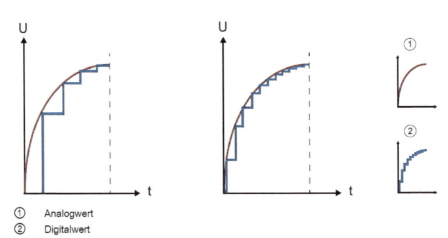

① Analogwert
② Digitalwert

Analogwertverarbeitung 16

Darstellung des Messbereichs bei einer Auflösung von 13 und 16 Bit

Wenn ein Modul über eine Auflösung von 13 Bit (= 12 Bit + VZ) verfügt, wird ein unipolarer Messwert in insgesamt 2^{12} = 4096 Inkremente zerlegt.
Bei einem Messbereich von 0 bis 10 V beträgt das kleinste Inkrement 10 V/4096, also 2,4 mV.
Ein Modul mit 16 Bit (15 Bit + VZ) Auflösung entspricht einem Spannungswert von 0,3 mV. Wenn sich die Auflösung um ein Bit erhöht, so verdoppelt sich die Anzahl der Inkremente und die Breite eines Inkrements halbiert sich.
Wenn sich die Auflösung von 13 auf 16 Bit erhöht, verachtfacht sich die Anzahl der Inkremente von 4096 auf 32768. Bei einer Auflösung von 13 Bit beträgt der kleinste darstellbare Wert somit 2,4 mV. Bei einer Auflösung von 16 Bit liegt er hingegen bei 0,3 mV.

Über- und Untersteuerungsbereich

Die SIMATIC S7 unterscheidet bei der Darstellung des Messbereichs zwischen dem Nennbereich, dem Über- bzw. Untersteuerungsbereich und dem Über- bzw. Unterlauf. Durch diese Unterscheidung lässt sich erkennen, ob es sich z.B. tatsächlich um 10 V handelt, oder ob eine Messbereichsüberschreitung vorliegt. Die Bereiche Überlauf und Unterlauf sind für die Fehlererkennung notwendig.
Bei einer Auflösung von 16 Bit verteilen sich die theoretisch möglichen 32768 Inkremente auf einen Spannungsbereich von 11,852 V. Damit stehen für die Auflösung von 10 V nur noch 27648 Inkremente zur Verfügung. Das entspricht einem kleinsten darstellbaren Wert von 0,3617 mV (siehe Tabelle).

Beispiel für die Auflösung des Messbereichs 0 bis 10 V eines SIMATIC S7-Moduls

Wert (Inkremente)	Spannungsmessbereich	
Dezimal	0 bis 10 V	Bereich
32767	11,852 V	Überlauf
32512		
32511	11,759 V	Übersteuerungsbereich
27649		
27648	10,0 V	Nennbereich
20736	7,5 V	
1	361,7 µV	
0	0 V	
Für dieses Beispiel nicht relevant, da negative Werte nicht möglich		Untersteuerungsbereich
		Unterlauf

Einführung in die Programmierung mit Siemens TIA-Portal V15

16 Analogwertverarbeitung

16.2 Analogwertdarstellung

Umwandlung von Analogwerten

Die Analogwerte werden nur in digitalisierter Form von der CPU verarbeitet.
Analogeingabemodule wandeln das analoge Signal in einen digitalen Wert für die Weiterverarbeitung durch die CPU um.
Analogausgabemodule wandeln den digitalen Ausgabewert von der CPU in ein analoges Signal um.

Analogwertdarstellung bei 16-Bit-Auflösung

Der digitalisierte Analogwert ist für Ein- und Ausgabewerte bei gleichem Nennbereich derselbe. Die Analogwerte werden als Festpunktzahl im 2er-Komplement dargestellt. Dabei ergibt sich folgende Zuordnung:

Auflösung	Analogwert															
Bitnummer	15	14	13	12	11	10	9	8	7	6	5	4	3	2	1	0
Wertigkeit der Bits	VZ	2^{14}	2^{13}	2^{12}	2^{11}	2^{10}	2^9	2^8	2^7	2^6	2^5	2^4	2^3	2^2	2^1	2^0

Vorzeichen

Das Vorzeichen des Analogwerts steht immer im Bit 15:
"0" → +
"1" → -

Auflösung weniger als 16 Bit

Wenn die Auflösung eines Analogmoduls weniger als 16 Bit beträgt, wird der Analogwert linksbündig auf dem Modul hinterlegt. Die nicht besetzten niederwertigen Stellen werden mit "0" beschrieben.
Dadurch wird die Anzahl darstellbarer Messwerte verringert. Die Wertebereiche von Modulen belegen einen Wert zwischen +32767 bis -32768, unabhängig von der Auflösung.
Die Abstufung zwischen zwei aufeinanderfolgenden Werten hängt von der Auflösung des Moduls ab.

Im folgenden Beispiel sehen Sie, wie bei geringerer Auflösung die niederwertigsten Stellen mit "0" beschrieben werden:

- Das Modul mit einer Auflösung von 16 Bit kann die Werte in Schritten von einer Einheit inkrementieren ($2^0 = 1$).
- Das Modul mit einer Auflösung von 13 Bit kann die Werte in Schritten von 8 Einheiten inkrementieren ($2^3 = 8$).

Beispiel: Bitmuster eines 16-bit- und eines 13-bit-Analogwerts

Auflösung	Analogwert															
Bit	15	14	13	12	11	10	9	8	7	6	5	4	3	2	1	0
16 Bit	VZ	2^{14}	2^{13}	2^{12}	2^{11}	2^{10}	2^9	2^8	2^7	2^6	2^5	2^4	2^3	2^2	2^1	2^0
13 Bit	VZ	2^{14}	2^{13}	2^{12}	2^{11}	2^{10}	2^9	2^8	2^7	2^6	2^5	2^4	2^3	0	0	0

16.3 Analogwertdarstellung für die Ein- und Ausgabebereiche

In den folgenden Tabellen finden Sie die digitalisierte Darstellung der Eingabebereiche, getrennt nach bipolaren und unipolaren Eingabebereichen. Die Auflösung beträgt 16 Bit.

Unipolare Eingabebereiche

Wert dez.	Messwert in %	Datenwort															Bereich
		2^{15}	2^{14}	2^{13}	2^{12}	2^{11}	2^{10}	2^{9}	2^{8}	2^{7}	2^{6}	2^{5}	2^{4}	2^{3}	2^{2}	2^{1}	2^{0}	
32767	>117,589	0	1	1	1	1	1	1	1	1	1	1	1	1	1	1	1	Überlauf
32511	117,589	0	1	1	1	1	1	1	0	1	1	1	1	1	1	1	1	Übersteue-rungsbereich
27649	100,004	0	1	1	0	1	1	0	0	0	0	0	0	0	0	0	1	
27648	100,000	0	1	1	0	1	1	0	0	0	0	0	0	0	0	0	0	Nennbereich
1	0,003617	0	0	0	0	0	0	0	0	0	0	0	0	0	0	0	1	
0	0,000	0	0	0	0	0	0	0	0	0	0	0	0	0	0	0	0	
-1	-0,003617	1	1	1	1	1	1	1	1	1	1	1	1	1	1	1	1	Untersteue-bereich
-4864	-17,593	1	1	1	0	1	0	1	0	0	0	0	0	0	0	0	0	
-32768	<-17,593	1	0	0	0	0	0	0	0	0	0	0	0	0	0	0	0	Unterlauf

Unipolare Ausgabereiche

Wert dez.	Ausgabewert in %	Datenwort															Bereich
		2^{15}	2^{14}	2^{13}	2^{12}	2^{11}	2^{10}	2^{9}	2^{8}	2^{7}	2^{6}	2^{5}	2^{4}	2^{3}	2^{2}	2^{1}	2^{0}	
32511	117,589	0	1	1	1	1	1	1	1	x	x	x	x	x	x	x	x	max. Ausgabewert
32511	117,589	0	1	1	1	1	1	1	0	1	1	1	1	1	1	1	1	Übersteue-rungsbereich
27649	100,004	0	1	1	0	1	1	0	0	0	0	0	0	0	0	0	1	
27648	100,000	0	1	1	0	1	1	0	0	0	0	0	0	0	0	0	0	Nennbereich
1	0,003617	0	0	0	0	0	0	0	0	0	0	0	0	0	0	0	1	
0	0,000	0	0	0	0	0	0	0	0	0	0	0	0	0	0	0	0	
0	0,000	0	0	0	0	0	0	0	0	0	0	0	0	0	0	0	0	min. Ausgabewert

Bei Vorgabe von Werten > 32511 wird der Ausgabewert auf 117,589% begrenzt.
Bei Vorgabe von Werten < 0 wird der Ausgabewert auf 0% begrenzt.

16 Analogwertverarbeitung

16.4 Anschließen von Messwertgebern an Analogeingänge

Sie können an die Analogeingabemodule je nach Messart folgende Messwertgeber anschließen:

- Spannungsgeber
- Stromgeber
  - 2-Draht-Messumformer
  - 4-Draht-Messumformer
- Widerstandsgeber
  - 4-Leiter-Anschluss
  - 3-Leiter-Anschluss
  - 2-Leiter-Anschluss
- Thermoelemente

Isolierte Messwertgeber und nicht isolierte Messwertgeber

Messwertgeber gibt es in verschiedenen Ausführungen:

- Die isolierten Messwertgeber sind nicht vor Ort mit dem Erdpotenzial verbunden. Sie können potenzialfrei betrieben werden.
- Die nicht isolierten Messwertgeber sind vor Ort mit dem Erdpotenzial verbunden. Bei den nicht isolierten Messwertgebern ist ein Anschluss des Gebers mit dem leitfähigen Gehäuse verbunden.
  Hinweis: Alle nicht isolierten Messwertgeber müssen galvanisch miteinander verbunden werden und vor Ort mit dem Erdpotenzial verbunden werden.

Leitungen für Analogsignale

Für die Analogsignale verwenden Sie geschirmte und paarweise verdrillte Leitungen. Dadurch wird die Störfestigkeit erhöht.

16.4.1 Anschließen von Spannungsgebern

Das folgende Bild zeigt, wie Sie Spannungsgeber anschließen. Wenn Sie sicher stellen wollen, dass der zulässige Wert U_{CM} nicht überschritten wird, dann verlegen Sie Potenzialausgleichsleitungen zwischen den Bezugspunkten der Messeingänge und der analogen Masse M_{ANA}.

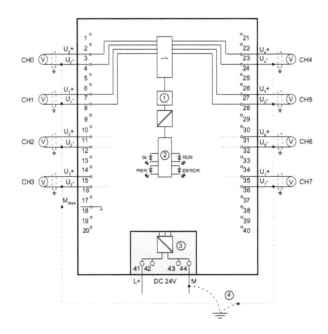

16.5 Anschließen von Lasten an Analogausgänge

Die verwendete Analogausgabebaugruppe besitzen 4 Ausgabekanäle, die wahlweise als Strom- oder Spannungsausgänge genutzt werden können.

Das folgende Bild zeigt beispielhaft folgende Anschlussmöglichkeiten:

- 2-Leiter-Anschluss ohne Kompensation der Leitungswiderstände.
- 4-Leiter-Anschluss mit Kompensation der Leitungswiderstände.

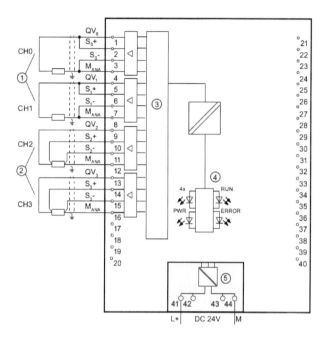

① 2-Leiter-Anschluss (Brücke am Frontstecker)
② 4-Leiter-Anschluss

Für den Anschluss der analogen Lasten sollten geschirmte paarweise verdrillte Leitungen wendet werden. Dadurch wird die Störbeeinflussung verringert. Der Schirm der Leitung ist einer Seite zu erden.

Bei Analogausgabebaugruppen ist es möglich, die einzelnen Ausgabekanäle unterschiedlich als Strom oder Spannungsausgang zu parametrieren. Nicht beschaltete Ausgabekanäle müssen in der Hardwareprojektierung deaktiviert werden, damit der Ausgang spannungslos ist.

16 Analogwertverarbeitung

16.6 Anschlussbelegung der Analogmodule

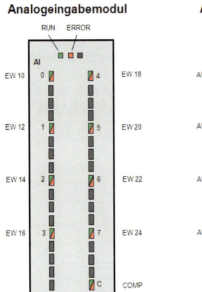

Best.-Nr.:	6ES7531-7KF00-0AB0
Kurzbezeichnung	AI 8xU/I/RTD/TC ST
Anzahl Eingänge	8
Auflösung	16 Bit inkl. Vorzeichen
Messart	Spannung Strom Widerstand Thermowiderstand Thermoelement
Potenzialtrennung zwischen den Kanälen	Nein
Versorgungsspannung	DC 24 V
Zulässige Potentialdifferenz zwischen den Eingängen (UCM)	DC 10 V
Diagnosealarm	Ja, jeweils oberer und unterer Grenzwert
Prozessalarm	Ja
Taktsynchroner Betrieb unterstützt	Nein
Wandlungszeit (pro Kanal)	9/23/27/107 ms

Best.-Nr.:	6ES7532-5HD00-0AB0
Kurzbezeichnung	AQ 4xU/I ST
Anzahl Eingänge	4
Auflösung	16 Bit inkl. Vorzeichen
Ausgabeart	Spannung Strom
Potenzialtrennung zwischen den Kanälen	Nein
Versorgungsspannung	DC 24 V
Diagnosealarm	Ja
Taktsynchroner Betrieb unterstützt	Nein

16.7 Messarten und Messbereiche der Analogmodule

Analogeingabemodul

Das Modul hat als Voreinstellung die Messart Spannung und den Messbereich ±10 V.
Wenn Sie eine andere Messart bzw. Messbereich verwenden wollen, müssen Sie das Modul mit STEP 7 umparametrieren.
Wenn Sie einen Eingang nicht verwenden, dann deaktivieren Sie den Eingang.
Die Zykluszeit des Moduls wird dadurch verkürzt.

Analogausgabemodul

Das Modul hat als Voreinstellung die Ausgabeart Spannung und den Ausgabebereich ±10 V.
Wenn Sie einen anderen Ausgabebereich bzw. eine andere Ausgabeart verwenden wollen, müssen Sie das Modul mit STEP 7 umparametrieren.

Notizen

16 Analogwertverarbeitung

16.8 Normieren mit NORM_X und Scalieren mit SCALE_X

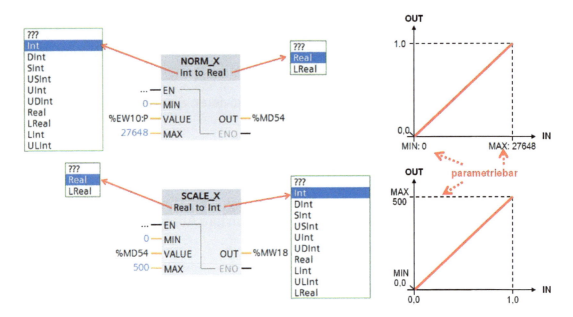

Die Funktion **NORM_X** normalisiert die am Parameter VALUE vorliegende Zahl auf den Bereich 0 bis 1, bezogen auf einen Wertebereich, der mit den Parametern MIN und MAX vorgegeben wird, und gibt sie als REAL-Zahl am Parameter OUT aus.

Beachten Sie: Der am Parameter VALUE angelegte Wert muss innerhalb der Grenzen von (einschließlich) MIN und MAX befinden! Ist dies nicht der Fall, kann der Wert am Ausgangsparameter OUT kleiner als 0 oder größer als 1 sein.
NORM_X meldet dabei keine Fehler (ENO = „1").

Die Funktion NORM_X meldet einen Fehler (ENO ="0"), wenn am Parameter VALUE eine ungültige Gleitpunktzahl liegt (VALUE wird dann zum Parameter OUT geschrieben), wenn das Ergebnis außerhalb des Gültigkeitsbereichs des Datentyps am Parameter OUT liegt und der Wert am Parameter MAX kleiner oder gleich dem am Parameter MIN ist (in beiden Fällen ist OUT undefiniert belegt).

Die Funktion **SCALE_X** bildet die am Parameter VALUE vorliegende Gleitpunktzahl im Wertebereich von 0.0 bis 1.0 auf einen Wertebereich ab, der durch die Bereichsgrenzen an den Parametern MIN und MAX definiert ist. Das Ergebnis wird am Parameter OUT ausgegeben.

Beachten Sie: Der am Parameter VALUE angelegte Wert muss innerhalb der Grenzen von (einschließlich) 0 und 1 sein! Ist dies nicht der Fall, kann der Wert am Ausgangsparameter OUT kleiner als MIN oder größer als MAX sein. Befindet er sich noch innerhalb des für den Datentyp zugelassenen Wertebereichs, meldet SCALE_X keinen Fehler (ENO = „1").

Die Funktion SCALE_X meldet einen Fehler (ENO ="0"), wenn am Parameter VALUE eine ungültige Gleitpunktzahl liegt (VALUE wird dann zum Parameter OUT geschrieben), wenn das Ergebnis außerhalb des Gültigkeitsbereichs des Datentyps am Parameter OUT liegt und der Wert am Parameter MAX kleiner oder gleich dem am Parameter MIN ist (in beiden Fällen ist OUT undefiniert belegt).

Analogwertverarbeitung 16

Anwendungsbeispiele:

Umwandlung eines Analogwertes in einen physikalischen Wert
Analogwert einlesen 0…27648 → 0…500 kg

Als Ober- und Untergrenze wird für die Normierung MAX=27648 und MIN=0 und für die Skalierung MAX=500 kg und Min=0 kg genutzt. Da die Eingangswerte vom Datentyp Integer sind, die Ausgangswerte aber als Datentyp Real skaliert werden, erfolgt mit der Funktion NORM_X eine Datentypumwandlung von Integer nach Real.

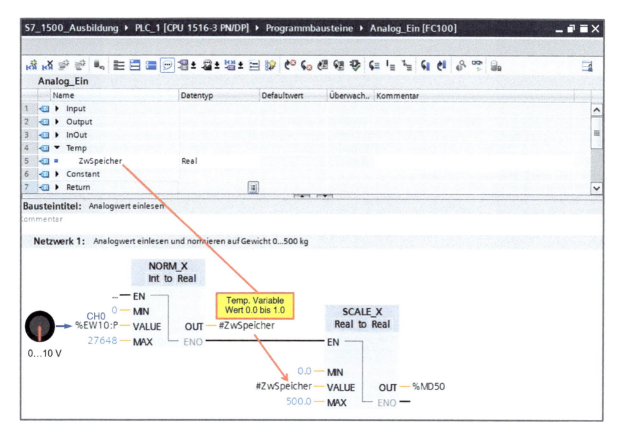

Die Verbindung der beiden Bausteine ergibt zwischen dem Eingangswert vom Baustein NORM_X und dem Ausgangswert vom Baustein SCALE_X die folgende Definition:

$$\frac{NORM\_X\_VALUE - NORM\_X\_MIN}{NORM\_X\_MAX - NORM\_X\_MIN} = \frac{SCALE\_X\_OUT - SCALE\_X\_MIN}{SCALE\_X\_MAX - SCALE\_X\_MIN}$$

$$\frac{20000 - 0}{27648 - 0} = \frac{SCALE\_X\_OUT - 0}{500 - 0} = 361{,}7 \; kG$$

Programmtest

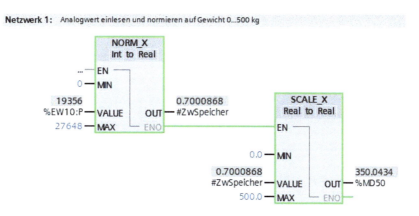

16 Analogwertverarbeitung

Umwandlung eines physikalischen Wertes in einen Analogwert
Analogwert ausgeben 0…100% → 0…27648

Da die Eingangswerte vom Datentyp Real sind, die Ausgangswerte aber als Datentyp Integer skaliert werden, erfolgt mit der Funktion SCALE_X eine Datentypumwandlung von Real nach Integer. Der Integerwert 27648 entspricht dabei der Obergrenze und der Integerwert 0 der Untergrenze des Ausgabebereiches.

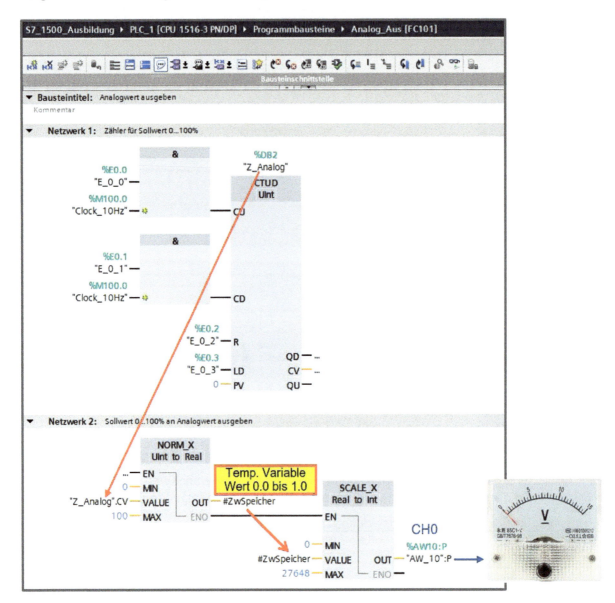

17. Visualisierung (HMI-Panel)

Eine HMI-Station (**HMI** = **H**uman **M**achine **I**nterface, Mensch-Maschine-Schnittstelle) ist ein Bedien- und Beobachtungsgerät zum manuellen Steuern eines Prozesses, zum Erfassen von Prozessdaten und zum Anzeigen von Prozessmeldungen.
Die Projektierungsdaten der HMI-Station werden in einem "Projekt" gespeichert.
Ein Projekt enthält alle Daten für eine Automatisierungslösung. Zum Projekt gehören also auch die Projektierungsdaten für eine PLC-Station, denn eine HMI-Station allein kann keinen Prozess (Maschine oder Anlage) steuern. Die HMI-Station empfängt die Daten, die angezeigt werden sollen, aus dem Prozess über die PLC-Station und steuert über die PLC-Station den Prozess. Es wird empfohlen, das Steuerungsprogramm für die PLC-Station vor der Projektierung der HMI-Station zu erstellen, mindestens jedoch die Schnittstelle zwischen den Stationen, damit der Datentausch auf der HMI-Station projektiert werden kann.
Die Schnittstelle zwischen den Stationen besteht aus einer logischen Verbindung, die die Art und Weise des Datenaustauschs definiert (das "Protokoll") und aus den Variablen und Bereichszeigern, deren Daten zwischen den Stationen ausgetauscht werden.

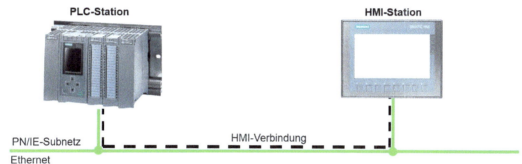

Das HMI-Programm wird offline - ohne Verbindung zur HMI-Station - erstellt. STEP 7 Basic enthält mit WinCC Basic die Projektierungssoftware für ein Basic Panel mit PROFINET-Anschluss. Sie fügen eine HMI-Station in ein Projekt ein, legen die Prozessbilder an und projektieren den Inhalt der Bilder mit vordefinierten Bildobjekten, die Sie ihren Wünschen anpassen können. Das sind z.B. Texte und Grafiken, Ein- und Ausgabefelder für Prozesswerte, Meldungsanzeigen usw.
Nach der Fertigstellung können Sie die Projektierung am Programmiergerät simulieren, d.h. Sie testen die Projektierung ohne HMI-Station. Die Vorgabe der Prozesswerte geschieht entweder über eine Wertetabelle oder über die bereits programmierte PLC-Station. Nach der Simulation werden die Projektierungsdaten in die HMI-Station geladen und zusammen mit der PLC-Station in Betrieb genommen.

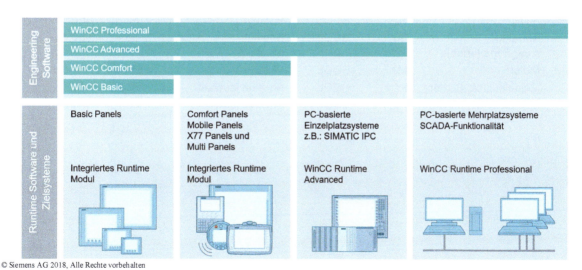

Einführung in die Programmierung mit Siemens TIA-Portal V15

17 Visualisierung (HMI-Panel)

17.1 Visualisierung Pufferspeicher

In einer Montagestraße befindet sich ein Pufferspeicher für Bildröhren, der maximal 30 Bildröhren aufnehmen kann.

Überwachung der Anzahl
Der Zu- und Abgang der Bildröhren wird durch zwei Lichtschranken (LS1 und LS2) kontrolliert. Die Impulse der Lichtschranken werden auf einen Zähler gegeben.
Ist der Pufferspeicher bei Beginn der Schicht leer, so kann der Zähler durch Betätigen eines Tasters geeicht werden.

Oberer Grenzwert
Befinden sich 30 Bildröhren im Pufferspeicher, so ist dieser voll.
Der Transportmotor M muss sofort abgeschaltet werden.

Unterer Grenzwert
Befinden sich weniger als 10 Bildröhren im Pufferspeicher, so ist die durch eine Meldelampe anzuzeigen.

Die aktuelle Anzahl der Bildröhren im Pufferspeicher wird mit einer BCD-codierten Ziffernanzeige (ANZ) angezeigt.

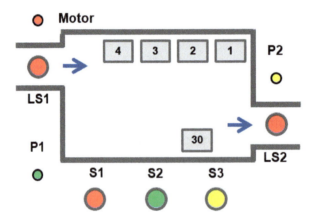

Zuordnungsliste

Eingangsvariable	Symbol	Datentyp	Logische Zuordnung		Adresse
Lichtschranke 1	LS1	BOOL	Frei	LS1 = 1	%E0.0
Lichtschranke 2	LS2	BOOL	Frei	LS2 = 1	%E0.1
Anlage „Aus"	S1	BOOL	Betätigt	S1 = 0	%E0.2
Anlage „Ein"	S2	BOOL	Betätigt	S2 = 1	%E0.3
Korrektur	S3	BOOL	Betätigt	S3 = 1	%E0.4
Ausgangsvariable					
Motor	M1	BOOL	Motor ein	M1 = 1	%A0.0
Meldeleuchte „Betrieb"	P1	BOOL	Anzeige leuchtet	P1 = 1	%A0.1
Meldeleuchte „Melden"	P2	BOOL	Anzeige leuchtet	P2 = 1	%A0.2

Visualisierung (HMI-Panel) 17

Unter der Projektierungssoftware TIA Portal wird mit Hilfe der integrierten WinCC Version eine Prozessvisualisierung für die den Pufferspeicher erstellt. Mit Bildern und Bildobjekten werden die Prozesswerte dargestellt. Mit Bedienelementen können Vorgabewerte an die Steuerung übergeben werden. Die Kommunikation zwischen Bedienpanel und der Maschine oder dem Prozess findet mittels **Variablen** über die Steuerung statt. Der Wert einer Variablen wird in einen Speicherbereich (Adresse) in der Steuerung geschrieben, wo er vom Bedienpanel ausgelesen wird.

Die Prozessvisualisierung wird gespeichert und in das Panel TP700 Comfort geladen. Nach dem Hochfahren des Panels kann der Pufferspeicher beobachtet und bedient werden.

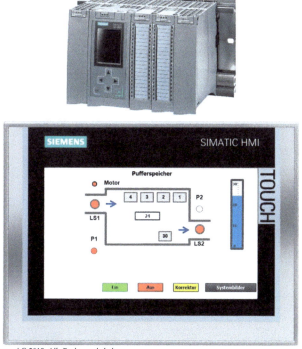

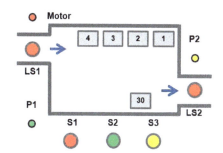

Zuordnungsliste		
LS1	%E0.0	Lichtschranke 1 (Öffner)
LS2	%E0.1	Lichtschranke 2 (Öffner)
S1	%E0.2	Aus - Taster (Öffner)
S2	%E0.3	Ein - Taster (Schließer)
S3	%E0.4	Korrektur (Schließer)
M1	%A0.0	Motor
P1	%A0.1	Meldeleuchte (Betrieb)
P2	%A0.2	Meldeleuchte (Melden)

© Siemens AG 2018, Alle Rechte vorbehalten

Das Bedienen und Beobachten des Pufferspeichers soll zusätzlich über das Panel erfolgen.

Mit Hilfe des Panels sollen folgende Anforderungen erfüllt werden:

- Das Ein- und Ausschalten sowie die Korrektur sollen zusätzlich vom Panel aus steuerbar sein.

- Der Betriebszustand der eingeschalteten Anlage soll angezeigt werden.

- Der Pufferspeicherinhalt ist als Balkendiagramm und als Zahlenwert darzustellen.

Einführung in die Programmierung mit Siemens TIA-Portal V15

17 Visualisierung (HMI-Panel)

17.1.1 Ein Projekt mit einer HMI-Station anlegen

Die Grundlage für die Projektierung einer HMI-Station ist ein Projekt. Das Projekt enthält die Datenstruktur für die Automatisierungslösung, in der auch die Projektierungsdaten einer HMI-Station untergebracht sind. Ein Projekt enthält in der obersten Hierarchiestufe die eingerichteten PLC- und HMI-Stationen, den Ordner Online-Zugänge mit den LAN-Adaptern des Programmiergeräts und den Ordner SIMATIC Card Reader mit den SD-Kartenlesern. Für die Projektierung einer HMI-Station genügt es, wenn Sie im Projekt nur die HMI-Station anlegen. Es ist jedoch empfehlenswert, zuerst die PLC-Station anzulegen, mit der die HMI-Station verbunden werden soll. Dann können die Kommunikationsverbindungen direkt beim Projektieren der entsprechenden HMI-Elemente festgelegt werden.

1. Erstellen Sie ein neues Projekt mit dem Namen „**S7_1500_Pufferspeicher_HMI_TP700**" und fügen Sie die PLC-Hardware ein!

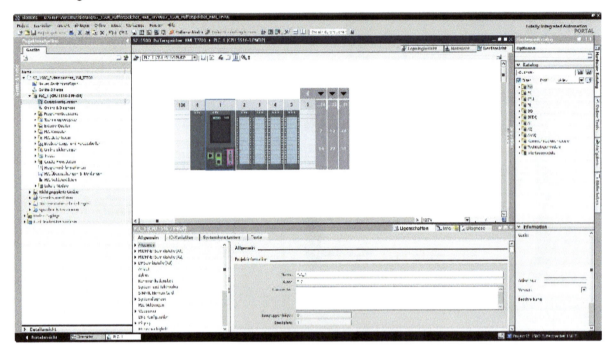

Folgende Änderungen sollen an der Default-Parametrierung vorgenommen werden:

PROFINET-Schnittstelle [X1]	Subnetz: IP-Adresse: Zugriff auf den Webserver	PN/IE_1 192.168.0.120 Webserver über diese Schnittstelle aktivieren
DP-Schnittstelle [X3]	Subnetz: PROFIBUS-Adresse:	PROFIBUS_1 2
System- und Taktmerker	Systemmerkerbyte: Taktmerkerbyte:	MB101 MB100
Webserver	Webserver auf dieser Baugruppe aktivieren Benutzerverwaltung	 Administrativ
Display	Sprache Display	Deutsch
Uhrzeit	Zeitzone Sommerzeit	(UTC+01.00) Amsterdam, … Sommerzeitumstellung aktivieren
Schutz & _Security	Verbindungsmechanismen	Zugriff über PUT/GET …
Digitale Eingangskarte DI32	Eingangsadressen:	0
Digitale Ausgangskarte DQ32	Ausgangsadressen:	0
Analoge Eingangskarte AI8	Eingangsadressen:	10
Analoge Ausgangskarte AQ4	Ausgangsadressen:	10

Visualisierung (HMI-Panel) 17

2. Fügen Sie eine neue Variablentabelle hinzu und benennen Sie die Tabelle „Pufferspeicher"

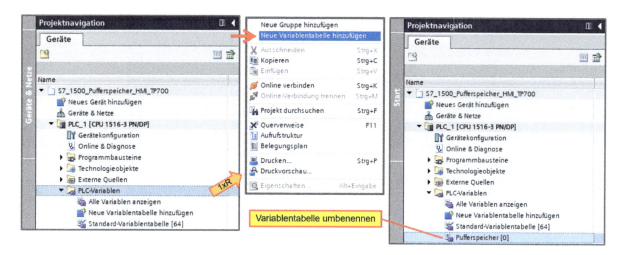

3. Erstellen Sie die nachfolgende Variablentabelle!

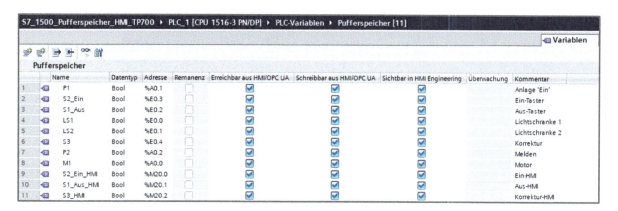

Notizen

17 Visualisierung (HMI-Panel)

4. Erstellen Sie eine Funktion „FC1 Pufferspeicher" mit dem Ausgangsprogramm für den Pufferspeicher.

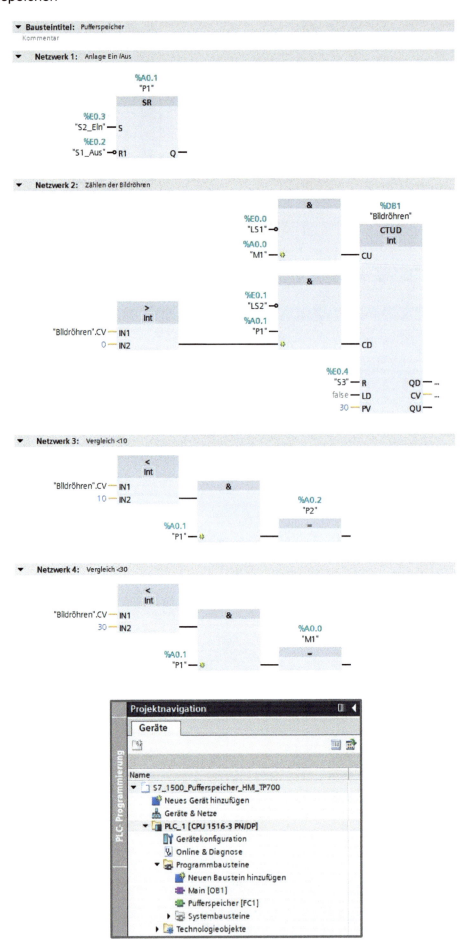

Visualisierung (HMI-Panel) 17

5. Übersetzen und Laden Sie anschließend die Projektdaten.

Testen Sie das Programm!

Notizen

17 Visualisierung (HMI-Panel)

17.1.2 Bediengeräte-Assistent verwenden

Der Bediengeräte-Assistent leitet Sie durch die Basisprojektierung in folgenden Abschnitten:

- Im Fenster *PLC-Verbindungen* wählen Sie - falls vorhanden - die PLC-Station aus, mit der die HMI-Station verbunden werden soll.

- Im Fenster *Bilddarstellung* wählen Sie die Auflösung des Bildschirms und die Hintergrundfarbe und bestimmen, ob eine Kopfzeile mit Datum und Firmen-Logo anzeigt werden soll. Die Einstellungen werden in der *Vorlage_1* gespeichert.

- Im Fenster *Meldungen* wählen Sie die Meldungen, die angezeigt werden sollen: Nicht quittierte Meldungen (unacknowledged alarms), aktive Meldungen (active alarms) und aktive Systemereignisse (active system events). Die Einstellungen werden in der *Vorlage_1* gespeichert

- Im Fenster *Bilder* generieren Sie ausgehend von einem Startbild weitere Bilder in der von Ihnen gewünschten Anwahl-Hierarchie, d.h. welche Bilder man von einem bestimmten Bild aus aufrufen kann. Den Bildern können Sie Namen zuordnen.

- Im Fenster *Systembilder* bestimmen Sie, mit welchen vorgefertigten Bildern Systemleistungen wie Betriebszustände, Benutzerverwaltung und Projekt- und Systeminformationen angezeigt werden.

- Im Fenster *Schaltflächen* können Sie die Schaltflächenbereiche platzieren (links, unten oder rechts) und die Systemschaltflächen (Symbole für Startbild, Anmelden, Sprache und Beenden) im Schaltflächenbereich anordnen, Bereits eingefügt ist die Schaltfläche für die unquittierten Meldungen. Ziehen Sie mit gedrückter Maustaste die Symbole - auch das für die unquittierten Meldungen auf die von Ihnen gewünschten Schaltflächen.

- Mit Klick auf Fertigstellen beenden Sie den Bediengeräte-Assistenten.

Die vorgenommenen Einstellungen können Sie im Verlauf der weiteren Projektierung ändern oder ergänzen.

Notizen

Visualisierung (HMI-Panel) 17

6. Um ein neues Panel im Projekt anzulegen, öffnen Sie mit einem Doppelklick auf ‚**Neues Gerät hinzufügen**' das Auswahlfenster.
   Wählen Sie unter SIMATIC HMI das 7" Display Panel „**TP700 Comfort**".
   Setzen Sie den Haken bei „**Geräteassistent aufrufen**".
   Klicken Sie auf die Schaltfläche „**OK**".

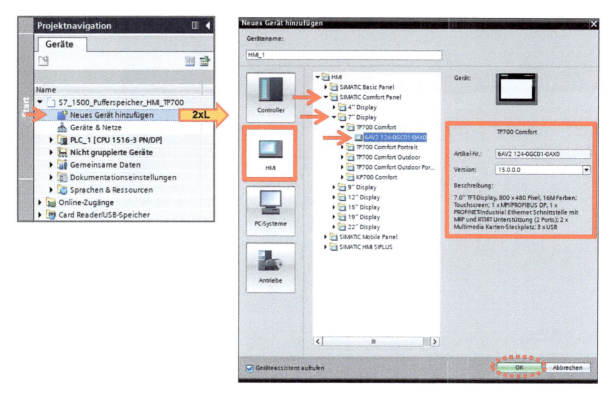

7. Wählen Sie zuerst unter PLC-Verbindungen die „**PLC_1**" aus.

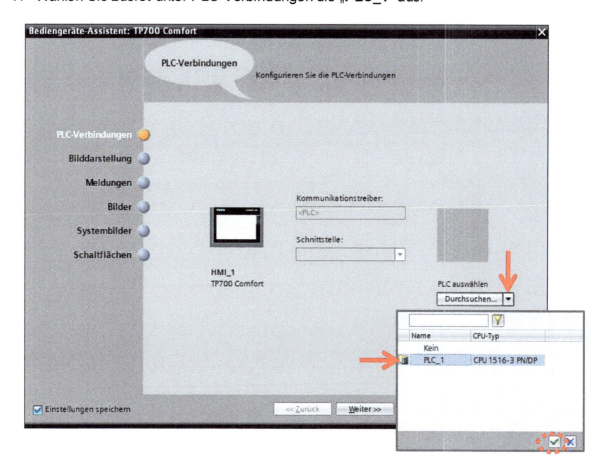

Einführung in die Programmierung mit Siemens TIA-Portal V15

17 Visualisierung (HMI-Panel)

Klicken Sie anschließend auf die Schaltfläche „**Weiter**".

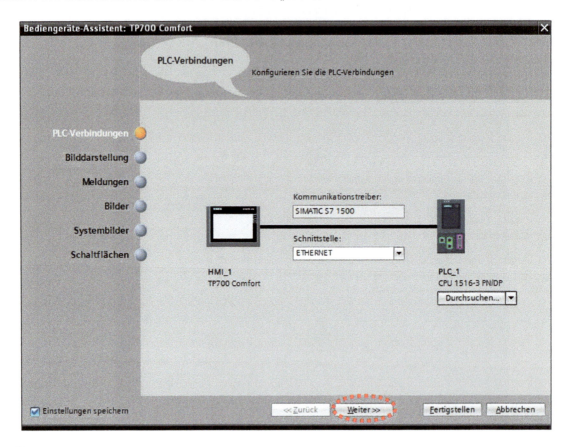

8. Ändern Sie unter Bilddarstellung die Hintergrundfarbe auf „**Weiß**" und entfernen Sie den Haken bei „**Kopfzeile**". Klicken Sie danach auf die Schaltfläche „**Weiter**".

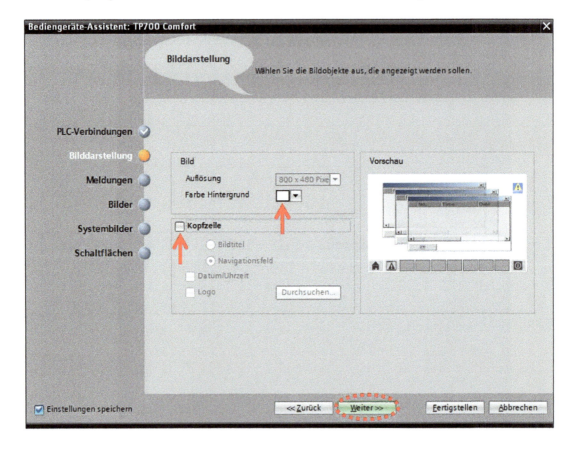

9. Alle Meldungen einschalten. Klicken Sie danach auf „**Weiter**".

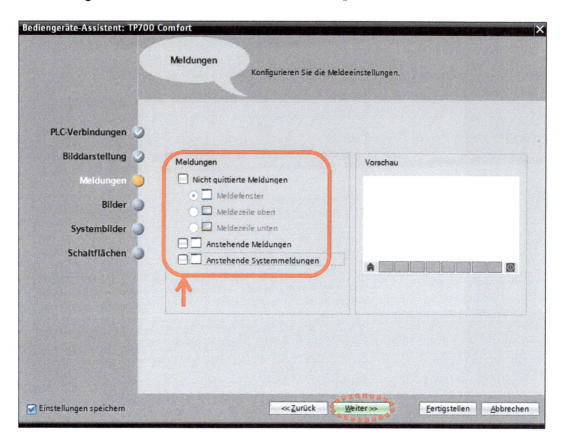

10. Unter Bildnavigation könnte man eine Bildmenüstruktur aufbauen.
    Für das Beispiel Pufferspeicher genügt vorerst das Bild mit den Namen „**Grundbild**".

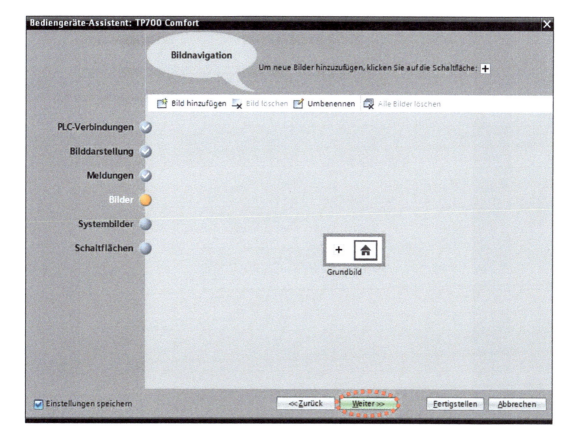

17 Visualisierung (HMI-Panel)

11. Wählen Sie nachfolgende Systembilder aus.

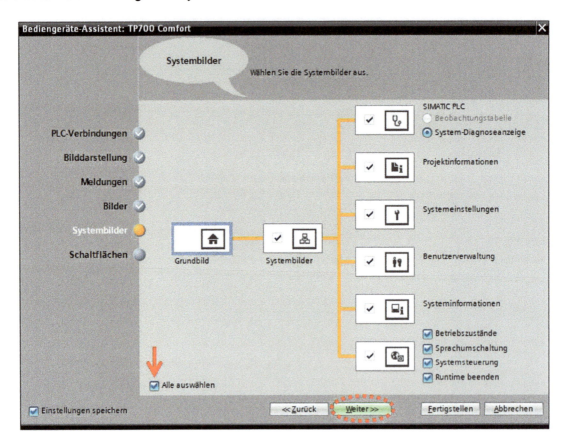

12. Zum Schluss können noch vordefinierte Systemschaltflächen platziert werden. Entfernen Sie alle Haken. Klicken Sie danach auf die Schaltfläche „**Fertigstellen**".

13. Die Oberfläche von WinCC Professional wird mit dem Grundbild geöffnet.

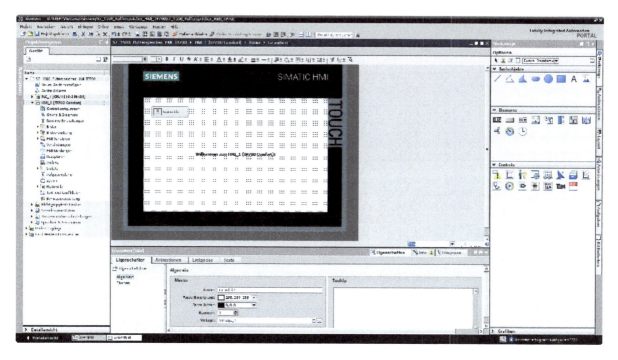

14. IP-Adresse des Panels einstellen

Doppelklicken Sie in der Projektnavigation auf **Gerätekonfiguration** und markieren anschließend das Panel und wählen unter „Eigenschaften" die Ethernet-Adresse aus. Ändern Sie die Adresse entsprechend Ihrem Panel. Speichern Sie anschließend das Projekt.

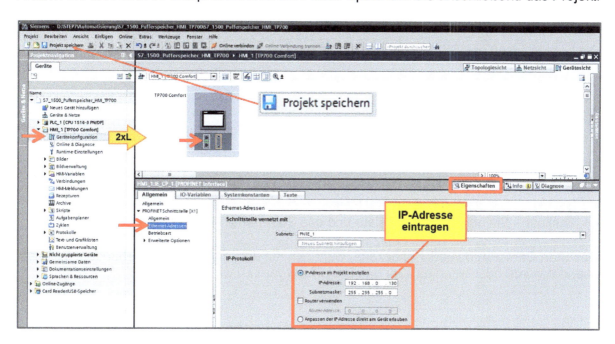

17 Visualisierung (HMI-Panel)

15. IP-Adresse am Panel kontrollieren und einstellen

Desktop und Start Center
Nach dem Start des Bediengeräts wird auf dem Display der Desktop angezeigt.

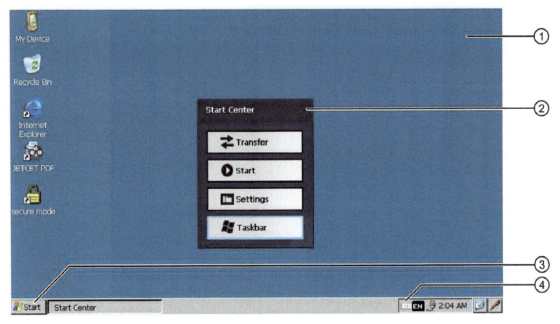

① Desktop
② Start Center
③ Startmenü
④ Symbol für die Bildschirmtastatur

Die Schaltflächen des Start Center haben folgende Funktion:

- Transfer – Sie schalten das Bediengerät in die Betriebsart "Transfer".
  Der Transfer wird nur dann aktiviert, wenn mindestens ein Datenkanal parametriert wurde.
- Start – Sie starten das Projekt auf dem Bediengerät. Wenn Sie keine Bedienung ausführen, startet ein vorhandenes Projekt abhängig von den Einstellungen im Control Panel automatisch. Ist kein Projekt vorhanden, schaltet das Start Center den Transfer ein.
- Settings – Sie starten das Control Panel.
- Taskbar – Sie öffnen die Taskleiste und das Startmenü.

Das Start Center wird wieder angezeigt, wenn ein auf dem Bediengerät vorhandenes Projekt beendet wurde oder wenn es über das Projekt aufgerufen wird.

Einstellungen öffnen

Sie haben folgende Möglichkeiten, das Control Panel zu öffnen:

- Im Start Center mit der Schaltfläche "Settings".
- Im Startmenü über "Settings > Control Panel"

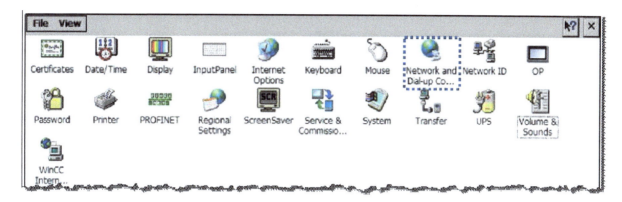

In "Network&Dial-Up Connections" ändern Sie die Netzwerkeinstellungen der LAN-Verbindung. Darüber hinaus konfigurieren Sie die Eigenschaften der Ethernet-Schnittstellen des Bediengeräts.

- Öffnen die Anzeige der Netzwerkadapter über das Symbol "Network&Dial-Up Connections".
- Öffnen Sie den Eintrag "PN_X1". Der Dialog "'PN_X1' Settings" wird geöffnet.
- Wechseln Sie in das Register "IP Address".
- Tragen Sie die entsprechende IP-Adresse und Subnet-Maske ein.

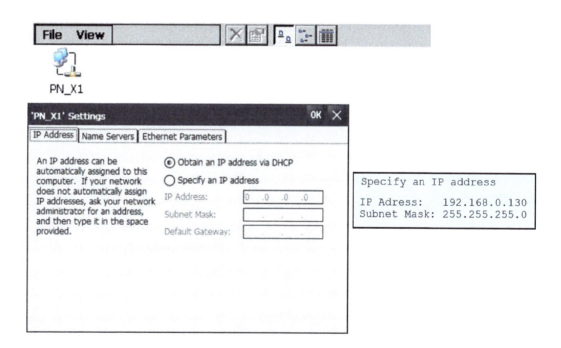

17 Visualisierung (HMI-Panel)

16. HMI-Verbindungen projektieren

Das „Vernetzen" entspricht dem Verdrahten der Stationen, d.h. es wird eine mechanische Verbindung hergestellt. Um über das Kabel Daten zu übertragen, ist eine logische Verbindung notwendig. Mit der logischen Verbindung werden die Übertragungsparameter zwischen den Stationen definiert.

Die logische Verbindung zwischen einer HMI-Station und einer PLC-Station ist vom Typ *HMI-Verbindung*. Diese können Sie in der Netzprojektierung anlegen. Vor dem Anlegen einer logischen Verbindung vernetzen Sie die betreffenden Stationen.

Zum Projektieren einer HMI-Verbindung klicken Sie auf die Schaltfläche *Verbindungen* in der Funktionsleiste des Arbeitsfensters und wählen Sie HMI-Verbindung in der nebenstehenden Auswahl. Die für diesen Verbindungstyp geeigneten Geräte werden daraufhin in der Netzsicht hervorgehoben dargestellt.

Klicken Sie mit der linken Maustaste auf eine Station, "ziehen" Sie bei gedrückter Maustaste die Verbindungslinie auf die andere Station und lassen Sie die Maustaste los. Es wird eine HMI-Verbindung mit dem Verbindungsnamen als blau-weiß-gemusterte Linie angezeigt.

Über ein Kabel können mehrere logische Verbindungen angelegt werden.

Diese Verbindungen stehen dann auch in der Verbindungstabelle im Register Verbindungen im unteren Teil des Arbeitsfensters.

Möchten Sie feststellen, welche Verbindungen in einem Subnetz angelegt sind, wählen Sie die Schaltfläche Verbindungen und führen Sie den Mauszeiger auf das Subnetz in der grafischen Darstellung. Wenn Sie auf eine der im Tooltip-Fenster aufgelisteten Verbindungen klicken, wird diese Verbindung in der Netzsicht hervorgehoben angezeigt.

Das Inspektorfenster zeigt im Register Eigenschaften die Eigenschaften der logischen Verbindung an, die Sie in der betreffenden Zeile in der Verbindungstabelle markieren.

Bei Bedien- und Anzeigeobjekten, die auf Prozesswerte einer Steuerung zugreifen, muss zuerst eine Verbindung zur Steuerung projektiert werden.

Hier legen Sie fest, wie und über welche Schnittstelle das Panel mit der Steuerung kommuniziert.

Doppelklicken Sie in der Projektnavigation auf **Verbindungen**.
Durch die Einstellungen in der Hardware Konfiguration sind bereits alle Parameter eingestellt.

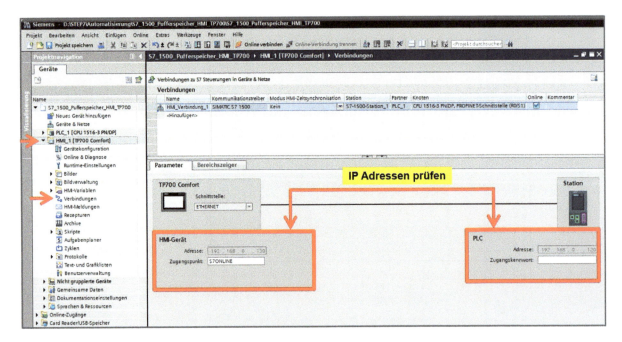

17.1.3 Bedienoberfläche von WinCC Professional

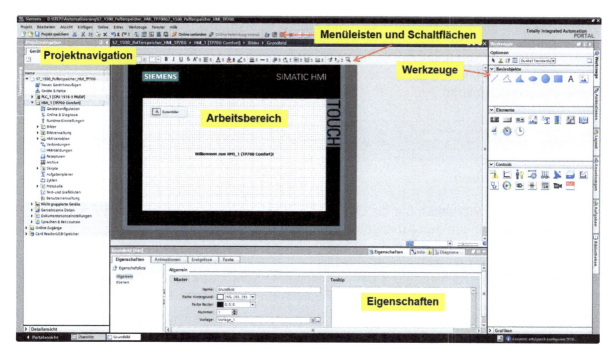

17.1.4 Projektnavigation

Das Projektnavigationsfenster ist die zentrale Schaltstelle für die Projektbearbeitung. Alle Bestandteile und alle verfügbaren Editoren eines Projekts werden Ihnen im Projektfenster in einer Baumstruktur angezeigt und können von dort aus geöffnet werden. Jedem Editor ist ein Symbol zugeordnet, über das Sie die zugehörigen Objekte identifizieren können. Im Projektfenster werden nur Elemente angezeigt, die vom gewählten Bediengerät unterstützt werden.
Im Projektfenster haben Sie Zugriff auf die Geräteeinstellungen des Bediengeräts.

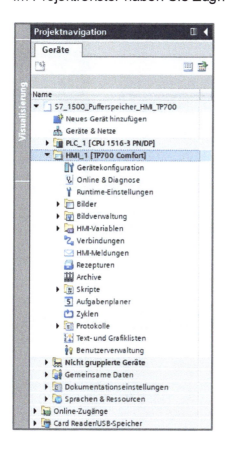

17 Visualisierung (HMI-Panel)

17.1.5 Menüleiste und Schaltflächen

In den Menüs und Symbolleisten finden Sie alle Funktionen, die Sie zum Projektieren Ihres Bediengerätes benötigen. Wenn ein entsprechender Editor aktiv ist, sind editorspezifische Menübefehle oder Symbolleisten sichtbar.
Wenn Sie mit dem Mauszeiger auf einen Befehl zeigen, erhalten Sie zu jeder Funktion eine entsprechende QuickInfo.

17.1.6 Arbeitsbereich

Im Arbeitsbereich bearbeiten Sie die Objekte des Projekts. Alle Elemente von WinCC Professional werden um den Arbeitsbereich herum angeordnet.
Im Arbeitsbereich bearbeiten Sie die Projektdaten entweder in tabellarischer Form, z.B. Variablen, oder grafisch, z.B. ein Prozessbild.
Im oberen Teil des Arbeitsbereichs befindet sich eine Symbolleiste.
Hier kann z.B. Schriftart, Schriftfarbe oder Funktionen wie Drehen, Ausrichten usw. gewählt werden.

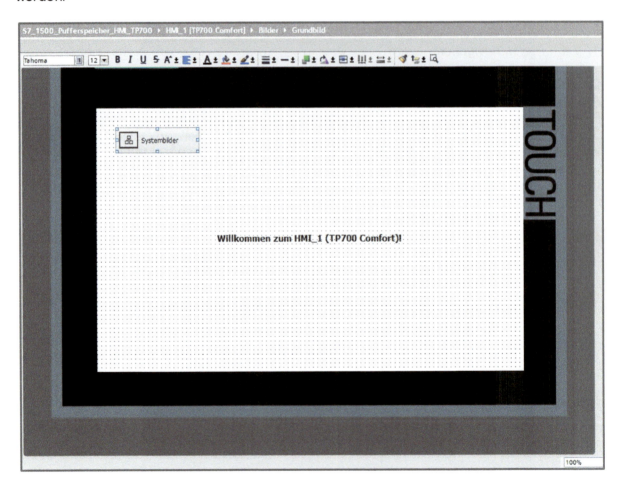

17.1.7 Werkzeuge

Im Werkzeugfenster finden Sie eine Auswahl an Objekten, die Sie in Ihre Bilder einfügen können, z.B. grafische Objekte und Bedienelemente. Darüber hinaus befinden sich im Werkzeugfenster Bibliotheken mit fertigen Bibliotheksobjekten und Sammlungen von Bildbausteinen. Die Objekte werden per Drag & Drop in den Arbeitsbereich gezogen.

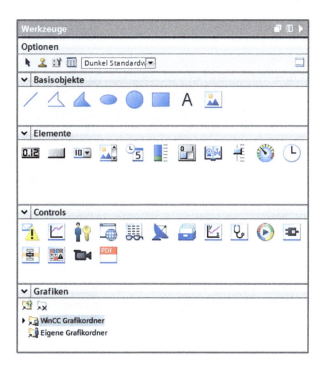

17.1.8 Eigenschaftsfenster

Im Eigenschaftsfenster bearbeiten Sie die Eigenschaften von Objekten, z.B. die Farbe von Bildobjekten.
Das Eigenschaftsfenster ist nur in bestimmten Editoren verfügbar.
Im Eigenschaftsfenster werden die Eigenschaften des ausgewählten Objektes nach Kategorien geordnet angezeigt.
Sobald Sie ein Eingabefeld verlassen, werden Wertänderungen wirksam.
Wenn Sie einen ungültigen Wert eingeben, wird dieser farbig unterlegt.
Über die QuickInfo erhalten Sie dann z.B. Informationen über den gültigen Wertebereich.

Im Eigenschaftsfenster werden auch Animationen und Ereignisse des ausgewählten Objekts projektiert, wie hier z.B. ein Bildwechsel beim Loslassen der Schaltfläche.

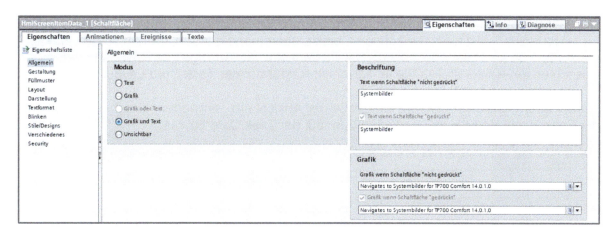

17 Visualisierung (HMI-Panel)

17.2 Prozessbilder projektieren

Über Prozessbilder bedienen und beobachten Sie den Prozess. Ein Bild kann eine Anlage nachbilden, Prozessabläufe anzeigen, Prozesswerte ausgeben oder Bedienaktionen ermöglichen. Für das Erstellen eines Bildes stehen vordefinierte Objekte zur Verfügung, die Sie in das Bild einfügen und Ihren Wünschen anpassen können.

Die Eigenschaften eines Bildes, wie beispielsweise die Auflösung und die Farben, hängen von der verwendeten HMI-Station ab.

Ein Bild kann aus statischen und dynamischen Objekten bestehen. Statische Objekte sind Texte oder Grafiken, die sich während der Prozessbearbeitung nicht verändern. Dynamische Objekte sind z.B. Texte, Zahlenwerte, Kurven und Balken, die sich abhängig von Prozesswerten verändern.

Über ein Bild können Sie mit Bedienelementen auch in den Prozess eingreifen oder ein anderes Bild aufrufen. Ein Eingabefeld gestattet die Vorgabe eines Sollwerts an den Prozess und mit Funktionstasten - falls die HMI-Station entsprechend ausgerüstet ist - lösen Sie beispielsweise Aktionen im Prozess aus. Funktionstasten mit globaler Belegung lösen bei Betätigung immer die gleiche Aktion aus, unabhängig davon, in welchem Bild sie platziert sind.
Bei Funktionstasten mit lokaler Belegung ist die ausgelöste Aktion abhängig vom angezeigten Bild.

Die Projektierung der Prozessbilder geschieht in folgenden Schritten:

➢ Ausgehend von einem Startbild wird die Anzahl der Bilder und deren Aufrufhierarchie festgelegt.

➢ Festlegen der Navigation innerhalb eines Bilds und zwischen den Bildern.

➢ Die vorhandene Vorlage bzw. das globale Bild anpassen und oder neue Vorlagen erstellen.

➢ Erstellen der Bilder unter Verwendung der in den Bibliotheken gespeicherten Objekte.

Arbeitsfenster für Prozessbilder

Das Arbeitsfenster für Prozessbilder enthält in der Funktionsleiste die wichtigsten Einstellmöglichkeiten für die Eigenschaften eines markierten Bildobjekts oder die Darstellung des Bildinhalts.

Objekteigenschaften, wie z.B. die Schriftfamilie und die Schriftfarbe, können Sie auch im Inspektorfenster einstellen. Sie können Objekte übereinander legen, drehen sowie vertikal, horizontal und am Raster ausrichten. Die Rasterweite, die Anzeige des Rasters und das Ausrichten am Raster stellen Sie im Abschnitt Raster auf der Task Card Layout ein.

Mit der Zoomfunktion stellen Sie die Größe der Ansicht ein - entweder mit den Symbolen in der Funktionsleiste oder im Abschnitt Zoom auf der Task Card Layout.

17.2.1 Projektierung des Grundbildes

Öffnen Sie das Grundbild mit einem Doppelklick!

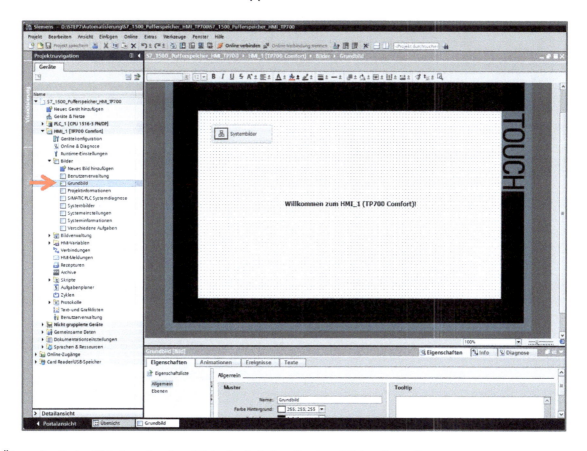

Über die Schaltfläche „Systembilder" wird das Systembild aufgerufen.
Die Schaltfläche **„Systembilder"** soll verschoben werden.

17 Visualisierung (HMI-Panel)

Bildüberschrift erstellen mit Textfeld.

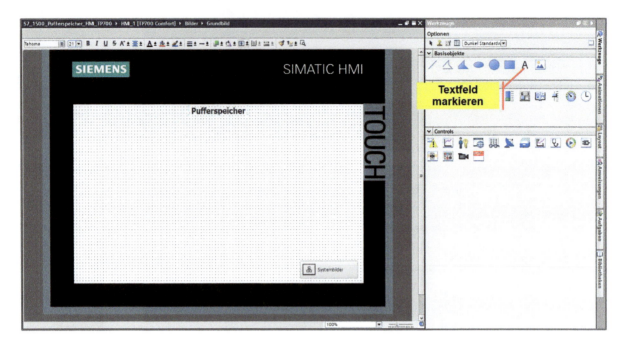

Grafik vom Pufferspeicher zeichnen oder eine vorhandene Grafik über die Zwischenablage einfügen.

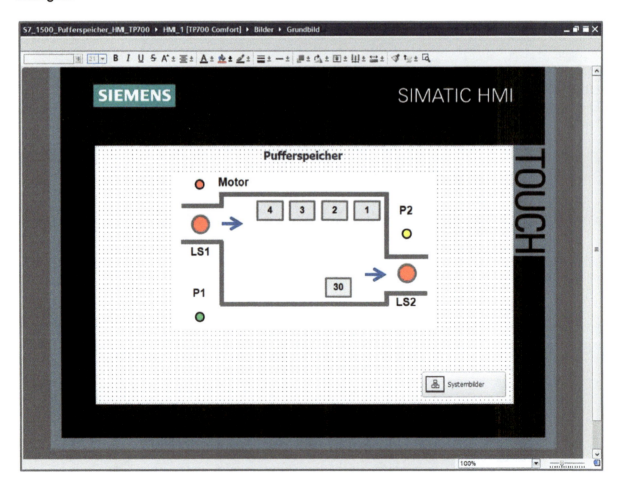

17.2.2 Bedien- und Beobachtungsfunktionen

Eingabe und Anzeige von Prozesswerten

Für die Eingabe und Anzeige von Prozesswerten stehen folgende Bildobjekte zur Verfügung:

- E/A-Feld: Eingabe und Anzeige von numerischen Werten,
- symbolisches E/A-Feld: Eingabe und Anzeige von numerischen Werten mit Textunterstützung,
- grafisches E/A-Feld: Eingabe und Anzeige von numerischen Werten mit Grafikunterstützung,
- Datum/Uhrzeit-Feld: Anzeige von Datum und Uhrzeit,
- Balkenanzeige: Anzeige eines numerischen Prozesswerts in Balkenform,
- Kurvenanzeige: Anzeige mehrerer zusammenhängender, numerischer Prozesswerte in Kurvenform.

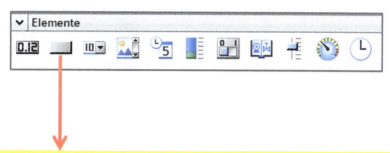

Das Objekt Schaltfläche dient zur Auslösung einer projektierbaren Aktion.
Je nach Ereignis (z.B. Drücken, Loslassen) kann eine Funktionsliste mit Systemfunktionen bearbeitet werden. Die Beschriftung kann Text oder Grafik sein, fest projektiert oder aus einer Text- oder Grafikliste ausgewählt.

Notizen

17 Visualisierung (HMI-Panel)

17.2.3 Ein, Aus und Korrektur Schaltflächen projektieren

Ziehen Sie eine Schaltfläche in den Arbeitsbereich des Grundbilds.

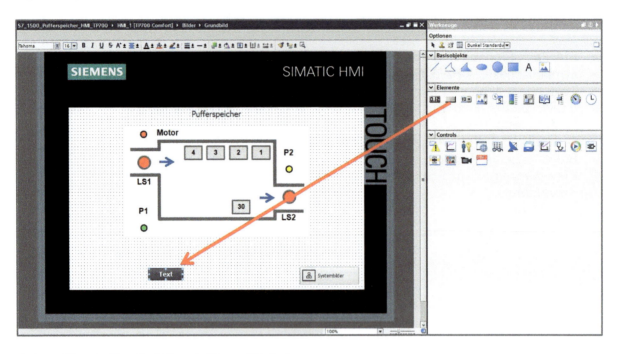

Geben Sie als Text bei Beschriftung ‚**Ein**' ein.
Vorsicht! Nicht die Eingabetaste drücken ansonsten wird eine zweite Zeile erzeugt.

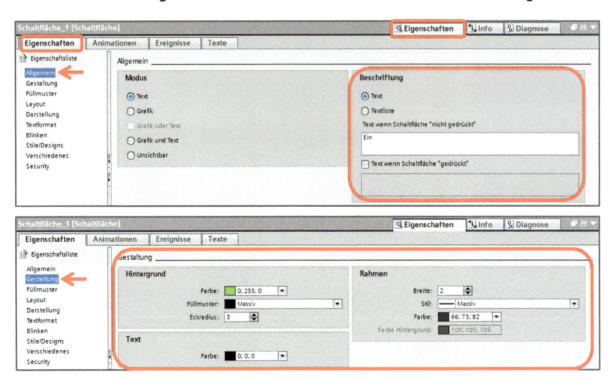

Visualisierung (HMI-Panel) 17

Darstellung und Textformat anpassen

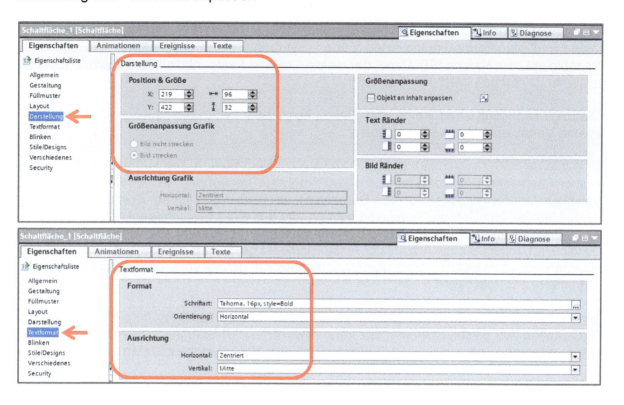

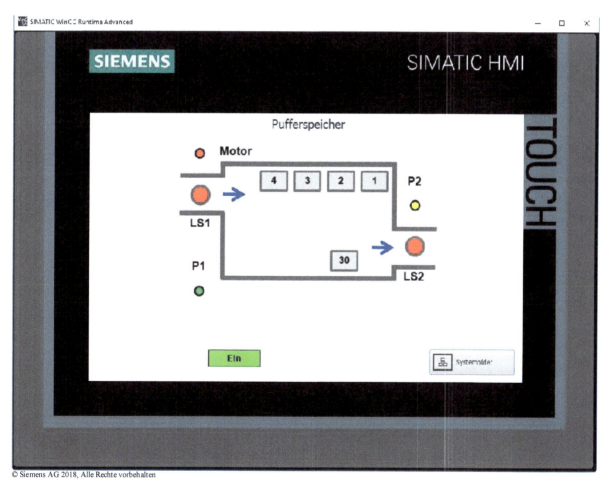

17 Visualisierung (HMI-Panel)

17.2.4 HMI-Variablen

Eine Variable kennzeichnet einen Speicherplatz für einen Wert (Daten-Inhalt) mit einem Datentyp (Daten-Format) durch einen Namen (Symbol). Beispielsweise kann man eine Variable mit dem Namen "Füllstand" definieren, die eine Festpunktzahl (Datentyp SHORT) mit einen (Anfangs-) Wert von 0 darstellt.

Die Engineeringsoftware für eine HMI-Station kennt zwei Typen von HMI-Variablen: interne Variablen und externe Variablen.

Eine *interne HMI-Variable* hat keine Verbindung zur PLC-Station. Sie wird innerhalb der HMI-Station gespeichert und kann nur von deren Programm verwendet werden. Die Datentypen von HMI-Variablen weichen von den Datentypen der PLC-Variablen ab. Zusätzlich kann eine Array-Variable (ein Datenfeld) definiert werden, die aus einer bestimmten Anzahl an Komponenten mit gleichem Datentyp besteht. Eine interne HMI-Variable legen Sie als Array-Variable an, indem Sie die Anzahl der Array-Elemente größer als 1 einstellen. Eine einzelne Komponente adressieren Sie mit dem Variablennamen, gefolgt vom Index in eckigen Klammern, z.B. Messwert[2].

Eine *externe HMI-Variable* (Prozessvariable) ist das Abbild eines Speicherplatzes in der PLC-Station. Auf diesen Speicherplatz kann sowohl die HMI-Station - mit dem HMI-Variablennamen - als auch die PLC-Station - mit dem PLC-Variablennamen zugreifen.

Bei der HMI-Projektierung steht der Ausdruck "PLC-Variable" für eine Variable in der PLC-Station. Das kann eine Variable aus der PLC-Variablentabelle oder eine Datenvariable aus einem Datenbaustein sein.

Die externen HMI-Variablen übernehmen die Datentypen, die ihnen in der PLC-Station zugewiesen wurden (PLC-Datentypen, nicht beim Datentyp STRUCT). Bei einer PLC-Variablen mit dem Datentyp ARRAY übernimmt die HMI-Variable die Anzahl ("Array-Elemente") und den Datentyp der Elemente.

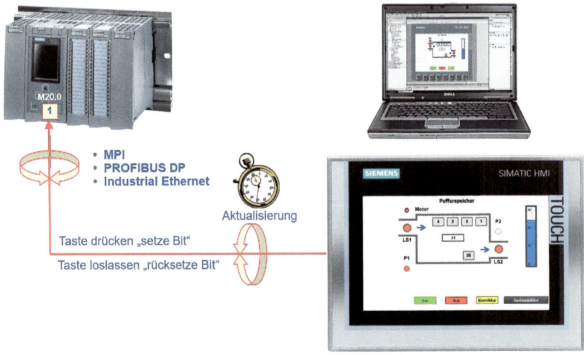

© Siemens AG 2018, Alle Rechte vorbehalten

Eine HMI-Variable anlegen

Eine Variable legen Sie in der HMI-Variablentabelle im Ordner HMI-Variablen an. Den Ordner HMI-Variablen können Sie zur besseren Übersicht strukturieren, indem Sie Unterordner anlegen: den Ordner HMI-Variablen markieren und im Kontextmenü Gruppe hinzufügen auswählen. Der neue Ordner enthält automatisch einen Eintrag HMI-Variablen, der eine Untermenge der HMI-Variablentabelle darstellt (es gibt nur eine einzige Variablentabelle in einer HMI-Station).

Zum Öffnen der HMI-Variablentabelle doppelklicken Sie in der Projektnavigation auf den Editor HMI-Variablen und wählen im Arbeitsfenster das Register HMI-Variablen. Wollen Sie eine interne Variable anlegen, wählen Sie als Verbindung <Interne Variable>. In der Spalte Datentyp wählen Sie aus einer Klappliste den HMI-Datentyp aus. Wenn Sie die Variable als Array-Variable anlegen, stellen Sie in der Spalte Array-Elemente die Anzahl der Elemente ein.

Bei einer externen Variablen (Prozessvariablen) stellen Sie die Verbindung zur PLC-Station ein und wählen die PLC-Variable aus. Sie können Variablen aus der PLC-Variablentabelle oder aus Datenbausteinen (im Ordner Programmbausteine) auswählen. Der Datentyp der PLC-Variablen wird automatisch übernommen. Stellen Sie unter Erfassungszyklus das Zeitintervall ein, mit dem die Aktualisierung erfolgen soll. Achten Sie bei diesen Einstellungen darauf, dass die Kommunikationslast auf der Verbindung zwischen HMI- und PLC-Station in erträglichen Grenzen bleibt.

Eine HMI-Variable konfigurieren

Im Register *Eigenschaften* des Inspektorfensters können Sie weitere Eigenschaften der markierten Variablen einstellen. Beispielsweise stellen Sie im Abschnitt Eigenschaften unter Allgemein die Erfassungsart ein:

- Zyklisch im Betrieb = die Variable wird regelmäßig aktualisiert, solange sie in einem Bild angezeigt wird;
- Zyklisch fortlaufend = die Variable wird regelmäßig aktualisiert, auch wenn sie nicht angezeigt wird;
- Auf Anforderung = die Variable wird auf Anforderung, z.B. durch eine Systemfunktion, aktualisiert.

Unter Grenzwerte können Sie die Reaktion beim Erreichen eines Grenzwerts einstellen. Unter Lineare Skalierung wird der Wertebereich der PLC-Variablen linear in einen Wertebereich in der HMI-Station umgerechnet. Die Skalierung geschieht beim Datenaustausch in beiden Richtungen. Den Startwert beim Einschalten der HMI-Station oder bis zur ersten Aktualisierung legen Sie unter Einstellungen fest. Das Multiplexen (indirekte Adressierung) bietet die Möglichkeit, die genutzte Variable erst zur Laufzeit zu ermitteln. Beim Projektieren wird eine Multiplexvariable eingesetzt, die aus einer Liste von Variablen besteht. Eine Indexvariable wählt aus dieser Liste dann die genutzte Variable aus.
Unter Ereignisse ordnen Sie bestimmten Ereignissen wie z.B. einer Wertänderung, eine Funktionsliste mit Systemfunktionen zu, die bei Eintreten des Ereignisses ausgeführt wird.

17 Visualisierung (HMI-Panel)

Überprüfen bzw. ergänzen Sie die PLC-Variablen wie im Bild gezeigt!

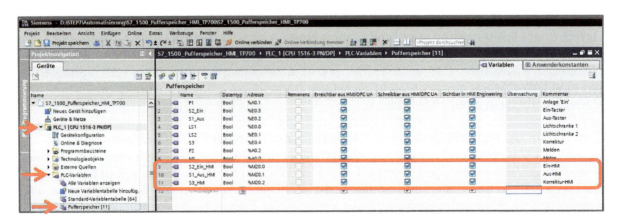

Ändern Sie auch das Programm des Pufferspeichers entsprechend.
Speichern und testen Sie den Baustein!

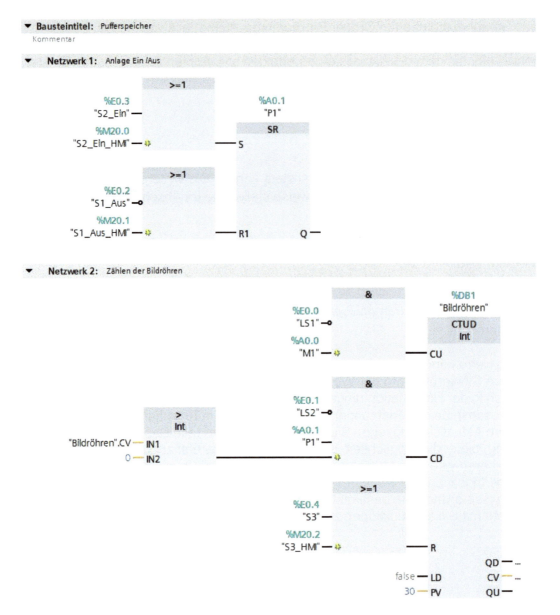

Visualisierung (HMI-Panel) 17

Wählen Sie unter Ereignisse bei *Drücken* die Funktion unter der *Bitbearbeitung* „**SetzeBitWährendTasteGedrückt**".

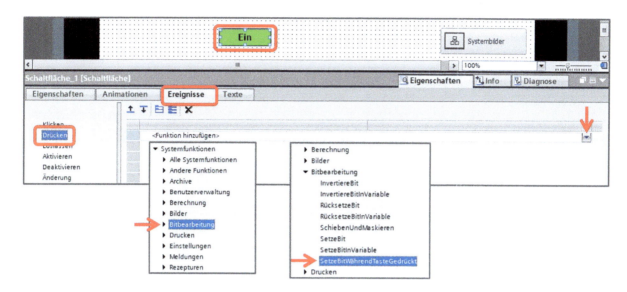

Danach in das Feld *Variable (Eingabe/Ausgabe)* klicken und mit Hilfe der „**…**" Schaltfäche das Variablenfenster öffnen.
Sie können hier auch auf die Schnittstellendeklaration von Datenbausteinen zugreifen.
Wählen Sie als Variable „**S2_Ein_HMI**" aus den **PLC-Variablen Pufferspeicher** aus.

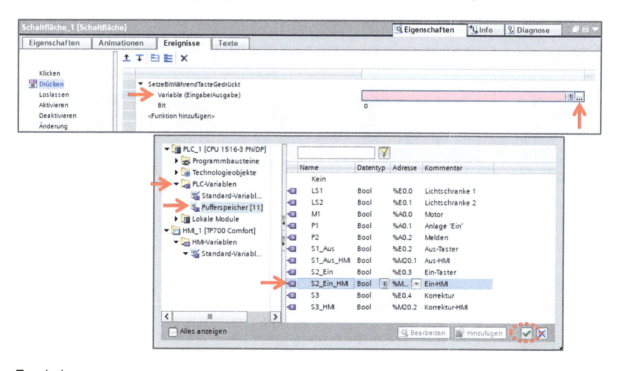

Ergebnis

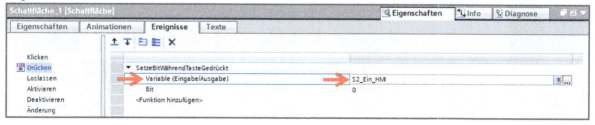

Einführung in die Programmierung mit Siemens TIA-Portal V15

17 Visualisierung (HMI-Panel)

Die Variable ist automatisch in die HMI-Variablen > Standardvariablentabelle aufgenommen worden.

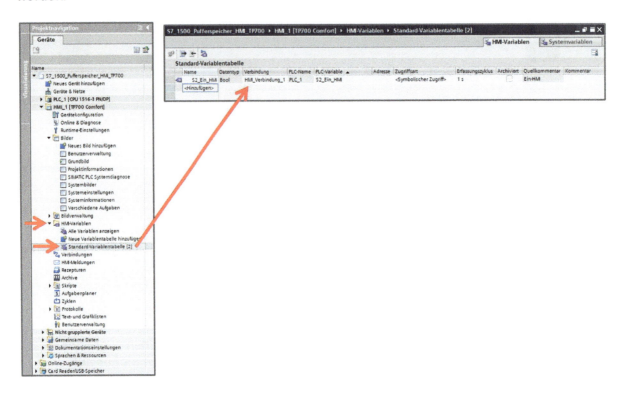

Projektieren Sie noch die Schaltfläche „Aus" und „Korrektur"!

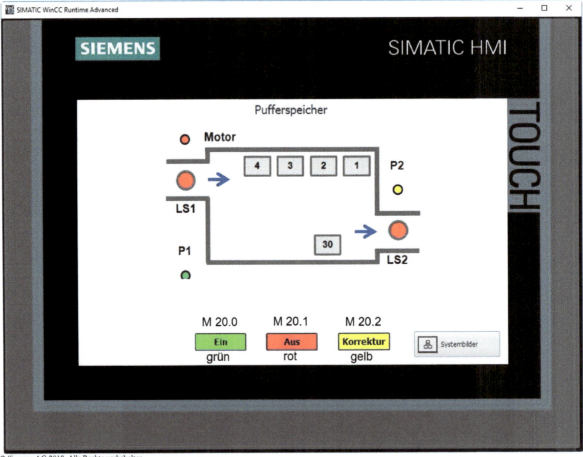

© Siemens AG 2018, Alle Rechte vorbehalten

17.2.5 Bildobjekte zur Laufzeit verändern

Die Dynamisierung von Bildobjekten wird genutzt, um in Prozessbildern Veränderungen oder Prozessabläufe sichtbar zu machen. Beispielsweise kann die Füllhöhe eines Tanks abhängig von einem Prozesswert grafisch dargestellt werden. Für die Dynamisierung der folgenden Objekteigenschaften stehen vordefinierte Animationen bereit:

- Gestaltung: Das Objekt ändert sein Erscheinungsbild, z.B. die Farbe.
- Position: Das Objekt bewegt sich im Bild.
- Sichtbarkeit: Das Objekt wird ein- oder ausgeblendet.
- Bedienbarkeit: Das Objekt wird für die Bedienung freigegeben oder gesperrt.

Für jedes Objekt dürfen Sie jeweils nur eine Animation desselben Typs (Bewegung, Gestaltung, Sichtbarkeit) projektieren.

Zur Projektierung einer neuen Animation markieren Sie das Objekt im Prozessbild und klicken Sie im Inspektorfenster im Register Eigenschaften unter der Gruppe Animationen auf Neue Animation. Wählen Sie die gewünschte Animation mit der Schaltfläche in der Spalte Hinzufügen aus. Die neue Animation wird unter Animationen im Inspektorfenster angezeigt.

Markieren Sie die Animation und legen Sie die Variable fest, deren Wert die Objekteigenschaft dynamisieren soll.

Bei einer Mehrfachauswahl von Objekten stellen Sie im Inspektorfenster die Animationen des Referenzobjekts ein. Die Einstellungen gelten für alle Objekte, die diese Animationen unterstützen.

Wenn Sie für eine Objektgruppe eine Animation projektieren, gilt diese Animation für alle Einzelobjekte, die diese Animation unterstützen.

Basisobjekte für die Bildprojektierung

In der Kategorie Basisobjekte sind die geometrischen Objekte Linie, Ellipse, Kreis und Rechteck enthalten. Je nach Objekt können die Größe, die Farbe, die Rahmenart und das Füllmuster eingestellt werden.

Die Gruppe enthält außerdem ein Textfeld, bei dem Sie beispielsweise den Textstil oder die Text-, Hintergrund- und Rahmenfarbe ändern können und eine Grafikanzeige mit wählbarer Grafik.

17 Visualisierung (HMI-Panel)

Die Meldeleuchte Betrieb „P1" des Pufferspeichers soll durch einen farbigen Punkt angezeigt werden:

Aus   Punkt rot
Ein   Punkt grün

Ziehen Sie einen Kreis in den Arbeitsbereich des Grundbilds.

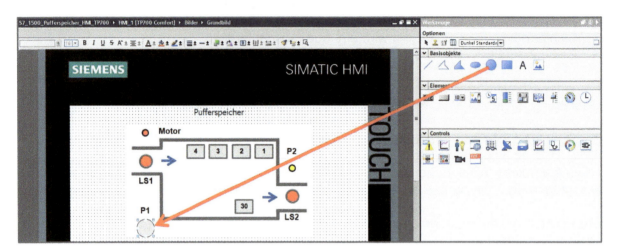

Ändern Sie in Eigenschaften → Darstellung den Radius: 12, und positionieren Sie den Kreis unterhalb der Beschriftung „P1".

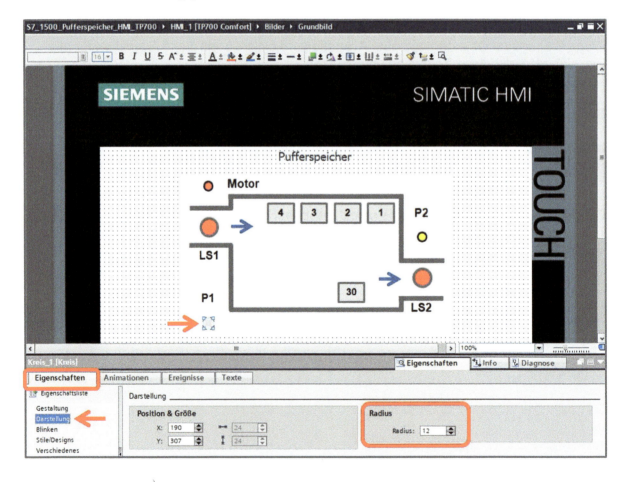

Aktivieren Sie die Schaltfläche **Animation** anschließend **Neue Animation hinzufügen** und wählen Sie dann **Gestaltung** aus.

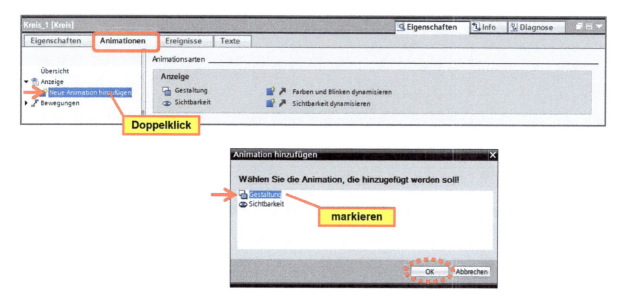

Nun muss als erstes die Variable ausgewählt werden.

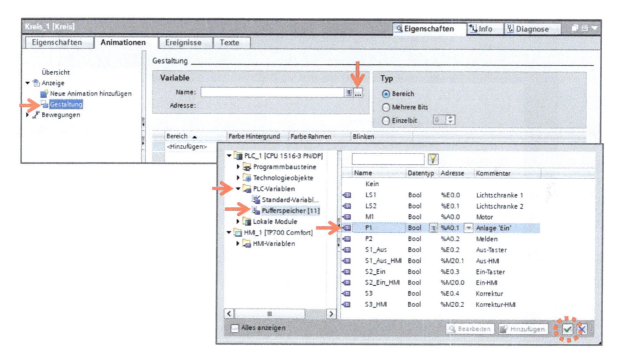

Variable „P1" auswählen.

17 Visualisierung (HMI-Panel)

Mit <Hinzufügen> bestimmen Sie den Bereich und die Hintergrundfarbe.

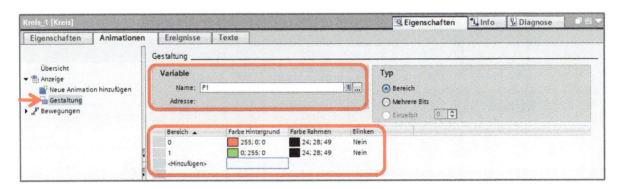

Erstellen Sie entsprechend für die Anzeige P2 „Melden" einen Punkt.
Variablenname: „P2".

Aus   Punkt weiß
Ein   Punkt gelb

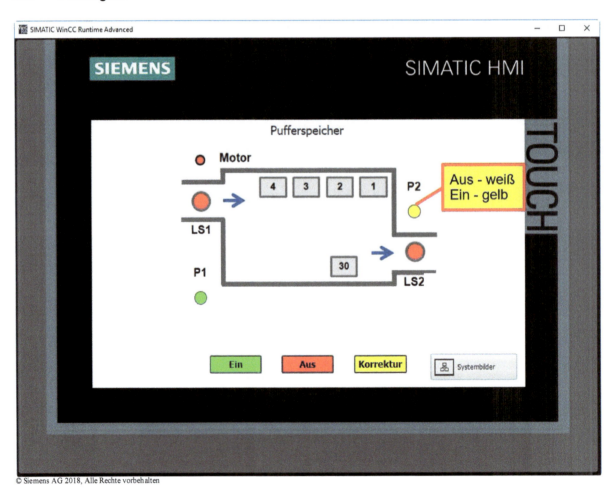

17.2.6 E/A-Feld zur Anzeige des Pufferspeicherinhalts projektieren

Das Objekt E/A-Feld dient der Eingabe und Anzeige von Prozesswerten. Bei der Projektierung legen Sie fest, in welchem Modus das E/A-Feld zur Laufzeit arbeiten soll: *Eingabe*, *Eingabe/Ausgabe* oder *Ausgabe*. Sie können einstellen, dass die Eingabe verborgen bleibt (es werden dann nur Sternchen angezeigt) und Sie können dem E/A-Feld eine Berechtigung zur Eingabe zuweisen. Als Anzeigeformat stehen u.a. der Dezimalwert mit Vorzeichen und Kommastelle, Datum/Uhrzeit und Zeichenkette zur Verfügung. Abhängig von einem oberen und unteren Grenzwert können Sie einen Farbumschlag einstellen.
Ziehen Sie eine Schaltfläche in den Arbeitsbereich des Grundbilds.

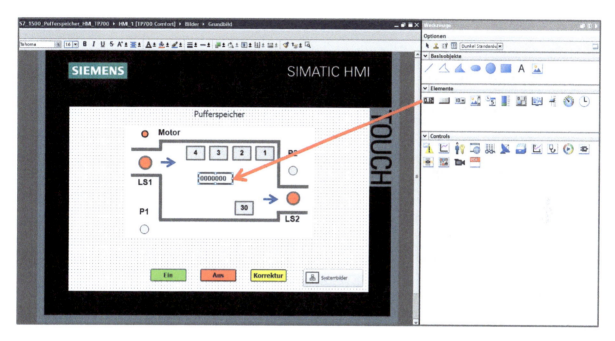

Wählen Sie unter **Eigenschaften** die Variable aus.
Da es sich um eine Variable des Zählers aus dem Instanzdatenbaustein handelt ist sie in **Programmbausteine – Systembausteine - Programmresourcen – Bildröhren** hinterlegt.

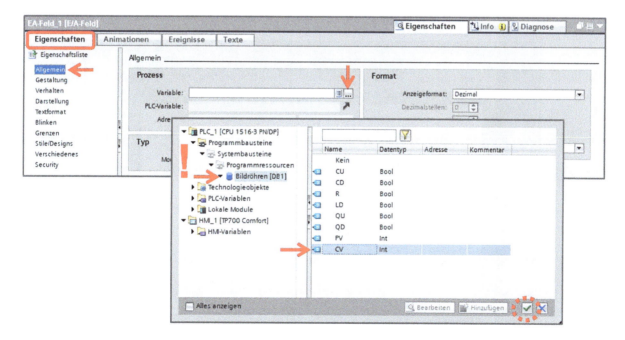

17 Visualisierung (HMI-Panel)

Ändern Sie auch noch den Modus: **Ausgabe** und das Darstellungsformat: **99**.

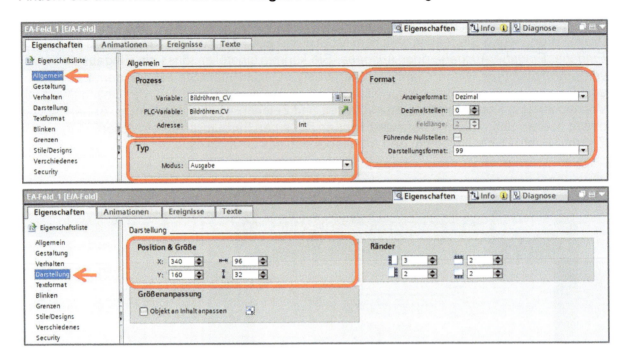

Passen Sie das Textformat Ihren persönlichen Vorstellungen an.

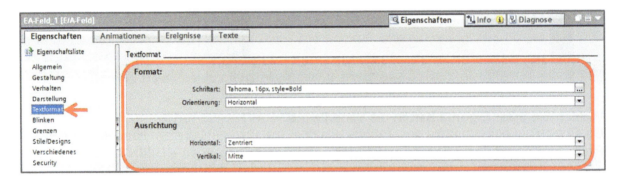

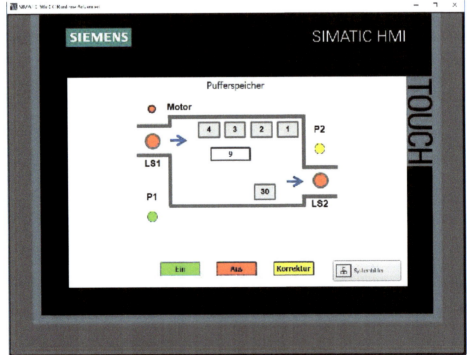

© Siemens AG 2018, Alle Rechte vorbehalten

17.2.7 Balkenanzeige projektieren

Das Objekt Balken stellt einen Prozesswert grafisch dar. Folgende Eigenschaften der Darstellung können Sie u.a. einstellen: den Farbverlauf (den Farbumschlag bei der Überschreitung von Grenzwerten), die Markierung von Grenzwerten, die Einteilung in Balkensegmente und die Skalenbeschriftung und -einteilung.

Ziehen Sie das Objekt Balken in den Arbeitsbereich des Grundbilds.

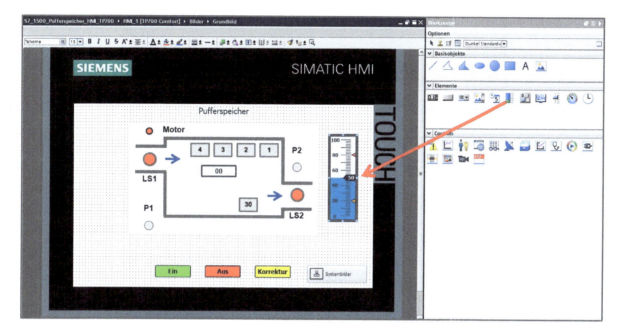

Passen Sie Position und Größe des Balkens an.

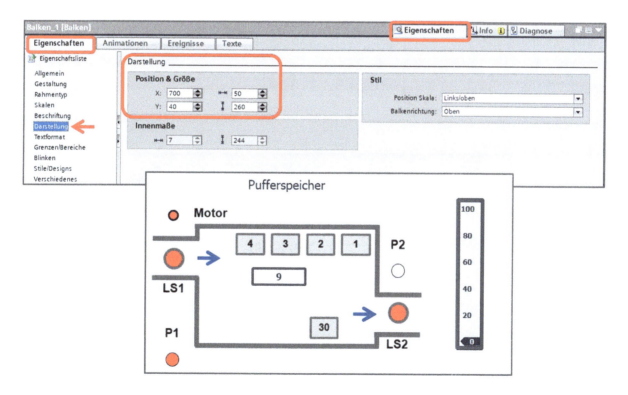

17 Visualisierung (HMI-Panel)

Ändern Sie bei **Eigenschaften** den **Maximalwert** auf 30 und wählen Sie auch die entsprechende Variable aus.

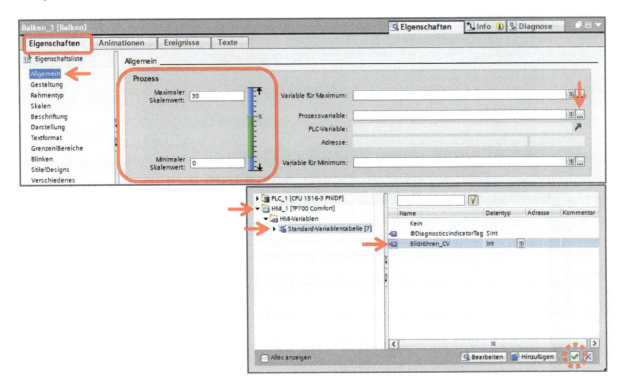

Ändern Sie bei **Eigenschaften Skalen** die Einstellungen.

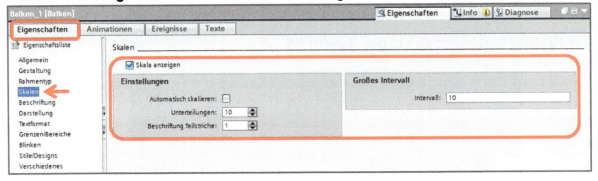

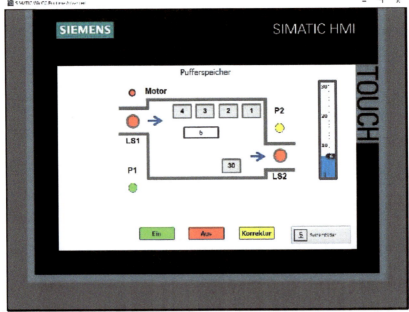

17.3 Projektierung ins Panel laden und testen

Schließen Sie die HMI-Station an das Programmiergerät an und laden Sie die Projektierungsdaten. Beim Laden werden die Projektierungsdaten übersetzt. Beseitigen Sie eventuelle Fehler, bevor Sie erneut das Laden anstoßen. Nach erfolgreichem Übersetzen wird die Vorschau auf das Laden angezeigt. Sie sehen die Einzelschritte des Ladens und können bestimmte Voreinstellungen bei Bedarf ändern. Angezeigte Warnungen verhindern nicht das Laden; evtl. ist die Funktionalität zur Laufzeit eingeschränkt. Liegen Fehler vor, werden die Projektierungsdaten nicht geladen.

Zum Laden markieren Sie die HMI-Station in der Projektnavigation und wählen aus dem Kontextmenü den Befehl Laden in *Gerät > Software (komplett laden):* Der Befehl *Laden in Gerät > Software* lädt die seit dem letzten Laden geänderten Daten. Wenn die Übersetzung fehlerfrei beendet wurde, klicken Sie - nachdem Sie gegebenenfalls die Einstellungen zum Überschreiben der Benutzerverwaltungs- und Rezepturdaten aktiviert haben - auf die Schaltfläche *Laden*.

Die beim Laden auftretenden Meldungen werden im Inspektorfenster im Register Info angezeigt.

Beim Laden wird ein laufendes Programm auf der HMI-Station abgebrochen und es wird das Transfer-Fenster mit dem Ladefortschritt angezeigt. Nach erfolgreichem Laden startet - abhängig von der Projektierung - das Bedienprogramm.

Bei einer HMI-Station, die nicht in Runtime ist, beispielsweise nach dem Anlaufen ohne Projektierungsdaten, wird das Loader-Fenster angezeigt. In diesem Fall müssen Sie die HMI-Station auf das Laden vorbereiten: Tippen Sie auf die Schaltfläche Transfer an der HMI-Station, bevor Sie mit dem Programmiergerät mit der Schaltfläche *Laden* das Laden fortsetzen. Im Transfer-Fenster zeigt dann die HMI-Station den Ladefortschritt an.

17.3.1 Betriebssystem beim Laden aktualisieren

Beim Laden der Projektierungsdaten wird geprüft, ob die projektierte Betriebssystemversion der HMI-Station mit der Version, die der Projektierungssoftware zugrunde liegt, übereinstimmt.
Ist das nicht der Fall, erhalten Sie beim Ladevorgang die Möglichkeit, die Betriebssystemversion sofort zu aktualisieren.

Beachten Sie, dass bei der Aktualisierung des Betriebssystems die Rezeptur- und Benutzerdaten in der HMI-Station gelöscht werden können. Sichern Sie bei Bedarf diese Daten und starten Sie anschließend den Ladevorgang erneut mit der Aktualisierung des Betriebssystems. Nach der Aktualisierung stellen Sie die gesicherten Daten wieder her.

17.3.2 HMI-Station starten

Nach dem Laden der Projektierungsdaten startet - abhängig von der Projektierung - nach einer Verzögerungszeit die Runtime. Die Verzögerungszeit projektieren Sie an der HMI-Station:
Im Loader-Fenster auf die Schaltfläche Control Panel tippen, im Control Panel auf OP doppeltippen und im Fenster OP Properties im Register Display die Zeitverzögerung (Delay time) in Sekunden einstellen (auf das Eingabefeld tippen).

Die Runtime startet auch, wenn Sie im Loader-Fenster auf die Schaltfläche Start tippen.

17 Visualisierung (HMI-Panel)

Wählen Sie „**Laden in Gerät**" und dann „**Software (komplett laden)**".

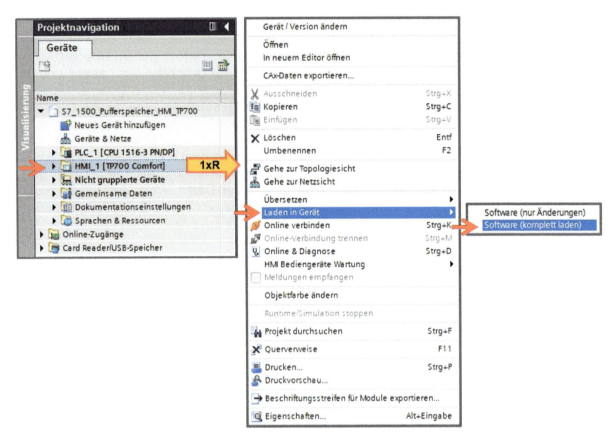

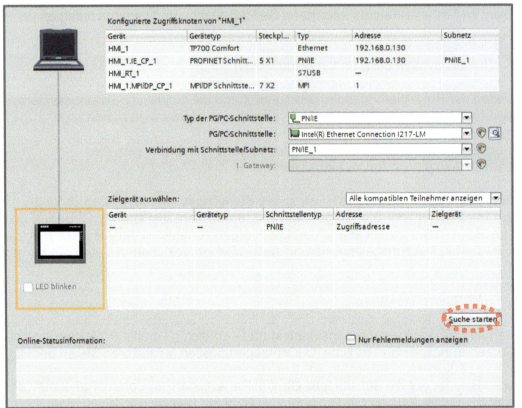

Visualisierung (HMI-Panel) 17

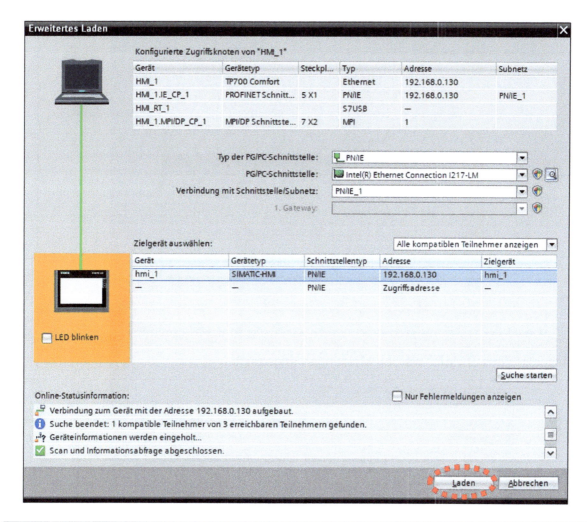

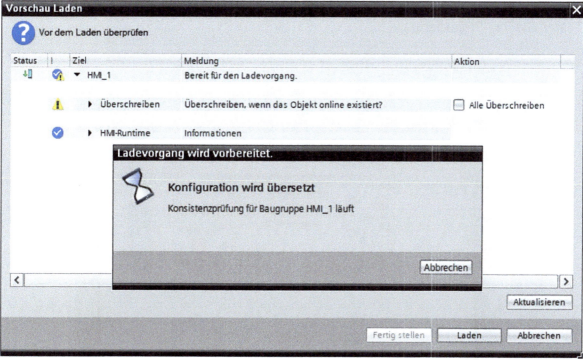

17 Visualisierung (HMI-Panel)

Im Inspektorfenster „**Info**" werden Meldungen angezeigt.

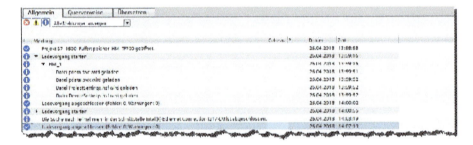

Testen Sie Ihre Projektierung!

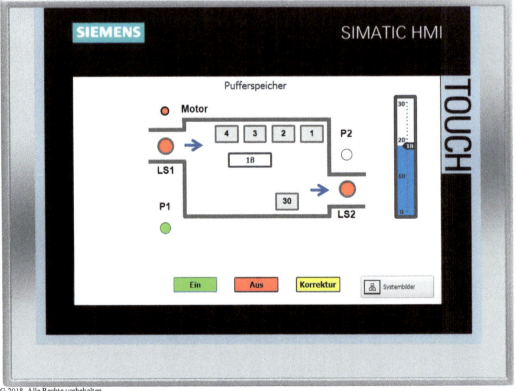

18. Lösungsvorschläge

18.1 Bit, Byte, Wort und Doppelwort

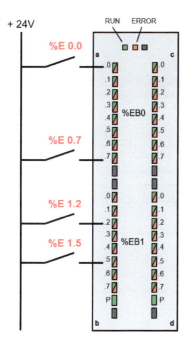

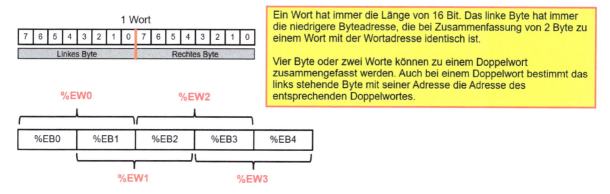

Ein Wort hat immer die Länge von 16 Bit. Das linke Byte hat immer die niedrigere Byteadresse, die bei Zusammenfassung von 2 Byte zu einem Wort mit der Wortadresse identisch ist.

Vier Byte oder zwei Worte können zu einem Doppelwort zusammengefasst werden. Auch bei einem Doppelwort bestimmt das links stehende Byte mit seiner Adresse die Adresse des entsprechenden Doppelwortes.

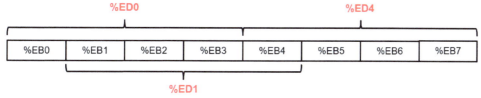

18.2 Grundverknüpfungen

UND-Verknüpfung

Die Ausgangsvariable einer UND-Verknüpfung hat dann den Signalwert „1", wenn alle Eingangsvariablen der UND-Verknüpfung den Signalwert „1" haben.

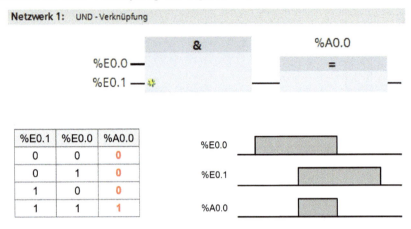

ODER-Verknüpfung

Der Ausgangssignalwert einer ODER-Verknüpfung hat dann den Signalwert „1", wenn einer der Eingangsvariablen der ODER-Verknüpfung den Signalwert „1" hat.

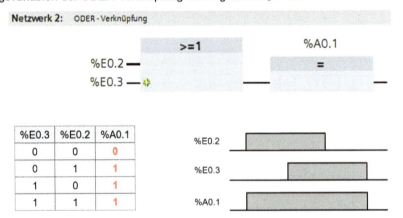

NEGATION

Der Signalwert einer Variablen wird durch die Negation invertiert. Das bedeutet, der Ausgangswert %A0.2 der Negation hat dann den Wert „1", wenn der Eingangswert %E0.4 den Wert „0" hat und umgekehrt.

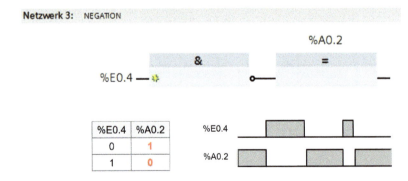

EXCLUSIV-ODER

Der Ausgangssignalwert einer EXKLUSIV-ODER-Verknüpfung mit zwei Eingangsvariablen hat dann den Signalwert „1", wenn die beiden Eingangsvariablen unterschiedliche Signalwerte haben.

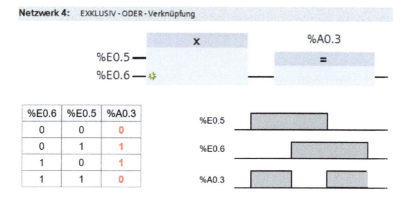

NAND

Negation einer „UND-Verknüpfung" (NAND)

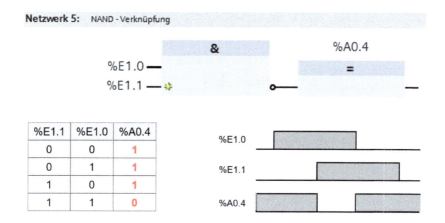

NOR

Negation einer „ODER-Verknüpfung" (NOR)

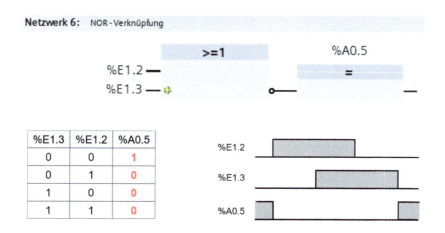

Einführung in die Programmierung mit Siemens TIA-Portal V15

18 Lösungsvorschläge

EXCLUSIV-ODER mit mehr als zwei Eingängen

An die Exklusiv-ODER-Verknüpfung können auch mehr als zwei Eingangsvariablen geschrieben werden. Das Verknüpfungsergebnis einer mit mehr als zwei Eingangsvariablen verwendeten Exklusiv-ODER-Verknüpfung hat dann den Signalwert „1", wenn eine ungerade Anzahl der Eingangsvariablen den Signalwert „1" liefern.
In der Praxis werden üblicherweise die XOR-Verknüpfungen mit zwei Eingängen **verwendet**.

Netzwerk 7: EXKLUSIV - ODER - Verknüpfung mit mehr als zwei Eingängen

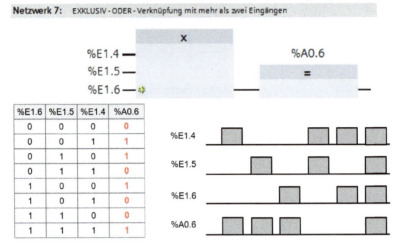

%E1.6	%E1.5	%E1.4	%A0.6
0	0	0	0
0	0	1	1
0	1	0	1
0	1	1	0
1	0	0	1
1	0	1	0
1	1	0	0
1	1	1	1

18.3 Speicherfunktionen

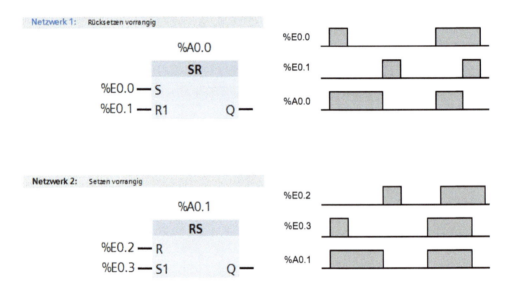

18.4 Wendeschützschaltung

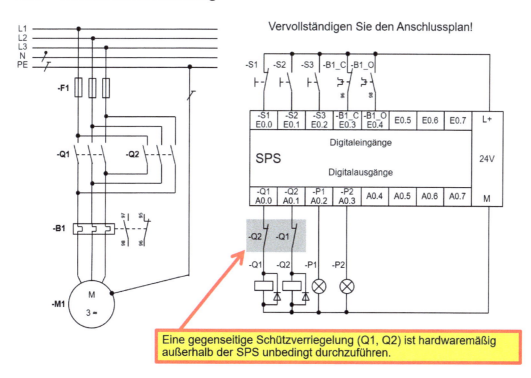

Vervollständigen Sie den Anschlussplan!

Eine gegenseitige Schützverriegelung (Q1, Q2) ist hardwaremäßig außerhalb der SPS unbedingt durchzuführen.

▼ **Bausteintitel:** Wendeschützschaltung
Kommentar

▼ **Netzwerk 1:** Motor "Rechtslauf" + Anzeige

```
          &            %A0.0
%E0.1 —                 SR
%A0.1 —o※     — S

         >=1
%E0.0 —o
%E0.3 —o                %A0.2
%A0.1 — ※    — R1   Q —  =  —
```

▼ **Netzwerk 2:** Motor "Linkslauf" + Anzeige

```
          &            %A0.1
%E0.2 —                 SR
%A0.1 —o※     — S

         >=1
%E0.0 —o
%E0.3 —o                %A0.3
%A0.0 — ※    — R1   Q —  =  —
```

Einführung in die Programmierung mit Siemens TIA-Portal V15

18 Lösungsvorschläge

18.5 Programmergänzung: Wendeschützschaltung

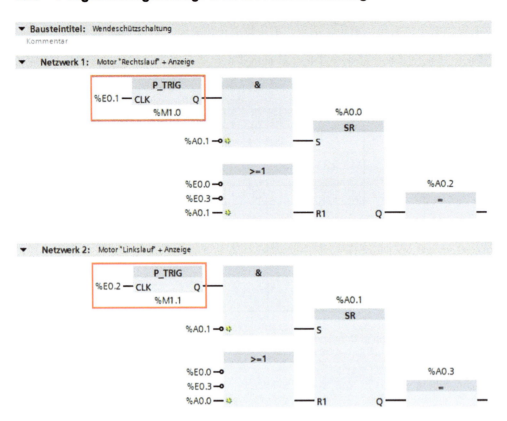

18.6 Zeitfunktionen

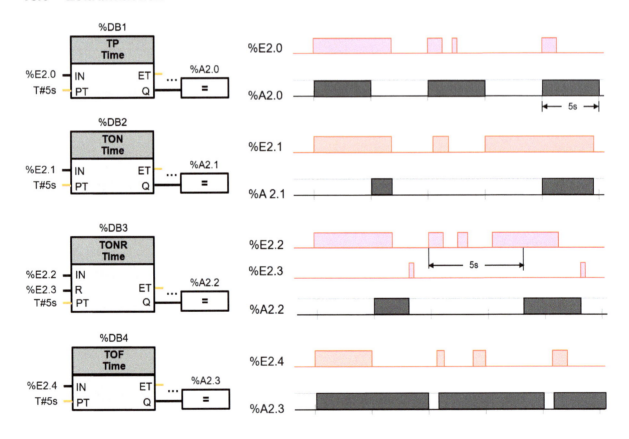